विभाजन की विभीषिका

विभाजन की विभीषिका

भारत-विभाजन की लोमहर्षक कहानी

मनोहर पुरी

प्रकाशक
प्रभात पेपरबैक्स
प्रभात प्रकाशन प्रा. लि. का उपक्रम
4/19 आसफ अली रोड, नई दिल्ली–110002
फोन : 23289777 • हेल्पलाइन नं. : 7827007777
इ–मेल : prabhatbooks@gmail.com ❖ वेब ठिकाना : www.prabhatbooks.com

संस्करण
प्रथम, 2022

मूल्य
तीन सौ रुपए

मुद्रक
आर–टेक ऑफसेट प्रिंटर्स, दिल्ली

VIBHAJAN KI VIBHEESHIKA
Novel by Shri Manohar Puri

Published by **PRABHAT PAPERBACKS**
An imprint of Prabhat Prakashan Pvt. Ltd.
4/19 Asaf Ali Road, New Delhi-110002

ISBN 978-93-5521-262-7

₹ 300.00

अनुक्रम

1

दर्द का दरिया

यशपाल शाह अपने मित्र महाशय धर्मपाल गुलाटी के अंतिम संस्कार के पश्चात् घर लौटे तो बहुत अधिक उदास ही नहीं, विक्षिप्त-से हो गए थे। उनका ड्राइवर राज किशोर उन्हें सहारा देकर ऊपर उनके कमरे में छोड़ गया था। अंदर आते ही उन्होंने अपने आप को कमरे में बंद कर लिया और वे निढाल होकर पलंग पर गिर पड़े। रास्ते में भी वे कार के एक कोने में चुपचाप सिमटे हुए रोते रहे थे। नीचे आकर उनकी मनोस्थिति के विषय में जब ड्राइवर ने परिवारजनों को बताया तो सब चिंतित हो उठे। उनकी पत्नी कुलवंत कौर और बेटा राजकुमार भागकर ऊपर पहुँचे। देखा, कमरे का द्वार अंदर से बंद है। वर्षों से डॉक्टरों के परामर्श के कारण शाहजी को सख्ती से यह निर्देश दिया गया था कि वे कभी भी कमरे का द्वार भीतर से बंद न करें। यहाँ तक कि शौचालय के दरवाजे में भी कुंडी न लगाएँ। अपने मोबाइल फोन को बंद न रखें। परिवारवाले और नौकर-चाकर भी इस बात का ध्यान रखते थे कि उनका मोबाइल सदैव चार्ज रहे। स्वयं शाहजी भी पूरी ईमानदारी के साथ डॉक्टर के निर्देशों का पालन करते हुए बहुत संयमित जीवन व्यतीत करते थे। दरवाजे का अंदर से बंद होना निश्चित ही चिंता का विषय था। सावधानीवश प्रत्येक द्वार पर इंटरलॉक लगाया गया था और प्रत्येक द्वार की अतिरिक्त चाबी बनाकर रखी गई थी।

अंदर से रह-रहकर सुबक-सुबककर रोने की आवाज आ रही थी। दो-चार बार दरवाजा खटखटाने और आवाजें देने के पश्चात् भी जब शाहजी ने द्वार नहीं खोला तो उन्हें फोन पर संपर्क करने का प्रयास किया गया। बार-बार प्रयास करने के बाद भी शाहजी ने फोन नहीं उठाया, जबकि भीतर बजती हुई घंटी की आवाज साफ सुनाई दे रही थी। तब राजकुमार ने अपनी माँ से कहा, "आप यहीं ठहरो, मैं

चाबियों का गुच्छा लेकर आता हूँ। अवश्य ही शाहजी को गहरा सदमा लगा है। ऐसी स्थिति में उन्हें अकेला कमरे में छोड़ना उचित नहीं होगा।" घर का प्रत्येक सदस्य उन्हें 'शाहजी' कहकर ही संबोधित करता था।

कुलवंत कौर ने हाथ पकड़कर उसे रुकने का संकेत किया। बोली, "यहीं रुको बेटा, मेरे पास। हम दोनों बाहर ही प्रतीक्षा करते हैं। कोई अनहोनी नहीं होगी, मैं जानती हूँ। अंदर से रोने की आवाज आने का अर्थ ही यह है कि सबकुछ ठीक-ठाक है। मैंने सैकड़ों बार इनको ऐसे फूट-फूटकर रोते हुए देखा और सुना है। मैं जब से विवाह करके इस घर में आई हूँ, यह सब देखती-सुनती आ रही हूँ। कभी भी ये रात को सोते-सोते चौंककर उठ जाते हैं और रोने लगते हैं। कभी-कभी तो धाड़ें मारते हुए भी। लाख पूछने पर कुछ नहीं बताते। मन में न जाने कैसी आग छिपाए हुए हैं। केवल इतना ही कहते हैं कि तुम नहीं जानती, मैंने क्या-क्या मंजर देखे हैं। न तो तुम सुन पाओगी और न ही मैं बता पाऊँगा। मैं जानती हूँ कि यह सब देश के बँटवारे से जुड़ी हुई दर्दनाक यादें हैं, जो इन्हें चैन से सोने नहीं देतीं। इनके मस्तिष्क में न जाने दर्द की कितनी बर्फ जमी हुई है। जब-जब वह पिघलती है, आँसू बनकर आँखों से बह निकलती है। ऐसा लगता है कि दर्द का कोई दरिया फूट पड़ा हो। मैं भी बहुत जिद नहीं करती। सोचती हूँ, गहरे और हरे जख्मों को और अधिक क्यों कुरेदना। जब वह दर्द का दरिया अपने तटबंध तोड़कर बह निकलता है, तब इनका मन शांत हो जाता है। आज भी कुछ ऐसा ही होगा। जब इनके मन का आवेग शांत हो जाएगा तो स्वयं ही ठीक हो जाएँगे। ऐसे में यदि सो जाएँगे तो और भी अच्छा रहेगा।" कुलवंत कौर के माथे पर न तो चिंता की रेखाएँ थीं, न ही खीज अथवा क्रोध का भाव उनके स्वर में था।

"पर माँ, शाहजी ने सुबह से अन्न का एक दाना तक मुँह में नहीं डाला। नाश्ते के लिए मेज पर बैठने ही वाले थे कि 'ताया' जी की मृत्यु का समाचार आ गया। वे तुरंत ही घर से निकल गए थे। हम आवाज देते रहे कि कुछ खा लें अथवा कुछ सैंडविच ही साथ रख लें, परंतु उन्होंने सुना ही नहीं। यहाँ तक कि आज उन्होंने दवाइयाँ भी नहीं लीं। वहाँ पर भी निरंतर चिंता और भागदौड़ करते रहे होंगे। मैं चाह रहा था कि श्मशान से आए हैं तो पहले नहा-धो लें, तब उन्हें कुछ खाने के लिए कहा जाए। परंतु यहाँ तो स्थिति ही कुछ दूसरी हो गई है।"

"महाशय धर्मपालजी को इन्होंने हमेशा अपने बड़े भाई जैसा ही आदर दिया है। ऐसी हालत में इनके गले से निवाला नीचे जाना क्या संभव है ? मुझे तो इस बात पर आश्चर्य है कि वहाँ पर कैसे शाहजी ने अपने आप को सँभाला होगा!"

“मैं आपकी बात को भलीभाँति समझ रहा हूँ। तायाजी की आयु 97–98 वर्ष की थी। पापा स्वयं 84-85 वर्ष के हो चुके हैं। जो इस दुनिया में आया है, उसे जाना तो है ही, इस सत्य को स्वीकार किया ही जाना चाहिए। फिर बिना खाए-पिए तो जीवन चल नहीं सकता। कहीं शाहजी की तबीयत बिगड़ गई तो लेने के देने पड़ जाएँगे। ऐसी दशा में किसी-न-किसी का उनके पास रहना आवश्यक है। हमें दरवाजा खोलकर पापा को सांत्वना देनी चाहिए। भरी सर्दी के दिन हैं। सर्दी में अकसर वैसे भी उनकी तबीयत बिगड़ जाती है। मैं निर्मला को खाने के लिए कुछ गरमागरम बनाने को कहकर आता हूँ। गरम पानी की बोतल भी अंदर ही है। उसकी जरूरत भी पड़ सकती है। मैंने फोन पर मैसेज कर दिया है कि वे बोतल गरम करके बिस्तर में लेट जाएँ। परंतु उन्होंने तो मैसेज देखा तक नहीं। इसलिए दरवाजा खोलना चाहिए। जब तक निर्मला चाय इत्यादि लेकर आएगी, हम लोग उन्हें शांत करने का प्रयास करेंगे।”

“जो तुम कह रहे हो बेटा, वह परम सत्य है। दुनिया का हर आदमी इस सत्य को जानता है कि आया है तो उसे एक दिन यहाँ से जाना है, परंतु भीतर से मानता तो कोई नहीं। मेरे विचार में हमें थोड़ी देर और प्रतीक्षा करनी चाहिए। जब तक कि ये स्वयं दरवाजा न खोलें। इन्हें भी तो जीवन के इस सत्य की हमसे अधिक जानकारी है। हम नहीं जानते, इन्होंने भारत-विभाजन के समय क्या-क्या देखा और न जाने क्या-क्या सहा है। जो इतना समय व्यतीत हो जाने के बाद भी विस्मृत नहीं होता। हमारे विवाह से पूर्व तो तेरे दादाजी और लालाजी इन्हें मनोचिकित्सकों के पास ले जाते थे। कई वर्षों के इलाज के बाद मामला सँभला था। लाजवंती अम्माजी ने लाड़-प्यार के साथ बहुत सेवा की है इनकी। तब जाकर इन्होंने घर-परिवार में रुचि लेनी प्रारंभ की थी। मैं भी शुरू से इस बात का पूरा ध्यान रखती हूँ कि जाने-अनजाने कोई ऐसी बात मुँह से न निकल जाए, जो इनके दिल को चोट पहुँचा दे। विशेष रूप से इनकी एलिशिया माँ और दादी-दादा से संबंधित कोई प्रसंग।”

“फिर भी मैं चाबियाँ तो ले ही आता हूँ माँ! आप यहीं रुकें। यह कहकर राजकुमार तेजी से नीचे चला गया। उसने अपनी पत्नी से कहा कि जब तक शाहजी नहा-धो लें, तुम सबके लिए चाय बनाओ और ऊपर भिजवा दो। वहीं कमरे में ही सब एक साथ बैठकर पी लेंगे।”

लगभग 60-65 वर्ष का साथ था दोनों का। शाहजी महाशयजी से लगभग 11-12 वर्ष छोटे थे, इसलिए धर्मपालजी ने उन्हें सदैव छोटे भाई-सा स्नेह दिया था। गहरी दोस्ती होने के बावजूद शाहजी उन्हें बड़े भाई जैसा ही आदर देते आए

थे। उनका अपना कोई सगा भाई-बहन नहीं था। राजकुमार के लिए धर्मपालजी उस घर के बड़े थे। वर्षों से दोनों परिवारों का भी परस्पर गहरा संबंध था। पारिवारिक संबंधों के साथ-साथ व्यापारिक संबंध भी थे। वे सदैव एक-दूसरे के सुख-दुःख में सम्मिलित होते थे।

□

पहली बार यशपाल शाह ने महाशय धर्मपाल को अमृतसर में देखा था। भारत के विभाजन के समय दोनों की राष्ट्रीय स्वयंसेवक संघ द्वारा चलाए जा रहे एक सहायता शिविर में छोटी सी मुलाकात हुई थी। शाहजी अपने पिता रायजादा लक्ष्मीमल के साथ लाहौर से रेलगाड़ी में वहाँ पहुँचे थे। जबकि महाशयजी अकेले ही सियालकोट से पैदल चलते हुए आए थे। हो सकता है, उनके साथ परिवार के कुछ अन्य लोग भी हों, परंतु उनका परिचय धर्मपाल से ही हुआ था। आज महाशयजी मसालों का एक विशाल साम्राज्य खड़ा करके इस संसार से विदा हुए हैं। उनके मसालों की शुद्धता की धूम देश में ही नहीं, दूर-दूर के देशों तक फैल चुकी है। महाशयजी ने समाज-सेवा के लिए लगभग 20 स्कूल और दो अस्पताल खोले थे। उनके द्वारा किए गए समाज-सेवा के कार्यों को मान्यता देते हुए ही गत वर्ष भारतीय जनता पार्टी की सरकार ने उन्हें देश के तीसरे सबसे बड़े नागरिक सम्मान 'पद्मभूषण' से सम्मानित किया था।

□

2

राय बहादुर दौलतमल

एकाएक शाहजी पुरानी यादों में खो गए। उनके सामने देश के विभाजन की त्रासदी फिल्म की भाँति चलने लगी। वे अभी 11–12 वर्ष के थे, जब सन् 1947 में भारत का विभाजन हुआ। शाह परिवार की गणना लाहौर के सबसे पुराने और समृद्ध परिवारों में होती थी। उनके दादा राय बहादुर दौलतमल शाह लाहौर के गणमान्य और रईस लोगों में गिने जाते थे। हालाँकि लाहौर में उनके पास अच्छी-खासी जमीन–जायदाद थी, फिर भी वे ग्रामीण परिवेश में रहना अधिक पसंद करते थे। लाहौर से लगभग 20 कोस दूर पत्तोकी कलाँ नामक तहसील में उन्होंने अपने एक बाग के मध्य शानदार कोठी का निर्माण करवा रखा था। यहाँ सप्ताह–दस दिन में किसी–न–किसी बड़ी दावत का आयोजन होता ही रहता था, जिसमें आसपास के बड़े रईस, राजनेता, सरकारी कर्मचारी और सेना के अधिकारी सम्मिलित होते थे। लाहौर के पॉश इलाके निस्बत रोड पर एक हवेली उन्होंने अपने निजी प्रयोग के लिए खाली रखी हुई थी। उसमें समाज से जुड़े अनेक कार्यक्रम चलते रहते थे। राय बहादुर ने हवेली का एक भाग आर्य समाज की गतिविधियों के लिए भी दिया हुआ था। राय बहादुर सामाजिक और धार्मिक संस्थाओं के अतिरिक्त राजनीतिक दलों को भी खुलकर चंदा देते थे। मुसलिम लीग और कांग्रेस दोनों के नेता उनके पास चक्कर लगाया करते थे। अंग्रेजों के तो उनके साथ गहरे व्यापारिक संबंध थे, क्योंकि प्राय: सारा सरकारी कामकाज, विशेषत: सेना का उन्हीं के माध्यम से संपन्न होता था।

☐

दिनांक 12 दिसंबर, 1911 को दिल्ली के कारोनेशन मैदान में इंग्लैंड के राजा जॉर्ज पंचम एवं उनकी पत्नी महारानी मेरी का भव्य स्वागत किया गया था। यहीं पर

दिल्ली को भारत की राजधानी बनाने की विधिवत् घोषणा की गई थी। इसी भव्य समारोह में उसके दादाजी राय बहादुर का खिताब प्राप्त करने के लिए आए थे। उस समय दादाजी की आयु मात्र 28–30 वर्ष की रही होगी। संभवतः ऐसी उपाधि प्राप्त करनेवाले वे सबसे कम आयु के युवक रहे होंगे। इस अवसर पर उनकी भेंट दिल्ली के कई समृद्ध लोगों के साथ हुई। कुछ के साथ व्यापारिक संबंध बन गए तो कुछ के साथ पारिवारिक, जो उनके स्वर्गवासी होने के पश्चात् भी जीवंत रहे। कितना सुखद संयोग था कि इसी दिन राय बहादुर के घर पुत्र का भी जन्म हुआ, जिसे रायजादा लक्ष्मीमल के रूप में पहचान मिली।

अंग्रेज भारत को स्वतंत्र करके शीघ्र ही अपने देश ब्रिटेन लौट जाएँगे, यह निश्चित हो गया था। परंतु कब जाएँगे, ऐसी जानकारी केवल उन्हीं के कुछ गिने-चुने लोगों के पास थी। यह भी तय था कि देश का विभाजन होगा, परंतु कैसे यह बँटवारा किया जाएगा, ज्ञात नहीं था। इससे इन दिनों देश का राजनीतिक वातावरण बहुत गरम हो गया था, जबकि सामाजिक जीवन बहुत विषाक्त होता जा रहा था। हिंदू और मुसलमान दोनों की आँखों में अब प्यार, हमदर्दी और भाईचारे की अपेक्षा शत्रुता, घृणा और अविश्वास दिखाई देने लगा था। पुराने दोस्त-यार एक-दूसरे से आँखें चुराने लगे थे। एक-दूसरे के घरों में आना-जाना, मिलना-मिलाना लगभग समाप्त हो गया था। इसलिए राय बहादुर ने लाहौर आना-जाना बहुत कम कर दिया था। वैसे भी अब वे अपना अधिकतर समय सामाजिक और धार्मिक कार्यों में ही व्यतीत करते थे। व्यवसाय तो उन्होंने अपने इकलौते बेटे और पिताश्री रायजादा लक्ष्मीमल शाह के हाथों में सौंप दिया था। केवल लाहौर ही नहीं, अमृतसर और दिल्ली तक उनके व्यापारिक संबंध थे। उन्होंने अपने बेटे को पढ़ाई के लिए लाहौर के प्रसिद्ध एचिसन कॉलेज में भेजा था। इस कॉलेज में बड़े-बड़े अधिकारियों, रईसों, नेताओं, अंग्रेजों और रियासती राजाओं के बच्चे शिक्षा ग्रहण करते थे। एक अंग्रेजी कॉलेज से शिक्षा प्राप्त करने के कारण पिताजी का रहन-सहन अंग्रेजी ही हो गया था। वे सदैव सूट-बूट पहने हुए टिप-टॉप रहते थे। गले में टाई और सिर पर हैट लगाए बिना वे घर से बाहर निकलते ही नहीं थे। इसलिए सारा इलाका उन्हें 'बाबू साहब' कहकर पुकारता था।

□

रायजादा लक्ष्मीमल ने विवाह भी एक ब्रिटिश युवती एलिशिया से किया था। एलिशिया के पिता माइकल गोर्डन ब्रिटिश आर्मी में कर्नल थे और एक लंबे समय से भारत में रह रहे थे। भारत की मैदानी गरमी उनके परिवार को रास नहीं आती

थी। भारत आने से पूर्व उन्होंने ऐसी भीषण गरमी की कभी कल्पना तक नहीं की होगी। इसलिए उन्होंने शिमला में अपना अस्थायी निवास बना लिया था। एलिशिया का जन्म शिमला में हुआ था। सेना के उच्च अधिकारी होने के नाते कर्नल साहब की बदली देश के विभिन्न शहरों में होती रहती थी, परंतु वे परिवार को अपने साथ नहीं ले जाते थे। जिन दिनों एलिशिया ने मिडिल कक्षा की परीक्षा उत्तीर्ण की, कर्नल माइकल की बटालियन लाहौर में ही थी। शिमला और लाहौर में दूरी भी अधिक नहीं थी, इसलिए उन्होंने अपने परिवार को भी यहीं बुला लिया। लाहौर में ही रायजादा लक्ष्मीमल और एलिशिया की मुलाकात हुई थी। लक्ष्मीमल हॉकी के बेजोड़ खिलाड़ी थे। अच्छी कद-काठी के गोरे-चिट्टे और एक समृद्ध परिवार के इकलौते वारिस। शहर के संभ्रांत घरों की लड़कियाँ उन्हें रिझाने में लगी रहती थीं और कितने ही माता-पिता उन्हें अपने भावी दामाद के रूप में देखने के सपने सँजोए हुए थे।

एलिशिया भले ही ब्रिटिश मूल की थी, परंतु उसका पालन-पोषण भारतीय परिवेश में हुआ था। उसका लालन-पालन करनेवाली गवर्नेस पंजाबी महिला ही थी। एलिशिया ने तो इंग्लैंड कभी देखा तक नहीं था। केवल सुना भर था। एलिशिया हॉकी की दीवानी और बहुत खुले तथा सुलझे विचारोंवाली युवती थी। उन दिनों हॉकी के प्रति लोगों में ऐसी ही दीवानगी होती थी, जैसीकि आजकल क्रिकेट के प्रति दिखाई देती है। उस समय भारतीय हॉकी टीम विश्व भर में नंबर एक मानी जाती थी। दोनों की भेंट हॉकी मैच के मैदान ही हुई थी। पहली ही मुलाकात में दोनों एक-दूसरे के प्रति आकर्षित हुए थे। राय बहादुर की दावतों में अकसर कर्नल साहब सपरिवार सम्मिलित होते थे। इस प्रकार दोनों को जल्दी-जल्दी मिलने के अवसर भी प्राप्त होते रहते थे। जल्दी ही यह मेलजोल प्यार में बदलने लगा और उन्होंने एक-दूसरे के साथ जीवन व्यतीत करने का निर्णय कर लिया।

अपनी पुत्री के लिए कर्नल साहब को एक देसी लड़का न तो पसंद आ सकता था, न आया। परंतु एलिशिया अपनी जिद पर अड़ी रही। और अंततः कर्नल के मन में भी यह आया कि राय साहब कोई आम हिंदुस्तानी तो नहीं हैं। उनके परिवार का जीवन-स्तर और रहन-सहन किसी भी अंग्रेज परिवार की अपेक्षा बेहतर ही है तो उन्होंने अपनी सहमति दे दी। भले ही एलिशिया को धर्म-परिवर्तन करने के लिए नहीं कहा गया, परंतु वह हिंदुओं के हर तीज-त्योहार को जानती भी थी और मानती भी थी। यह एक ऐसा प्रेम-विवाह था, जिसकी चर्चा कई महीनों तक समाज की विभिन्न सभाओं और समाचार-पत्रों में होती रही थी। क्योंकि दोनों ही परिवार समाज में प्रतिष्ठित स्थान रखते थे, दोनों का धर्म एक नहीं था, दोनों की राष्ट्रीयता

एक नहीं थी। रीति-रिवाज, खानपान में तो अंतर था ही। राय बहादुर साहब का परिवार कट्टर आर्य समाजी था, जबकि कर्नल ईसाई मत को माननेवाले थे। कर्नल शासक वर्ग के थे तो राय साहब उनकी प्रजा। राय बहादुर शुद्ध शाकाहारी थे, जबकि माइकल परिवार मांसाहारी था। इस संबंध में कहीं कोई समानता दिखाई नहीं देती थी। खूब खुलकर आलोचना हुई, परंतु जैसाकि अकसर होता है, सच्चा प्रेम हमेशा परवान चढ़ता है। अंततः दोनों का विवाह हुआ और बहुत धूमधाम से हुआ। जल्द ही एलिशिया ने अपने आप को नए परिवार में पूरी तरह से आत्मसात् कर लिया। □

3

लाहौर

लक्ष्मीमल शाह ने ठेकेदारी के क्षेत्र में भी खूब धूम मचा रखी थी। वे 'ठेकेदार' के नाम से भी प्रसिद्ध थे। मुख्य रूप से वे छोटे पुल, पुलिया, नाले, नहरें और सड़कें इत्यादि बनाने के ठेके लेते थे। वैसे महाजनी भी उनका पुश्तैनी व्यवसाय था। न जाने कितनी पुश्तों से वे लाहौर के मूल निवासी थे। माना जाता है कि लाहौर भगवान् श्रीराम के सुपुत्र लव ने बसाया था और उन्हीं के नाम पर इस स्थान का नाम 'लाहौर' रखा गया था। राय बहादुर दौलतमल का दावा था कि जितना पुराना लाहौर का इतिहास है, उतना ही पुराना रिश्ता उनके वंश का इसके साथ है। एक प्रकार से वे यह दावा भी करते थे कि वे भगवान् राम के ही वंशज हैं। सिख धर्म से भी लाहौर का पुराना संबंध है। गुरु रामदासजी का जन्म लाहौर की चूना मंडी में हुआ था और गुरु अर्जुन देव लाहौर में ही ज्योति जोत समाए थे। दशम गुरु गोविंद सिंहजी ने जब खालसा पंथ सजाया तो उनके पाँच प्यारों में सम्मिलित भाई दया राम लाहौर के ही थे। महाराजा रणजीत सिंह की तो यह राजधानी ही था। इस प्रकार यह हजारों वर्ष पुराना शहर हिंदू, जैन, बौद्ध, मुगलों, अफगानों, सिखों और मराठों द्वारा विकसित किया जाता रहा है। यही कारण है कि इन सबकी संस्कृतियों का सम्मिश्रण लाहौर की संस्कृति में रचा-बसा दिखाई देता है।

अंग्रेजों के अधीन आते-आते लाहौर दुनिया के प्रसिद्ध शहरों में अपनी गणना करवा चुका था। इसे प्रभावशाली मंदिरों, बड़े-बड़े बाजारों और विशाल बागों का शहर माना जाता था। इसकी भव्यता से प्रभावित एक लेखक तो यहाँ तक लिख गए कि 'जिन्ने लाहौर नहीं वेख्या, ओ जम्या ही नहीं', अर्थात् 'जिसने लाहौर नहीं देखा, वह पैदा ही नहीं हुआ।'

पाकिस्तान बनने से पूर्व भी यह भारत का एक महत्त्वपूर्ण व्यापारिक केंद्र था और दौलतमल के पिता ने यहाँ अच्छी-खासी संपत्ति बना रखी थी। लक्ष्मीमल अपने माता-पिता की इकलौती संतान थे और इतने लंबे-चौड़े व्यापार के एकमात्र वारिस। कभी अकेले और कभी राय बहादुर के साथ अकसर उनका लाहौर, अमृतसर और दिल्ली आना-जाना होता रहता था। अब उसी तरह वे भी अपने साथ अपने पुत्र को ले जाने लगे थे। उनका मानना था कि यदि अभी से वह यह सब देखे-समझेगा तो बड़ा होने पर उसको गद्दी सँभालने में कोई कठिनाई नहीं होगी। वे भी तो छोटी आयु में अपने पिता के साथ कार्य करने लग गए थे। अभी 21 वर्ष के ही थे कि उनका विवाह 18 वर्ष की एलिशिया से हो गया था। जिस वर्ष ब्रिटिश संसद् ने 1935 अधिनियम पारित करके बर्मा को भारत से पृथक् कर दिया था, उसी वर्ष उनके घर में पुत्र रत्न ने जन्म लिया। उसका नाम 'यशपाल' रखा गया।

□

उस मनहूस दिन भी वे दोनों बाप-बेटे लाहौर गए हुए थे। जब दिन-दहाड़े दंगाई मुसलमानों के एक बड़े झुंड ने उनके गाँव को चारों ओर से घेरकर आक्रमण कर दिया था। चूँकि इस गाँव में एक भी परिवार मुसलमानों का नहीं था, इसलिए पूरा गाँव जलाकर राख कर दिया गया था। हमारे घर में दादा, दादी और माँ थीं। जिन स्थानों पर मुसलमानों के घर होते हैं, वहाँ दंगाई स्थानीय मुसलमानों के साथ मिलकर लूटपाट करने के बाद हिंदुओं के घरों और दुकानों को जला देते हैं। उनकी बहन-बेटियों को उठा ले जाते हैं। ऐसी अफवाहें पिछले आठ-दस दिन से हवा में तैर रही थीं। हवा में घुल रहे विष को ध्यान में रखते हुए ही बाबूजी आज मुँह अँधेरे ही वसूली के लिए लाहौर पहुँच गए थे। आशा के विपरीत उगाही भी अच्छी हो गई थी।

जब वे लोग लाहौर से जीप में लौट रहे थे तो रास्ते में पेट्रोल न होने के कारण गाड़ी बंद हो गई। वास्तव में उन्होंने लाहौर में ही पेट्रोल भरवाना चाहा था, परंतु पंप पर ताला लगा हुआ था। लोगों ने बताया कि शहर में हो रहे दंगों के कारण ये लोग शहर छोड़कर चले गए हैं। बाबूजी ने सोचा कि चलो, रास्ते में एक और पेट्रोल पंप पड़ेगा, वहाँ तक तो गाड़ी चली ही जाएगी, परंतु उस पंप को दंगाइयों ने कुछ देर पहले ही आग के हवाले कर दिया था।

अभी वे सोच ही रहे थे कि क्या किया जाए, तभी फौजियों की एक गाड़ी उनके पास आकर रुकी। उनसे पूछा गया कि इस समय जब चारों ओर दंगा मचा हुआ है, वे लोग अकेले कहाँ से आ रहे हैं और कहाँ जा रहे हैं? बाबूजी ने बताया

कि सुबह जब हम घर से निकले थे तो सब ठीक-ठाक था। अब वापस अपने घर पत्तोकी कलाँ जा रहे हैं, परंतु गाड़ी में पेट्रोल समाप्त हो गया है। इसलिए सोच रहे हैं कि क्या किया जाए?

"हम लोग पत्तोकी कलाँ से ही वापस आ रहे हैं।" मिलिटरी के अधिकारी ने बताया। "पत्तोकी कलाँ गाँव में आदमी तो क्या, कहीं कोई जानवर और पेड़-पौधा भी आग की लपटों से नहीं बच पाया है। कुछ ही घंटों में सब स्वाहा हो गया। जब तक राख ठंडी नहीं हुई, आक्रमणकारी वहाँ से डिगे नहीं। जब तक लाहौर में प्रशासन को सूचना मिलती, तब तक सब तबाह हो चुका था। किसी को पता लगता भी तो कोई क्या कर सकता था। चारों ओर यही तो हाहाकार मचा हुआ है। हम लोग उस क्षेत्र में एक तिनका तक भी नहीं बचा पाए। हमारे पहुँचने से पहले ही सबकुछ स्वाहा हो चुका था। इस समय उस तरफ रुख करना साक्षात् मौत के मुँह में जाना है। जान बचानी है तो इस ट्रक में बैठ जाओ। हम तुम्हें किसी सुरक्षित ठिकाने पर पहुँचा देंगे। वैसे पता लगा है कि अमृतसर के लिए रेलगाड़ी चलाई जा रही है। यदि किसी तरह अमृतसर पहुँच जाओगे तो जिंदा बच जाओगे। एक छोटा लड़का भी तुम्हारे साथ है। इस समय तो तुम लोग अपने प्राणों की रक्षा की चिंता करो, शेष बाद में देखा जाएगा। जान है तो जहान है। वहाँ पर तो जो होना था, सो हो चुका। इस समय अपने घर-परिवार की चिंता छोड़कर अपने विषय में सोचो। विश्वास करो, वहाँ पर कोई भी जीवित नहीं बचा होगा।"

बाबूजी ने पूछा, "क्या आपके पास वॉकी-टॉकी है और क्या आप मेरी कर्नल माइकल से बात करवा सकते हैं?"

"उनसे बात करके क्या होगा? इस समय चारों ओर आग लगी है। कर्नल हमारे से पहले पत्तोकी कलाँ के लिए निकले थे, परंतु वहाँ पर केवल राख देखकर कहीं आगे निकल गए होंगे। वैसे न तो हमारे पास वॉकी-टॉकी है और न ही हमारा इतना साहस है कि हम इतने बड़े सैन्य अधिकारी से आपकी बात करवा सकें। और फिर वे आपसे क्यों बात करेंगे?"

"क्योंकि वे मेरे ससुर हैं। मैं रायजादा लक्ष्मीमल हूँ। यदि पत्तोकी कलाँ सारा-का-सारा जल गया है तो उनकी बेटी भी जलकर मर गई होगी। ऐसी स्थिति में उन्हें सूचित करना तो आवश्यक है न!"

"जी सर, आप ठीक कह रहे हैं।" उसका स्वर पूरी तरह से बदल गया था। "पर इस समय तो यहाँ कुछ नहीं किया जा सकता। अच्छा हो, आप हमारे साथ ट्रक में बैठ जाएँ तो हम आपको किसी सुरक्षित स्थान पर छोड़ देंगे। संभव होगा तो

कर्नल साहब से बात करवाने का प्रयास भी करेंगे। वैसे हालात इतने अधिक खराब हैं कि कुछ कह नहीं सकते, कब क्या हो जाए।"

जब तक अपनी आँखों से अपनी तबाही का दृश्य न देख लिया जाए, तब तक उस पर विश्वास करना किसी के लिए भी बहुत कठिन होता है। इसलिए बाबूजी ने गाँव की तरफ जाने की इच्छा व्यक्त की तो मिलिटरी के अधिकारी ने कहा, "आपको वहाँ नहीं जाना चाहिए सर! और यदि आप चाहोगे तो भी हम आपको वहाँ नहीं जाने दे सकते। इस समय जितनी जानें हम बचा सकें, हमें बचानी हैं। जानबूझकर हम आपको मौत के मुँह में नहीं ढकेल सकते। अब तो हम आपको जान भी चुके हैं सर! इसलिए यह गलती तो कर ही नहीं सकते। चारों ओर लूटपाट और कत्ल का माहौल है। हमारे पास फौज बहुत कम है। इस समय स्थिति हमारे नियंत्रण से पूरी तरह बाहर है। हर किसी को बचाया नहीं जा सकता। आपकी किस्मत बहुत अच्छी है सर, जो यूँ घूम रहे हैं और अभी तक जीवित भी हैं। साथ ही भारतीय मिलिटरी की सहायता आपको मिल रही है सर!"

"क्या? भारत की फौज? तो क्या पाकिस्तान बन गया? क्या बँटवारे की घोषणा हो गई है? और यदि ऐसा है तो भी मेरी जानकारी के अनुसार लाहौर भारत के हिस्से में ही आनेवाला है और अमृतसर पाकिस्तान के।" बाबूजी ने हैरानी से प्रश्न किए और स्वयं ही जानकारी भी देने लगे।

"सरकारी तौर पर तो अभी तक कोई घोषणा नहीं हुई। आपको हमसे अधिक पता होगा। पर अब बँटवारा होना निश्चित है। सभी हिंदू और सिख यहाँ से निकल रहे हैं और मुसलमान भारत से यहाँ आ रहे हैं। इसी आवाजाही में मार-काट मची है। इससे साफ लगता है कि लाहौर पाकिस्तान को मिलनेवाला है।"

इतना कहकर हमें ट्रक में बिठा लिया गया। रास्ते में उसने बताया, "आज स्थिति यह बन गई है कि मुसलमानों को जो भी हिंदू अथवा सिख दिखाई दे रहा है, वे उसे वहीं मौत के घाट उतार रहे हैं। औरतों और बच्चों को ट्रकों में भर-भरकर ले जाया जा रहा है। इसलिए जिस औरत को जहाँ कोई कुआँ इत्यादि दिखाई देता है, वह अपनी अस्मत बचाने के लिए उसमें छलाँग लगा देती है। अपने से पहले अपने बच्चों को कुओं में फेंक देती है। स्वयं घरवाले भी अपनी बहू-बेटियों का गला काटकर उन्हें मौत की नींद सुला रहे हैं, ताकि वे दुर्दांत वहशियों के हाथों में न पड़ जाएँ। मुसलमान बच्चे-बूढ़े किसी का कोई लिहाज नहीं कर रहे। गाँव-के-गाँव लूटे जा रहे हैं। जहाँ उनके पास लूटने का समय नहीं होता, वहाँ उसे आग के हवाले कर देते हैं। लगता है कि आपके गाँव का भी यही हाल हुआ है। हम लोग

एक तरफ जाते हैं तो दूसरी तरफ से आगजनी का समाचार आ जाता है। समझ में नहीं आ रहा कि क्या करें?"

□

रास्ते में सेना की एक अन्य गाड़ी मिली, जिसके पास वॉकी-टॉकी थी। बाबूजी का परिचय पाने के बाद वह अधिकारी हरसंभव सहायता करने को तैयार हो गया। डोगरा रेजिमेंट की उस गाड़ी में बैठे एक वरिष्ठ अधिकारी ने बताया, "मेरी गाड़ी कर्नल साहब की दो अन्य गाड़ियों के साथ ही थी। जब कर्नल साहब ने पत्तोकी कलां को पूरी तरह से राख हुआ देखा तो वे पागल-से हो उठे थे। वे बहुत अधिक क्रोध में थे। उन्होंने आसपास की सभी मुसलिम बस्तियों को आग के हवाले करने का आदेश सुना दिया और कहा कि जो भी मुसलमान दिखाई दे, उसे गोलियों से भून डालो। मेरे विचार में पत्तोकी कलाँ और उसके आसपास की बस्तियों में महाविनाश हुआ होगा। मुसलमानों ने पहले ही एक भी हिंदू को जीवित नहीं छोड़ा था और बाद में कर्नल साहब ने एक भी मुसलमान को जिंदा नहीं रहने दिया होगा। जिधर से हम निकले, आग-ही-आग थी और जहाँ आग नहीं थी, वहाँ हमने सबकुछ स्वाहा कर दिया। बाद में कर्नल किस ओर निकल गए, मैं नहीं जानता। बहुत देर से उनसे संपर्क करने का प्रयास कर रहा हूँ, परंतु बात हो नहीं पा रही। कमांड में भी कोई फोन नहीं उठा रहा। अच्छा हो कि आप इन्हें लाहौर रेलवे स्टेशन पर ले जाएँ, पर ध्यान रखें कि जब तक गाड़ी चल न पड़े, आपका एक सिपाही इनके साथ ही रहे। यदि आपकी गाड़ी सही-सलामत मिली तो उसे कर्नल साहब तक हम पहुँचा देंगे। आप चिंता न करें। उन्हें यह सूचना भी दे देंगे कि उनके दामाद और नाती जीवित हैं और सही-सलामत हैं। और हमने उन्हें अमृतसर की गाड़ी में बैठाने का प्रबंध कर दिया है।"

हमें लाहौर के रेलवे स्टेशन पर उतार दिया गया। वहाँ से एक गाड़ी अमृतसर जाने के लिए रेंगनी प्रारंभ हो चुकी थी। पूरा स्टेशन खून से लिथड़ा पड़ा था। जहाँ-तहाँ लावारिस लाशें बिखरी पड़ी थीं। किसी को उनकी सुध लेने का होश नहीं था। मिलिटरी के एक सिपाही ने हमें रेल के डिब्बे के भीतर धकेलते हुए कहा, "भगवान् करे कि रास्ते में आपका किसी मुसलमान झुंड से आमना-सामना न हो।"

पूरा डिब्बा लाशों से अँटा पड़ा था। हम दोनों बाप-बेटे लाशों के बीच मुर्दों की भाँति ही नीचे लेट गए थे। बाबूजी ने मुझे एक सीट के नीचे धकेल दिया और उसके आगे दो-तीन लाशें रख दीं। स्वयं भी लाशों के उस ढेर में लेट गए। रास्ते में जगह-जगह रेल को रोका जाता, 'अल्लाह-हू-अकबर' के नारे सुनाई देते और

कुछ देर के लिए चीख-पुकार मच जाती। कोई जिंदा व्यक्ति दिखता होगा तो उसे तुरंत मौत के घाट उतार दिया जाता होगा। यदि किसी के शरीर पर कोई आभूषण दिखाई देता तो उससे वह अंग काटकर निकाल लिया जाता। हवा में कोई चीख गूँजती और सब शांत हो जाता।

बाबूजी की उँगलियों में दो हीरे की अँगूठियाँ थीं। पैसा भी बहुत-सा था, क्योंकि हम लाहौर से धन वसूल करके ही लौट रहे थे। बाबूजी ने दोनों अँगूठियाँ उतारकर मेरी जेब में डाल दीं और पैसे अपने पास सँभालकर रख लिये। उस डिब्बे में केवल लाशें-ही-लाशें दिखती थीं। दंगाई आते और दरवाजे से ही भीतर ताक-झाँक करके आगे बढ़ जाते थे। जब-जब रेल रुकती, हमारी साँसें भी रुक जातीं। ऐसा लगता कि यही हमारे जीवन की अंतिम घड़ी है। घंटों हम दम साधे मुर्दों की तरह चुपचाप पड़े रहे थे। लाहौर से अमृतसर की केवल 50 किलोमीटर की दूरी जैसे तय ही नहीं हो रही थी। चूँकि हम दोनों ही लाशों के नीचे दबे हुए थे, इसलिए किसी ने हमारी ओर ध्यान नहीं दिया और हम जीवित अमृतसर पहुँच गए। आज भी कभी वह दृश्य ध्यान में आता है तो रूह काँप जाती है।

□

अमृतसर स्टेशन पर कुछ फौजी सिपाही, कुली और राष्ट्रीय स्वयंसेवक संघ के कार्यकर्ता रेल के डिब्बों से लाशें उतारकर प्लेटफॉर्म पर ढेर लगा रहे थे, ताकि खाली ट्रेन को और अधिक लाशें लाने के लिए वापस लाहौर भेजा जा सके। लाशों के मध्य में से यदि कोई जीवित व्यक्ति निकलता तो उसे तुरंत पास लगे शिविर में ले जाया जाता और जितना संभव हो पाता था, उनकी देखभाल की जाती। कुछ खाने-पीने को दिया जाता। करने को बहुत कुछ था और साधनों का पूरी तरह से अभाव था। हम दोनों के कपड़े और शरीर लहू से लथपथ थे। हम ऐसे पिशाच दिखाई दे रहे थे, जिन्होंने अभी-अभी खून से स्नान किया हो। गनीमत यह थी कि हमारे शरीर पर कोई चोट नहीं थी। भले ही हमें बहुत गहरा मानसिक आघात लगा था, परंतु हमारे सभी अंग सही-सलामत थे।

कटी हुई लाशों से भरी गाड़ियाँ लाहौर से ही नहीं आ रही थीं। जो गाड़ियाँ लाहौर जा रही थीं, उनकी स्थिति भी बिल्कुल ऐसी ही थी। ऐसा लग रहा था कि रेलों में आदमी नहीं, लाशों को ढोया जा रहा है। हमारे सामने ही जो गाड़ियाँ दिल्ली से लाहौर जाने के लिए आई थीं, सब-की-सब लाशों से भरी हुई थीं। कहीं कोई जीवन के चिह्न उनमें दिखाई नहीं दे रहे थे। शिविर में हर एक के पास रोने और अपनों को खोने की दर्दनाक और खौफनाक दास्तानें थीं। सुनानेवाले सब थे, सुननेवाला कोई

नहीं। हर एक का दर्द दूसरे से बढ़कर था। किसी को अपना होश तक नहीं था, किसी दूसरे की कोई बात क्या करता?

हमने अमृतसर पहुँचकर चैन की साँस ली थी। यद्यपि अमृतसर शहर में भी मार-काट मची हुई थी, फिर भी फौज की उपस्थिति के कारण हालात कुछ काबू में थे। बाबूजी को विश्वास था कि एक बार वे अपने परिचितों से मिल लेंगे तो सब ठीक हो जाएगा। इस समय तो अपने आप को और स्वयं से अधिक मुझे सँभालने की आवश्यकता थी। उन्हें इस बात की भी चिंता थी कि उनके परिचित व्यवसायी जीवित होंगे अथवा नहीं? तभी उन्होंने एक स्वयंसेवक से पूछा कि अमृतसर शहर का क्या हाल है? क्या यहाँ से बाहर जाना सुरक्षित है? उसने जानना चाहा कि हम लोग कहाँ और किसके पास जाना चाहते हैं? बाबूजी ने बताया कि हम लोग हॉल बाजार में सेठ छून्नामल को जानते हैं। एक बार वहाँ पहुँच जाएँ तो शायद आगे के विषय में सोचें। यहाँ तो स्थिति बहुत ही भयावह है। मस्तिष्क सुन्न पड़ गया है।

उसने बताया कि सेठजी का बड़ा लड़का किशोर रंजन तो यहीं हमारे साथ सेवा कार्य में जुटा है। वैसे यह शिविर भी सेठ छून्नामलजी द्वारा ही चलाया जा रहा है। आप यहाँ कुछ देर विश्राम करें। मैं उन्हें ढूँढ़कर आपके पास लाता हूँ, तब तक आप चाय-नाश्ता करके कुछ सामान्य हो जाएँ। अब आप सुरक्षित स्थान पर हैं, इसलिए घबराने की कोई आवश्यकता नहीं। आप सहज हो जाएँगे तो यह बच्चा भी ठीक हो जाएगा।

□

बाहर से दरवाजा खोलने की आवाज के साथ ही शाहजी की तंद्रा टूटी। देखा कि कुलवंत कौर ने राजकुमार के साथ भीतर प्रवेश किया। शाहजी को थोड़ा संयत देखकर उनकी जान-में-जान आई। राजकुमार ने पिता को सहारा देते हुए पलंग से उठाकर बिठाया और कहा, "श्मशान घाट से आए हैं, सबसे पहले नहा-धो लो। माँ आपके कपड़े निकाल देती हैं। गरम पानी से नहाने पर शरीर में कुछ ताजगी आ जाएगी। नहाकर कुछ नाश्ता कर लें। इच्छा होगी तो बाद में सो जाना। आपको कोई डिस्टर्ब नहीं करेगा। आप बहुत थक भी गए होंगे।"

शाहजी चुपचाप उठे और बाथरूम में जाने के लिए मुड़ गए।

□

4
यशपाल शाह

नहा-धोकर शाह यशपालजी बाहर निकले तो वे पर्याप्त संयत दिखाई दे रहे थे। अवसाद की बदली की छाया उनके मुखमंडल से छँट चुकी थी। इससे पहले कि कोई नाश्ता करने की बात करता, उन्होंने कहा, "चलो, सब नीचे डाइनिंग रूम में चलकर नाश्ता करते हैं। मैं जानता हूँ कि सुबह से तुम सबने भी कुछ नहीं खाया होगा।"

जब तक मेज पर नाश्ता लगता, शाहजी ने कहा कि श्मशान में बहुत अधिक भीड़ थी। महाशयजी के प्रशंसक बहुत बड़ी संख्या में हैं। फिर बहुत सारे वी.आई.पी. भी आ-जा रहे थे। ऐसी स्थिति में संस्कार के अंत तक रुकना ही था। मैं अवश्य ही बहुत थक गया हूँ। मन अवसाद से भरा है। आखिर बरसों का साथ था। शाहजी जैसे भूतकाल में लौट गए।

"मुझे अपने बाबूजी के साथ जिंदगी की जंग जीतकर जब खून से लथपथ अमृतसर के एक शिविर में लाया गया तो हम लोग बिल्कुल होश में नहीं थे। यह शिविर राष्ट्रीय स्वयंसेवक संघ के स्वयंसेवकों द्वारा चलाया जा रहा था। यहीं पर हमारा परिचय महाशय धर्मपालजी से हुआ था। हमें तो पहले ही दिन बाबूजी के परिचित सेठ छून्नामल की हवेली में पहुँचा दिया गया था। वैसे भी शिविर में ढंग से रात व्यतीत करने का कोई प्रबंध दिखाई ही नहीं दिया था। एक प्रकार से वह एक कैंप था, जहाँ घायलों की आवश्यक प्राथमिक चिकित्सा अथवा देखभाल करके उन्हें उचित स्थानों पर भेजा जा रहा था।

"लाशों को तो रेलवे स्टेशन पर ही ढेर लगाकर रखा जा रहा था। प्लेटफॉर्म

पर अनगिनत क्षत-विक्षत शव बिखरे पड़े थे। कहीं धड़ पड़े थे तो कहीं सिर। किसी की कटी टाँग कहीं पड़ी थी तो किसी की बाजू। पूरा स्टेशन रक्त के कीचड़ से लथपथ था। पैर रखने के लिए एक इंच भी सूखा स्थान नहीं था। यदि खून के ऊपर चलता हुआ अथवा लाश को उठाता हुआ कोई स्वयंसेवक फिसल जाता तो उसे उठाने के लिए दो-चार कार्यकर्ता दौड़कर आते और कुछ स्वयं को ही फिसलने से रोक नहीं पाते। ऊपर चील, कौए और गिद्ध मँडरा रहे थे। नीचे चारों ओर कुत्ते घात लगाकर अपनी जीभ लपलपाते हुए घूम रहे थे। उन्हें हर प्रकार से भगाने का प्रयास किया जा रहा था। जब किसी एक के कब्जे में किसी का कटा हुआ हाथ अथवा पैर आ जाता तो वह तेजी से उसे उठाकर बाहर की ओर भागता। उसके पीछे दूसरे कुत्ते भौंकते हुए झपटते। उस एक टुकड़े को लेकर होनेवाली छीना-झपटी का दृश्य इतना बीभत्स होता कि उसे एक पल के लिए देखना भी कठिन था। ऐसा हृदय-विदारक दृश्य देखकर कई लोग मूर्च्छित होकर गिर पड़ रहे थे। चारों ओर चीख-पुकार मची थी। बहुत ही बीभत्स स्थिति थी। खून की सड़ाँध के कारण वहाँ कुछ क्षण भी ठहरना असंभव था। भगवान् जाने किस सेवाभाव के वशीभूत इस मानवीय कार्य में जुटे आर.एस.एस. के स्वयंसेवक तत्परता से लाशों को ढो रहे थे। शवों को अंतिम संस्कार के लिए ट्रकों में भर-भरकर ले जाया जा रहा था। संभव है, ऐसा कोई दृश्य मानव ने 15वीं शताब्दी में लड़े गए युद्ध के मैदानों में देखा हो अथवा जब भारत पर तैमूर लंग जैसे क्रूर मुसलमान वहशी ने आक्रमण किया था और जो नरमुंडों के बड़े-बड़े ढेर लगवा दिया करता था। प्रथम और द्वितीय विश्वयुद्ध में भी इस प्रकार जघन्य नरसंहार नहीं हुआ होगा, जैसा इस बँटवारे में दिखाई दे रहा था।"

यह सब कहते समय शाहजी की आँखों से निरंतर आँसू बह रहे थे। उनका गला रुँध गया था। परिवार के सभी लोग रो रहे थे। नाश्ते को किसी ने हाथ नहीं लगाया था। सबकुछ मेज पर पड़ा-पड़ा ही ठंडा हो गया था। इतने लंबे समय से शाहजी यह सब अपने भीतर दबाए हुए थे। आज वह दर्द अचानक फूट पड़ा। सब स्तब्ध थे। शाहजी उठकर पुनः पलंग पर लेट गए। बोले, "मैं कुछ खा नहीं पाऊँगा। मुझे कुछ समय अकेला रहने दें। फिर कभी अवसर मिला तो इस विषय में बात करेंगे। वैसे मेरे लिए यह सब सोचना तक बहुत कठिन है, उसे शब्दों में वर्णन करना तो असंभव-सा ही है।"

शाहजी को वहाँ छोड़कर सब लोग बाहर आ गए। सबका मन इतना अधिक

द्रवित हो चुका था कि किसी को भी खाने की सुध नहीं रही। राजकुमार बोला, "माँ, हम तो सत्तर वर्ष बाद भी यह सब नहीं सुन पाए। कल्पना करो, शाहजी ने तो स्वयं अपनी आँखों से देखा है इतना सब और वह भी मात्र दस-बारह वर्ष की आयु में। उनके दिल पर क्या बीती होगी!"

"शायद इसीलिए वे इस विषय पर कभी कोई बात नहीं करते थे।"

□

5
विभाजन

भारत का विभाजन केवल सन् 1947 में हुई दुर्घटना नहीं है। यह 20वीं सदी के प्रारंभ से ही भारत में हुई विभिन्न राजनीतिक, धार्मिक और सामाजिक घटनाओं व उथल-पुथल की एक लंबी शृंखला की परिणति थी। ब्रिटिश शासकों ने हमेशा ही भारत में 'फूट डालो और राज करो' की नीति का अनुसरण किया। उन्होंने भारत के नागरिकों को संप्रदाय के आधार पर अलग-अलग समूहों में बाँटकर रखा। येन-केन-प्रकारेण वे दोनों समूह को एक-दूसरे से मधुर संबंध बनाने नहीं देते थे। इसके लिए वे कुछ ऐसी नीतियाँ बनाते थे, जो हिंदुओं के हित में दिखाई देती थीं और कभी ऐसी, जो मुसलमानों को लगता कि ये हमारे प्रति सद्भावनापूर्ण हैं। अंग्रेजों ने बहुत चतुराई से ऐसा वातावरण निर्मित किया कि 20वीं सदी आते-आते मुसलमान हिंदुओं के बहुमत से डरने लगे और हिंदुओं को भी यह आभास होने लगा कि अंग्रेजी सरकार और कांग्रेसी नेता मुसलमानों को विशेषाधिकार देने के पक्ष में हैं। वे हिंदुओं के प्रति भेदभाव करने में एकजुट हो रहे हैं। इसलिए भारत में जब स्वतंत्रता की भावना उभरने लगी तो आजादी की लड़ाई को नियंत्रित करने में दोनों संप्रदायों के नेताओं में होड़ मच गई।

मुसलमानों के राजनीतिक मार्गदर्शन के लिए सन् 1906 में नवाब सलीमुल्ला खान के नेतृत्व में ढाका में एक राजनीतिक दल का गठन किया गया, जिसका नाम 'ऑल इंडिया मुसलिम लीग' रखा गया। इन लीगी नेताओं ने आम मुसलमान के मन में यह बात बैठा दी कि मुसलमानों को बहुसंख्यक हिंदुओं से कम अधिकार प्राप्त हैं तथा भारतीय राष्ट्रीय कांग्रेस केवल हिंदुओं का प्रतिनिधित्व करती है। मुसलिम लीग ने अलग-अलग समय पर अलग-अलग माँगें रखीं। सन् 1930 में मुसलिम

लीग के सम्मेलन में सारे 'जहाँ से अच्छा हिंदुस्तान हमारा' लिखनेवाले प्रसिद्ध उर्दू कवि मोहम्मद इकबाल ने एक भाषण में पहली बार मुसलमानों के लिए एक अलग राज्य की माँग उठाई। सन् 1935 में सिंध प्रांत की विधानसभा ने भी इसी माँग का समर्थन किया। मोहम्मद इकबाल और मौलाना मोहम्मद अली जौहर ने मोहम्मद अली जिन्ना को इस माँग का समर्थन करने के लिए तैयार कर लिया।

लाहौर में 1940 में मुसलिम लीग का सम्मेलन हुआ, जिसमें उन्होंने 'टू नेशन थ्योरी', अर्थात् द्वि-राष्ट्र सिद्धांत का प्रतिपादन किया। उन्होंने साफतौर पर यह घोषणा कर दी कि वे साथ-साथ रहने की अपेक्षा दो देश चाहते हैं। उन्होंने कहा कि हिंदुओं और मुसलमानों के धर्म, विचारधाराएँ, रीति-रिवाज, रहन-सहन और पहनावा ही नहीं, साहित्य और धार्मिक पुस्तकें भी अलग-अलग हैं। एक राष्ट्र बहुमत में और दूसरा अल्प मत में है। फलतः ऐसे दो राष्ट्रों को एक साथ बाँधकर रखने से असंतोष ही बढ़ेगा और अंततः ऐसे राज्य का अस्तित्व समाप्त होकर रहेगा।

वास्तव में, द्विराष्ट्र सिद्धांत का प्रतिपादन तो सर्वप्रथम सर सैयद अहमद खान ने ही कर दिया था। अंग्रेजों के बहकावे में आकर अलीगढ़ मुसलिम विश्वविद्यालय की नींव रखनेवाले अहमद खान ने सन् 1876 में लिखा था कि हिंदू और मुसलमान कभी मिलकर एक राष्ट्र नहीं बना सकते, क्योंकि उनका धर्म और जीने का तरीका एक-दूसरे से बहुत अलग है। अलीगढ़ मुसलिम विश्वविद्यालय के लिए एक हिंदू राजा महेंद्र प्रताप ने भूमि दान में दी थी।

हिंदू महासभा और राष्ट्रीय स्वयंसेवक संघ जैसे हिंदूवादी संगठन भारत-विभाजन के प्रबल विरोधी थे। परंतु वे भी यह स्वीकार करते थे कि हिंदुओं और मुसलमानों की जीवन-पद्धति में कुछ मौलिक अंतर तो हैं, विशेषतः धार्मिक और सामाजिक मामलों में। सन् 1937 में इलाहाबाद में हिंदू महासभा के सम्मेलन में भाषण देते हुए वीर विनायक दामोदर सावरकर ने कहा था—"आज के दिन भारत एक राष्ट्र नहीं है, यहाँ पर दो राष्ट्र हैं—हिंदू और मुसलमान। कांग्रेस के अधिकांश नेता पंथनिरपेक्ष माने जाते थे और संप्रदाय के आधार पर भारत का विभाजन करने के विरुद्ध थे। कांग्रेस के प्रमुख नेता मोहनदास करमचंद गांधी का विश्वास था कि हिंदू और मुसलमान एक साथ रह सकते हैं और उन्हें साथ रहना भी चाहिए। उन्होंने विभाजन का घोर विरोध किया। वे कहते थे कि मेरी पूरी आत्मा इस विचार के विरुद्ध विद्रोह करती है कि हिंदू और मुसलमान दो विरोधी मत और संस्कृतियाँ हैं। ऐसे सिद्धांत का अनुमोदन करना मेरे लिए ईश्वर को नकारने के समान है।

अंग्रेजों की विभाजनवाली नीति को सहज बनाने के लिए मुसलिम लीग ने 16 अगस्त, 1946 को सीधी काररवाई दिवस मनाया। उन्होंने स्पष्ट कह दिया कि हिंदुओं की तरह, विशेष रूप से महात्मा गांधी की भाँति, मुसलमानों का अहिंसा में कतई विश्वास नहीं है। जिहाद के मार्ग पर चलते हुए एच.एस. सुहरावर्दी ने मुसलिम लीग के नेतृत्व में कलकत्ता और आसपास के क्षेत्रों में भीषण दंगे करवाए। इन दंगों में लगभग 5,000 लोग मारे गए और बहुत से घायल हुए। हिंदुओं का निर्मम कत्लेआम कराया गया। पूरा भारत हत्याओं, बलात्कार, अपहरण और मार-काट से त्रस्त होने लगा था। जिहाद की इस आँधी को अंग्रेज निरंतर हवा दे रहे थे। इससे स्थिति और भी भयानक होती जा रही थी। ऐसे विषाक्त वातावरण में सभी नेताओं पर दबाव पड़ने लगा कि यह मार-काट रोकने के लिए वे विभाजन को स्वीकार करें। इसके फलस्वरूप भारत-विभाजन की पृष्ठभूमि तैयार होने लगी। ऐसी स्थिति का लाभ उठाने के लिए कांग्रेस के कुछ नेता भी यह कहने लगे कि ऐसे दंगे गृहयुद्ध की शक्ल धारण करें, उससे पहले विभाजन को स्वीकार कर लिया जाना चाहिए। इसके बाद भी महात्मा गांधी ने अपना प्रयास नहीं छोड़ा और सुहरावर्दी को नैतिक समर्थन तक दिया, परंतु कांग्रेस से मुसलमानों के पलायन को रोकने में सर्वथा असफल रहे।

जिन्ना अथवा मुसलिम लीग को पाकिस्तान का निर्माता कहना बहुत उचित नहीं है। जिन्ना ने स्वयं यह स्वीकार किया है कि उनको इस बात की कल्पना तक नहीं थी कि वे जीते-जी पाकिस्तान का अस्तित्व देख सकेंगे। आज जो कांग्रेस धर्मनिरेक्षता की ध्वजवाहक बनने का ढोंग करती है, उसी कांग्रेस ने ही मुसलमानों के कई सांप्रदायिक कानूनों को पारित करवाने में अंग्रेजों की सहायता की थी। कुछ कानूनों को तो उन्होंने सीधे तौर पर अपना समर्थन भी दिया था। इसी प्रकार के एक समझौते के कारण पंजाब में विधानसभा के आधे स्थान मुसलमानों के लिए आरक्षित कर दिए गए थे। इसी की प्रतिक्रिया में सरदार सज्जन सिंह ने सिखों के विशिष्ट और आरक्षित प्रतिनिधित्व की वकालत की और सिखों ने भी कौम शब्द का प्रयोग करना प्रारंभ कर दिया। अंग्रेजों ने अपनी फूट डालो की नीति के अंतर्गत सिखों को बरगलाने के लिए पंजाब में 12 प्रतिशत सिखों के लिए 15 प्रतिशत स्थान आरक्षित कर दिए। पंजाब में मुसलमानों के लिए पृथक् 'इलेक्टोरल कॉलेज' और सीटों के आरक्षण का प्रावधान किया गया। इसी प्रकार बिहार और उड़ीसा में 10 प्रतिशत मुसलमानों को 25 प्रतिशत का आरक्षण दिया गया।

इसके बाद भारत की राजनीति में आरक्षण की परंपरा-सी चल पड़ी। इसी परंपरा को आगे बढ़ाते हुए 1928 में पं. मोतीलाल नेहरू ने मुसलिम तुष्टीकरण

को केंद्र में रखते हुए एक योजना का प्रारूप तैयार किया, परंतु इसका मुसलमानों ने मोहम्मद अली जिन्ना के नेतृत्व में कड़ा विरोध किया। सन् 1936 में मुसलिम लीग ने पंजाब में चुनाव लड़ा, परंतु केवल दो सीटों पर ही उन्हें सफलता प्राप्त हुई। सिकंदर हयात खान की पार्टी यूनियनिस्ट को सरकार गठित करने का अवसर मिला। इस पार्टी में अधिकतर बड़े-बड़े जमींदारों का वर्चस्व था। इन चुनावों के बाद मुसलिम लीग और जिन्ना ने अपना असली रंग दिखाना प्रारंभ कर दिया। बड़े पैमाने पर मुसलमानों को हिंदुओं के विरुद्ध भड़काने के प्रयास किए जाने लगे। मोहम्मद अली जिन्ना और लियाकत अली ने पूरे देश में दौरा करते हुए वैमनस्य का विष फैलाना शुरू कर दिया। अचंभे में डालनेवाली बात यह थी कि अब तक जिन्ना को एक कट्टर मुसलमान नहीं माना जाता था। उसका इसलाम में पक्का यकीन है, ऐसा भी उसके व्यवहार से दिखाई नहीं देता था। भारत के शिक्षामंत्री रहे मोहम्मद करीम छागला ने लिखा है कि मोहम्मद अली जिन्ना, जिसका रहन-सहन विदेशी था, जो उर्दू लिखना-पढ़ना तक नहीं जानता था, जो शराब का शौकीन था, उसी जिन्ना ने इसलाम के नाम पर पाकिस्तान की माँग बुलंद की। वैसे भारत में ऐसे मुसलमान नेता भी थे, जो वास्तव में मुसलिम लीग के समर्थक थे। वे पाकिस्तान नहीं गए, परंतु पाकिस्तान का समर्थन करते रहे। आज भी अनेक ऐसे लोग हैं, जो पाकिस्तान समर्थक हैं। उन्हीं के कारण आतंकवादी गतिविधियों को बल मिलता है। हाँ, कांग्रेस की परिभाषा के अनुसार उन्हें धर्मनिरपेक्ष कहा जा सकता है। बाद में भी जिन्ना ने मुसलिमपरस्त होने का केवल मुखौटा ही पहना था। इसलाम की प्रगति के लिए उन्होंने कहीं कोई झंडे नहीं गाड़े।

मोहम्मद अली जिन्ना ने भारत की स्वाधीनता के आंदोलन में कोई सक्रिय भूमिका भी नहीं निभाई थी और न ही कभी वह जेल गया था। एक नव धर्मांतरित मुसलमान की तरह वह हिंदुओं का विरोध बहुत ही जोश-खरोश से करने लगा। राजनीति से आगे बढ़कर उसने भारत के सामाजिक जीवन में भी सांप्रदायिकता का जहर घोलना शुरू कर दिया। 1940 में तो जिन्ना का विरोध इतना मुखर हो उठा कि उसने पाकिस्तान को मुसलमान बहुल क्षेत्र बनाने की बात पर बल देना प्रारंभ कर दिया। जिन्ना की यह माँग सिखों को बहुत ही नागवार गुजरी। वे इस प्रकार का प्रस्ताव किसी भी दशा में स्वीकार करने की स्थिति में नहीं थे, क्योंकि सिख पूरे पंजाब में हर जगह फैले हुए थे। हिंदुओं में इस बात को लेकर आक्रोश फैल रहा था, परंतु पं. नेहरू, जोकि सत्ता प्राप्त करने की जल्दी में थे, इसका विरोध नहीं कर पाए। अब तक उनकी महत्त्वाकांक्षा का घिनौना चेहरा सामने आने लगा था।

कांग्रेस द्वारा निरंतर मुसलमानों को तुष्ट करने की अपनाई जानेवाली नीति को उस समय के सबसे बड़े बुद्धिजीवी एवं विद्वान् डॉ. भीमराव आंबेडकर ने कभी पसंद नहीं किया। वास्तव में अंग्रेज भारत को चार भागों में विभक्त करने की योजना पर काम कर रहे थे। हिंदू, मुसलिम और सिखों के लिए पृथक्-पृथक् देशों के साथ वे अछूतों, जिन्हें महात्मा गांधी ने 'हरिजन' कहकर पुकारा, के लिए भी एक अलग देश बनाना चाहते थे। इस समय हरिजनों के सबसे बड़े नेता थे डॉ. भीमराव आंबेडकर। किन्हीं कारणों से वे भारत के विभाजन के विरोधी नहीं थे, परंतु उन्हें कांग्रेस की इस तुष्टीकरण की नीति पर घोर आपत्ति थी। सिख पहले ही अपने लिए अलग राष्ट्र के निर्माण से अपनी असहमति व्यक्त कर चुके थे।

डॉ. आंबेडकर के मुसलमानों और भारत-विभाजन के संबंध में जो विचार थे, उनको लेकर आज भी वाद-विवाद जारी है। इस संदर्भ में डॉ. कुलदीप चंद अग्निहोत्री ने लिखा है कि उनके विचारों को पूरी तरह से आत्मसात् करने के लिए उनके तर्कों को गहराई से समझा जाना चाहिए। उन्होंने भारत-विभाजन को लेकर हिंदू और मुसलमान दोनों पक्षों के तर्कों की निष्पक्ष मीमांसा की थी। डॉ. आंबेडकर ने यह अनुभव किया था कि कांग्रेस हर हालत में मुसलमानों को प्रसन्न करने में जुटी हुई थी। वह उनकी अनुचित माँगों को स्वीकार करने के लिए किसी भी सीमा तक नतमस्तक होकर समझौते के लिए तैयार हो जाती थी। इसके लिए उसके मन में शायद यह बात घर कर गई थी कि अंग्रेजों के खिलाफ आजादी की लड़ाई के लिए मुसलमानों का साथ आवश्यक है। साथ ही वह यह भी चाहती थी कि उसे हिंदुओं और मुसलमानों दोनों का ही समर्थन प्राप्त हो। इसके लिए कांग्रेस इस सीमा तक चली गई कि उसने महात्मा गांधी के नेतृत्व में भारत के मुसलमानों को लेकर खिलाफत आंदोलन प्रारंभ कर दिया, जबकि अधिकांश कांग्रेसी खिलाफत का वास्तविक अर्थ न तब समझते थे और न ही अब समझते हैं।

खिलाफत आंदोलन अंग्रेजों के खिलाफ नहीं था। इस समय तुर्की के मुसलमान खलीफा के पद की केंचुली को उतारकर फेंकने की तैयारी कर रहे थे, क्योंकि वहाँ पर ओटोमन साम्राज्य अपने अंतिम चरण में था। तुर्की में कमाल पाशा अता तुर्क का प्रगतिशील नेतृत्व उभर रहा था। भारतीय मुसलमानों का इस सबसे दूर-दूर तक कोई लेना-देना नहीं था। परंतु भारत में कांग्रेस मुसलमानों को इस लड़ाई के साथ जोड़ने का प्रयास कर रही थी। विश्व के अन्य किसी भी मुसलिम देश अथवा मुसलमानों के समूह ने खिलाफत आंदोलन का साथ नहीं दिया, सिवाय भारतीय मुसलमानों के। जिसका कोई औचित्य ही नहीं था।

कांग्रेस जितना यह प्रयास कर रही थी कि उसे दोनों समुदायों की प्रतिनिधि संस्था माना जाए, मोहम्मद अली जिन्ना उतनी ही हठधर्मिता के साथ यह सिद्ध करने पर तुले थे कि मुसलमानों की एकमात्र प्रतिनिधि संस्था मुसलिम लीग ही है। यही वास्तविकता भी थी, परंतु कांग्रेस अपनी बात को ऊपर रखने के लिए किसी भी सीमा तक झुकने के लिए तैयार थी। एक ओर इसका लाभ जिन्ना निरंतर उठाता जा रहा था, दूसरी ओर कांग्रेस इसे अनदेखा करती जा रही थी।

डॉ. आंबेडकर यह समझने में असफल रहे कि क्यों एक तरफ तो कांग्रेस मुसलमानों की प्रत्येक अन्यायपूर्ण माँग को स्वीकार करने को तैयार है, दूसरी तरफ तथाकथित अछूत वर्ग को उसके न्यायपूर्ण अधिकार देने के लिए भी तैयार नहीं है। 'कम्युनल अवार्ड' से मुसलमानों को जब अपनी संख्या से अधिक लाभ मिले तो कांग्रेस ने कोई आपत्ति नहीं की, किंतु जब अछूतों को अंग्रेजों द्वारा कुछ देने की बात की जाती है तो कांग्रेस उसे पचा नहीं पाती।

डॉ. आंबेडकर ने अपनी पुस्तक 'थॉट्स ऑन पाकिस्तान' में यह प्रश्न उठाते हुए लिखा भी है—"क्या हिंदू शासक जाति ने, जो हिंदू राजनीति पर अपना नियंत्रण रखती है, अस्पृश्य और शूद्रों के हितों की अपेक्षा मुसलमानों के निहित स्वार्थों की सुरक्षा पर अधिक ध्यान नहीं दिया है? क्या श्री गांधी अस्पृश्यों को तो कोई राजनीतिक लाभ देने का विरोध करते हैं, परंतु क्या मुसलमानों के पक्ष में वे कोरे चैक पर हस्ताक्षर करने के लिए तत्पर नहीं रहते? वास्तव में हिंदू शासक जाति अस्पृश्यों और शूद्रों के साथ शासन में भाग लेने की अपेक्षा मुसलमानों के साथ शासन में भाग लेने के लिए अधिक तत्पर दिखाई देती है।"

डॉ. साहब की मूल चिंता यह थी कि आखिर कांग्रेस द्वारा इतना पालने-पोसने के बाद भी मुसलमान पृथक् देश की माँग क्यों कर रहे हैं? उन्होंने इस बात को भी रेखांकित किया है कि पहले से ही विधानसभा में मुसलमानों का प्रतिनिधित्व उनकी जनसंख्या के अनुपात से कहीं अधिक है, परंतु इसका मुसलमानों पर कोई सकारात्मक प्रभाव नहीं पड़ा। इससे विधानसभा में हिंदुओं का प्रतिनिधित्व अवश्य ही कम हो गया। भारत सरकार के अधिनियम-1935 के अनुसार केंद्रीय विधानसभा के निचले सदन में कुल 187 स्थानों में हिंदुओं की संख्या 105 थी, जबकि मुसलमानों को 82 स्थान दिए गए थे। यह संख्या मुसलमानों की जनसंख्या के अनुपात में कहीं अधिक थी। इतना होने पर भी वे भारत में क्यों नहीं रहना चाहते? वे भारत के विभाजन के पक्ष में क्यों हैं?

देर–सवेर मतांतरण राष्ट्रांतरण में परिवर्तित होने लगता है। इसलिए वे नहीं चाहते थे कि उनके अनुयायी किसी भी हालत में ईसाई अथवा इसलाम धर्म का वरण करें। ऐसा करने पर वे अपनी राष्ट्रीयता गँवा बैठेंगे। सैकड़ों वर्षों की मुसलिम गुलामी में जिन्होंने अपना धर्म परिवर्तित कर लिया था, वे अब अपनी राष्ट्रीयता को भूलने लगे थे। क्या उन लोगों को अपने धर्म में वापस लाना उचित नहीं? यदि ऐसा किया जाए तो विभाजन को टाला जा सकता है। उन्हें इस बात पर भी क्षोभ था कि हरिजन हिंदू समाज का ही अंग हैं, परंतु उन्हें हिंदू समाज में आत्मसात् नहीं किया जा सका। वे मानते थे कि विदेशी निष्ठावाले लोगों को अपने देश में रखने से बेहतर है कि उन्हें बाहर कर दिया जाए। इसी एक बात को ध्यान में रखते हुए वे विभाजन के पक्ष में थे।

कांग्रेस किसी भी दशा में इस बात पर चर्चा करने को तैयार नहीं थी। मुसलमानों के मनोविज्ञान को सामने दीवार पर लिखा देखकर भी वह उसे पढ़ना और समझना नहीं चाहती थी। पं. नेहरू एक प्रकार से आसमान में उड़ते हुए नए भारत की खोज कर रहे थे, जबकि महात्मा गांधी जमीन पर रहते हुए उस मृगतृष्णा से भ्रमित थे, जो उनके मन में मुसलमानों को लेकर थी। इन दोनों से निर्लिप्त डॉ. आंबेडकर उन गली–मोहल्लों में जीवन व्यतीत करके बड़े हुए थे, जोकि असली भारत था। इस भारत की नस–नस से परिचित होने के लिए उन्होंने न जाने कितने ही वर्ष गँवा दिए और कितने ही अपमान के घूँट पीए थे। प्राथमिक स्कूल की पढ़ाई से लेकर कॉलेज में प्राध्यापक बनने तक की यात्रा में उन्हें निरंतर इस अपमान को सहना पड़ा था। गांधीजी ने दक्षिण अफ्रीका में जितना अपमान सहा होगा, उससे कई गुना अधिक उन्होंने अपने देश में तिरस्कार सहा था। इसलिए वे समाज के प्रत्येक वर्ग के मनोविज्ञान से भलीभाँति परिचित हो चुके थे।

उनका दृढ़ मत था कि अराजनीतिक सेना के अभाव में अविभाजित भारत का अस्तित्व ही खतरे में पड़ा रहेगा और मुसलमानों की पृथक् राष्ट्रीयता के कारण ऐसी सेना का गठन संभव नहीं हो पाएगा। उन्हें पूरा विश्वास था कि ऐसा न होने पर राजनीतिक सेना भारत की स्वतंत्रता के लिए सबसे बड़ा खतरा बनेगी। यह स्थिति सेना के न होने से भी कहीं अधिक घातक होगी।

दुर्भाग्यवश कांग्रेस ने जिस मुसलिम तुष्टीकरण की नीति के कारण देश का विभाजन स्वीकार किया था, वह नीति आज भी जारी है। मुसलिम वोटबैंक के लालच में कांग्रेस ही नहीं, कई दूसरे राजनीतिक दल भी हर हालत में मुसलमानों को

प्रसन्न करने के प्रयासों में जुटे हुए हैं। ज्यों-ज्यों मुसलमानों की जनसंख्या में वृद्धि होती जा रही है, इस वोटबैंक का महत्त्व भी बढ़ता जा रहा है। जहाँ-जहाँ मुसलमानों की संख्या में गुणात्मक बढ़ोतरी हो रही है, वहाँ-वहाँ राजनीतिक दल उन्हें रिझाने में लग गए हैं। यदि परोक्ष रूप से नहीं तो अप्रत्यक्ष तौर पर उनके मतों का मोल-भाव होने लगा है। इससे देश में विघटनकारी प्रवृत्तियाँ सिर उठाती जा रही हैं। यदि यह कहा जाए कि देश एक और विभाजन के रास्ते पर चल पड़ा है तो अतिशयोक्ति नहीं होगी। अनेक मुसलिम नेता इस बारे में समय-समय पर घोषणाएँ भी कर चुके हैं। इन्हीं बातों को ध्यान में रखते हुए शिवसेना जैसे राजनीतिक दल इस बात की माँग उठाने लगे हैं कि मुसलमानों को मताधिकार से ही वंचित कर दिया जाए।

□

भारत के विभाजन का पूरी तरह से मन बनाने के पश्चात् 1942 में अंग्रेजों ने सर स्टैफोर्ड क्रिप्स कमीशन बनाया, परंतु इसका भी देश के लोगों ने विरोध किया। द्वितीय विश्वयुद्ध के बाद भी अंग्रेजों की नीति में कोई बदलाव नहीं आया और वे भारत-विभाजन के रास्ते पर ही आगे बढ़ते गए। इस नीति के अनुसार ही लॉर्ड माउंटबेटन को वायसराय बनाकर भारत भेजा गया था। यह वह समय था, जब महात्मा गांधी ने ब्रिटिश सरकार को विश्वयुद्ध में सहयोग न देने के लिए व्यक्तिगत सत्याग्रह चलाया था। 1942 के प्रारंभ में जापान ने सिंगापुर, मलाया, इंडोनेशिया, अंडमान तथा निकोबार द्वीपों पर विजय प्राप्त कर ली थी। 8 मार्च, 1942 को जापान ने रंगून पर अधिकार कर लिया। जापान ने कह दिया था कि वह भारत को अंग्रेजी शासन से मुक्त करवाने आ रहा है। इस चुनौती से घबराकर ब्रिटेन ने क्रिप्स कमीशन की घोषणा की। जिसके फलस्वरूप गांधीजी ने आंदोलन समाप्त कर दिया और बाद में क्रिप्स कमीशन के प्रस्तावों को भी ठुकरा दिया। इस प्रकार न माया मिली, न राम। यदि नेताजी सुभाष चंद्र बोस की योजना के अनुसार भारत ने जापान का साथ दिया होता तो भारत 1942 में ही स्वतंत्र हो गया होता।

सन् 1947 में कांग्रेस और मुसलिम लीग दोनों के कारण विभाजन के समय जो खून-खराबा हुआ, उस जैसा कोई दूसरा उदाहरण पूरे विश्व इतिहास में अन्य कहीं नहीं मिलता। सन् 1947 के भारत-विभाजन में सरकारी तौर पर यह स्वीकार किया गया है कि 5 लाख लोगों का कत्ल हुआ था। कुछ लोगों का अनुमान है कि यह आँकड़ा दस से तीस लाख के आसपास था। इस विभाजन के कारण 30 लाख लोग घायल हुए, हजारों महिलाओं का अपहरण किया गया, उनके साथ बलात्कार किया गया। अनेक अगवा की गई महिलाओं को दास के रूप में बेच दिया गया।

अरबों रुपए की संपत्ति बरबाद हो गई और करोड़ों लोग बेघर-बार हो गए। इस बरबादी का दायित्व अंग्रेजों के अतिरिक्त केवल तीन लोगों पर था—महात्मा गांधी, जवाहरलाल नेहरू और मोहम्मद अली जिन्ना। संस्थाओं की बात की जाए तो कांग्रेस और मुसलिम लीग इस जघन्य कांड के दोषी थे। आज तक इनमें से अथवा इनके वारिसों में से किसी ने भी इनसानियत के इस खून के लिए दोनों देशों की जनता से कोई माफी नहीं माँगी। राष्ट्रीय स्वयंसेवक संघ और वीर दामोदर सावरकर के अखंड भारत की तो कोई चर्चा ही नहीं कर रहा।

ब्रिटिश सरकार ने विभाजन की गंभीरता को समझा ही नहीं और वह इसकी प्रतिक्रिया को सँभाल नहीं पाई। वास्तविकता यह है कि अंग्रेजों की ऐसे दंगों को रोकने में कोई रुचि ही नहीं थी। वे क्यों जलती आग में अपने संसाधनों को झुलसने देते। इसलिए उन्होंने स्वतंत्रता की घोषणा पहले की और विभाजन के विषय में जानकारी बाद में दी गई। फलस्वरूप दोनों देशों की नई सरकारों पर शांति स्थापित करने का दायित्व आ गया। नई सरकारों में आनेवाले नेता तो केवल स्वतंत्रता की मलाई खाने आए थे। नहीं जानते थे कि उन पर दायित्वों का पहाड़ टूट पड़ेगा, क्योंकि उन्हें ऐसा कुछ होने का दूर-दूर तक अनुमान नहीं था। स्वतंत्रता प्राप्त करने की शीघ्रता और गरमागरम खाने के उतावलेपन ने उनकी दूरदृष्टि छीन ली और उन्होंने अपने मुँह जला लिये। उनके पास हिंसा और अपराधों पर काबू पाने का न तो कोई अनुभव था और न ही कोई प्रबंध। पुराना प्रशासनिक ढाँचा पूरी तरह से चरमरा चुका था। फलस्वरूप दंगा-फसाद हुआ और लाखों लोगों को अपने प्राण गँवाने पड़े। करोड़ों लोगों को घर-बार छोड़कर इधर से उधर और उधर से इधर विस्थापित होना पड़ा। अरबों रुपए की संपत्ति स्वाहा कर दी गई। ऐसे कठिन समय में यदि राष्ट्रीय स्वयंसेवक संघ के अनुशासित कार्यकर्ता सक्रिय न होते तो न जाने कितने ही और अधिक लोगों को प्राण गँवाने पड़ते। इस पर भी उनकी राष्ट्रभक्ति की भावना को आज तक स्वीकार नहीं किया गया।

सोचा तो यह गया था कि विभाजन के पश्चात् के कुछ महीनों में दोनों देशों के मध्य इतिहास का सबसे बड़ा जन स्थानांतरण बहुत शांतिपूर्ण ढंग से हो जाएगा। क्यों और कैसे हो जाएगा, यह किसी को ज्ञात नहीं था। इसका कोई कार्यक्रम बनाया ही नहीं गया था। बनाता भी कौन, जब किसी का इस ओर ध्यान तक नहीं था। इससे पूर्व विश्व को ऐसे किसी स्थानांतरण की न तो जानकारी थी और न ही कोई अनुभव। हुआ सर्वथा इसके विपरीत। पाकिस्तान में बहुत से हिंदू और सिख परिवारों को बलात् बेघर कर दिया गया, जबकि महात्मा गांधी के दबाव में आकर

भारत सरकार ने यह स्वीकार कर लिया कि मुसलमान यदि चाहें तो उन्हें भारत में रहने की छूट होगी। इस प्रकार पाकिस्तान जानेवाले करोड़ों मुसलमान भारत में ही रह गए। बहुत स्वाभाविक बात थी कि कोई भी व्यक्ति अपनी जमी-जमाई गृहस्थी और कारोबार छोड़कर स्वेच्छा से क्यों कहीं जाना चाहेगा! इसमें भारत की जनता की किसी प्रकार की सहमति आवश्यक नहीं समझी गई। चंद नेताओं ने अपने घर में बैठकर ही इतना बड़ा निर्णय ले लिया। यह एकतरफा छूट क्यों दी गई, इसका तर्कसम्मत उत्तर आज तक गांधी-नेहरू के वारिसों ने भी नहीं दिया। गांधीजी और नई सरकार ने इस बात पर भी ध्यान नहीं दिया कि जो मुसलमान भारत में रह जाएँगे, उनके हिस्से की जमीन और संसाधन, जो पहले ही पाकिस्तान को हस्तांतरित किए जा चुके हैं, उनका क्या होगा ? यदि वे वापस होंगे तो कैसे और यदि नहीं तो उनकी क्षतिपूर्ति किस प्रकार होगी ?

□

6
सेठ छून्नामल

दिल्ली में राष्ट्रीय स्वयंसेवक संघ की एक महत्त्वपूर्ण बैठक होनेवाली थी। उसमें भाग लेने के लिए देश भर से संघ के पदाधिकारी आए थे। शाहजी के घर पंजाब में संघ के विभाग प्रचारक रह चुके नरेंद्र सहगल और कुछ अन्य पदाधिकारी ठहरे हुए थे। भारतीय जनता पार्टी के वरिष्ठ नेता और दिल्ली के मुख्य कार्यकारी पार्षद रहे विजय कुमार मल्होत्रा उनसे मिलने के लिए आए थे। राजकुमार ने उनकी उपस्थिति का लाभ उठाते हुए विभाजन की बात छेड़ते हुए शाहजी को कहा, "तायाजी की मृत्युवाले दिन आपकी मन:स्थिति ठीक नहीं थी। आप भारत-विभाजन के बहुत कड़वे सत्य बताते समय विचलित हो उठे थे, परंतु क्या आप नहीं चाहेंगे कि हम लोग वह सब जानें, जो आपने भुगता है, देखा है और सहा है। जानता हूँ कि इसे आपके घावों को कुरेदना माना जा सकता है, पर इससे आपके भीतर जमा हुआ दर्द का दरिया बह निकलने की भी तो संभावना है। क्या नई पीढ़ी को नहीं जानना चाहिए कि क्यों उनके देश का इतना दर्दनाक विभाजन हो गया? क्यों पहली बार विश्व में धर्म के आधार पर एक नए देश का निर्माण हुआ? घृणा की कोख से जनमे पाकिस्तान को विश्व का पहला ऐसा देश बनाने के लिए पूरा विश्व क्यों विवश हो गया? यदि यह किसी औपनिवेशिक शक्ति की कुत्सित चाल थी तो विश्व के अन्य देशों ने उसे मान्यता क्यों दी? संयुक्त राष्ट्र संघ का उसे सदस्य क्यों बनाया गया? और यदि विश्व इतना ही धर्मपरायण है तो क्यों नहीं दुनिया की नई भौगोलिक सीमाएँ धर्म के अनुसार बनाई जाएँ? ये कुछ ऐसे प्रश्न हैं, जो आज मैं पूछ रहा हूँ, कल आनेवाली अगली पीढ़ी पूछेगी। आप अपने भीतर इतने वर्षों तक इतनी भयंकर पीड़ा दबाए रहे और हम कुछ जान ही नहीं सके। डॉक्टरों का भी कहना है कि यदि दर्द

को बाँट लिया जाए तो वह हलका हो जाता है।"

"तुम ठीक कह रहे हो, बेटा! मैं हमेशा अपने अंदर एक बेचैनी महसूस करता रहा हूँ। उस दिन कुछ दर्द बाहर निकलने से मुझे राहत महसूस हुई थी। वास्तव में, मैं यह सब याद करना ही नहीं चाहता था और फिर किसी को बताने का लाभ भी क्या था। वह सब सुनाकर तुम लोगों को भी दु:खी करना नहीं चाहता था।"

"खैर," शाहजी ने कहना प्रारंभ किया, "अमृतसर स्टेशन पर जो लोग अधिक घायल होकर वहाँ आते थे, उन्हें अस्पताल में दाखिल करवाने का प्रबंध किया जा रहा था। जिनको मामूली चोटें लगी होती थीं, उनके घावों को साफ करके कुछ दवा देकर पास की एक धर्मशाला में भेज देते थे, जहाँ पर भारतीय फौज उनकी जानकारी दर्ज कर लेती थी। यदि कोई व्यक्ति अथवा परिवार स्वयं ही कहीं जाने योग्य होता तो चला जाता था अथवा उसे वहाँ पहुँचवा दिया जाता, जहाँ उसे अपने लिए बेहतर व्यवस्था की आशा होती। अधिकांश सिख तो स्वर्ण मंदिर में जा रहे थे। वहाँ पर गुरु रामदास सराय और अन्य स्थानों पर पीड़ितों को ठहराने की व्यवस्था की गई थी। आसपास भी कुछ शरणार्थी कैंप लगे थे, जिनमें उन लोगों को ठहराया जा रहा था, जिन्हें अभी यह समझ नहीं आ रहा था कि वे कहाँ जाएँ अथवा जो अपने सगे-संबंधियों के आने की प्रतीक्षा करना चाहते थे। न जाने क्यों अधिक-से-अधिक शरणार्थी दिल्ली जाना चाहते थे? उन्हें दिल्ली जानेवाली गाड़ियों में बिठाया जा रहा था। गाड़ियों में बहुत अधिक भीड़ थी। लोग छतों पर बैठकर यात्रा कर रहे थे। पाकिस्तान से जत्थे-के-जत्थे पैदल ही चले आ रहे थे। छोटे-छोटे बच्चों को गोद में उठाए, कंधों पर लादे अथवा किसी की उँगली पकड़कर चलते आ रहे थे। जो थोड़ा-बहुत सामान लाना किसी के लिए संभव हो पाया, वह उसे सिर अथवा पीठ पर लादकर ला रहा था। लोगों ने बताया कि ऐसे पैदल चलनेवाले काफिलों की लंबाई पचास-साठ मील तक थी। इस विषय में तो अधिक विस्तार से नरेंद्रजी बता सकते हैं, जो स्वयं राष्ट्रीय स्वयंसेवक संघ द्वारा चलाए जा रहे शिविरों के संचालन की देखरेख कर रहे थे।"

"जिस पीढ़ी ने वह सब नहीं देखा, वह उस दर्द के दरिया की पीड़ा नहीं समझ सकती।" नरेंद्रजी ने कहा, "उदाहरण के रूप में गत दिनों कोरोना महामारी के चलते देश में कुछ समस्या हुई तो लोगों ने कैसे हाय-तौबा मचा दी थी, जैसेकि आसमान ही गिर पड़ा हो। उस समय तो वास्तव में आसमान ही फटा था, धरती भी काँपी थी, फिर भी लोगों ने उसे धैर्य से सहन किया था। उसी धैर्य का परिणाम है कि

आज शाहजी जैसे लोग समाज में अपने लिए एक ऊँचा स्थान ही नहीं बना सके, बल्कि समाज के लिए कई सकारात्मक कार्य भी कर रहे हैं। आज जब कोरोना से भयभीत होकर कुछ श्रमिक अपने घरों को लौटने लगे तो पूरे देश में हड़कंप मच गया। मीडिया ने इस पलायन की तुलना 1947 के विभाजन के समय हुई जनसंख्या के विस्थापन से करनी प्रारंभ कर दी। इसका अर्थ है कि नई पीढ़ी के पत्रकार 1947 के विभाजन की त्रासदी से बिल्कुल अनजान हैं। उन्होंने केवल इसके बारे में सुना मात्र है, वह भी आधा-अधूरा। पढ़ा तो बिल्कुल नहीं है। उन काफिलों के चित्र तक नहीं देखे, जिनको देखकर रूह काँप जाती थी। कोरोनाकाल में सरकारों, स्वयंसेवी संस्थाओं, औद्योगिक घरानों द्वारा घर लौटनेवाले श्रमिकों को हर प्रकार की सुविधा उपलब्ध करवाई जा रही थी। उनके रास्ते में न तो कोई हत्याएँ हो रही थीं, न लूट-मार, न चोरी-चकारी। न ही उनकी औरतों और बच्चों का अपहरण और बलात्कार जैसी घटनाएँ। बल्कि मार्ग में उन्हें खाने-पीने, ठहरने और चिकित्सा तक की सुविधाएँ उपलब्ध करवाई जा रही थीं। 1947 में जो काफिले आ रहे थे, उनकी तुलना में कोरोना के कुल काफिलों को मिला दें तो भी एक काफिले जितने लोग नहीं होंगे। कहाँ करोड़ों लोगों का घर-व्यापार ही नहीं, देश छोड़कर खाली हाथ जान बचाकर आना और कहाँ कुछ हजार लोगों का अपने घरों को लौटना। जहाँ उनके परिजन, घर, खेत-खलिहान उनका पूरा ध्यान रखने के लिए प्रतीक्षा कर रहे थे। कहाँ करोड़ों शरणार्थी किसी अंधी और अँधेरी गुफा में दाखिल हो रहे थे। इसलिए आवश्यक है कि नई पीढ़ी तक विभाजन के दर्द की दास्तान पहुँचाई जाए। इस विषय में मैं राजकुमार से सहमत हूँ। दुर्भाग्यवश इस विषय पर उतना नहीं लिखा गया, जितना लिखा जाना चाहिए था। जो लिखा गया, वह भी एकतरफा। इतिहास को इस प्रकार तोड़-मरोड़कर समाज के सामने प्रस्तुत किया गया, जैसेकि स्वतंत्रता संग्राम की लड़ाई किसी एकाध परिवार ने ही लड़ी थी और शेष लोग तमाशा देखते रहे थे।"

"वह बाद की बात है। उसे विस्तार से समझा जाएगा। नरेंद्रजी और कुछ लोग हैं अभी हमारे साथ कुछ दिन। इनसे तो बहुत सी बातें पूछनी हैं। संघ पर लोग बहुत से आरोप लगाते हैं कि उन्होंने विभाजन के समय कुछ नहीं किया। बल्कि कुछ लोग तो यहाँ तक कहते हैं कि वही विभाजन के लिए जिम्मेदार थे। केवल विभाजन के समय ही नहीं, बल्कि देश की स्वतंत्रता के संघर्ष में भी संघ ने कोई योगदान नहीं दिया। उन सबकी जानकारी भी लेनी है। इस समय तो आप अपनी आपबीती बताइए।" राजकुमार ने जिज्ञासा की।

"भले ही हमने अपना भरा-पूरा परिवार और घर-द्वार खो दिया था, परंतु इस एक दृष्टि से हम बहुत भाग्यवान थे। हमें कहीं कोई चोट नहीं लगी थी। कोई अंग भंग नहीं हुआ था। जेब में पर्याप्त धन होने के बावजूद कहीं लुटे-पिटे भी नहीं। हम जितने भाग्यशाली थे, अन्य लोग इतने भाग्यशाली नहीं थे। किसी संकट में पड़ने से पूर्व ही मिलिटरीवाले हमें लाहौर स्टेशन पर गाड़ी में बिठा गए थे। गाड़ी में जो दुर्दशा हुई, वह दूसरों की अपेक्षा कुछ नहीं थी। अमृतसर में हमें आर.एस.एस. वालों ने रेल से उतारकर सँभाल लिया था। पिताजी के पास पर्याप्त नकद राशि भी थी। इसके अतिरिक्त बाबूजी के हाथ की दोनों हीरे की अँगूठियाँ कितनी मूल्यवान थीं, मैं नहीं जानता था।

"सेठ छून्नामलजी के परिवार ने हमारा जी खोलकर स्वागत किया। संकट की इस घड़ी में ऐसे व्यवहार से हमें बहुत सहारा मिला। परंतु हमें जो मानसिक आघात लगा था, उससे हम उबर नहीं पा रहे थे। अन्य लाखों लोगों की भाँति हमें इधर-उधर बिल्कुल भटकना नहीं पड़ा। पहले तो बाबूजी दिल्ली पहुँचने की जल्दी में थे, परंतु सेठजी के समझाने पर वहीं कुछ दिन ठहरकर स्थिति का जायजा लेने के लिए मान गए। सबकुछ जानते-बूझते कि हमारे गाँव में एक भी व्यक्ति जीवित नहीं बचा होगा, उनके मन में एक हलकी सी आशा की किरण भी थी कि शायद कोई चमत्कार हुआ हो। मेरी माँ अथवा दादा-दादी में से कोई उस भयंकर अग्निकांड से बच निकला हो। यदि ऐसा हो तो उनकी अमृतसर में प्रतीक्षा की जानी चाहिए। एक दिन घर में आराम करने के बाद हम भी सेठजी के लड़के किशोर रंजन के साथ शिविर में जाकर सेवा-कार्य करने लगे। इस बहाने हम अपने परिचितों को खोजने का प्रयास भी करते। दो-चार लाहौर के परिचितों को छोड़कर बाबूजी की न तो किसी से भेंट हुई, न ही कोई ऐसा व्यक्ति मिला, जिसे हमारे गाँव के विषय में पक्की जानकारी होती। सभी सुनी-सुनाई बात ही कर रहे थे कि पत्तोकी कलां और उसके आसपास मीलों तक एक भी बस्ती स्वाहा होने से नहीं बची थी। दो-तीन दिन तो हमारी महाशय धर्मपालजी से भेंट होती रही, फिर पता लगा कि वे किसी खाली ट्रक में बैठकर दिल्ली की ओर चले गए हैं। फिर कभी उनसे मिलना होगा या नहीं, इसका उस समय न तो कोई महत्त्व था, न ही मन में ऐसा कोई विचार आया। कौन जानता था कि एक दिन वे हमारे परिवार के अभिन्न अंग बन जाएँगे।"

□

सेठ छून्नामल अमृतसर के जाने-माने रईस थे। उनका अनाज का बहुत बड़ा व्यवसाय था। आसपास के अधिकांश किसानों के साथ उनके बहुत आत्मीय संबंध

थे। सेठजी के कारण आसपास के ग्रामीण क्षत्रों में संघ की शाखाएँ प्रारंभ हुई थीं, जिन्होंने विभाजन के समय हजारों हिंदू सिखों के प्राणों की रक्षा में महत्त्वपूर्ण भूमिका निभाई थी। वे बहुत धार्मिक प्रवृत्ति के और धर्म-कर्म में विश्वास करनेवाले व्यक्ति थे। सेठजी में राष्ट्रभक्ति की भावना भी कूट-कूटकर भरी हुई थी। डॉ. केशवराव बलिराम हेडगेवार की देशभक्ति के भी वे बहुत प्रशंसक थे। 1920 में नागपुर में कांग्रेस का अधिवेशन हुआ था। इस अधिवेशन में भाग लेने के लिए सेठजी अमृतसर से गए थे। वहाँ पर डॉ. हेडगेवार ने पहली बार पूर्ण स्वाधीनता घोषित के लक्ष्य का प्रस्ताव रखा था, जिसे पारित नहीं करवाया जा सका। सेठजी ने इस प्रस्ताव का खुलकर समर्थन किया था। वहीं पर उनकी सर्वप्रथम डॉ. हेडगेवार से भेंट हुई थी। दस वर्ष पश्चात् 31 दिसंबर, 1929 को लाहौर अधिवेशन में कांग्रेस ने प्रथम बार पूर्ण स्वाधीनता का लक्ष्य घोषित किया, तब भी सेठजी वहाँ उपस्थित थे। इस बीच 1925 में डॉ. हेडगेवार ने राष्ट्रीय स्वयंसेवक संघ की स्थापना नागपुर में कर दी थी। स्वाभाविक रूप से सेठ छून्नामल उससे जुड़ गए थे। जब कांग्रेस ने डॉ. साहब के दिखाए रास्ते पर चलने की घोषणा की तो उनका आनंदित होना स्वाभाविक ही था। कांग्रेस ने 26 जनवरी, 1930 को देश भर में स्वतंत्रता दिवस के रूप में मनाने का निश्चय किया था। भले ही इस समय तक डॉ. साहब कांग्रेस में नहीं थे, परंतु वे स्वयं और संघ के कार्यकर्ता के रूप में निरंतर कांग्रेस द्वारा चलाए जानेवाले जन आंदोलनों में भागीदारी करते थे। कांग्रेस की योजना के अनुसार डॉ. साहब ने संघ की समस्त शाखाओं को परिपत्र भेजकर रविवार 26 जनवरी, 1930 को सायं 6 बजे राष्ट्रध्वज वंदन करने और 'स्वतंत्रता की कल्पना और आवश्यकता' विषय पर व्याख्यान करवाने की सूचना भिजवाई थी। इस आदेश के अनुसार संघ की सभी शाखाओं पर स्वतंत्रता दिवस मनाया गया था। यह कार्यक्रम अमृतसर और लाहौर की शाखाओं पर भी संपन्न हुआ था। स्पष्ट है कि 1947 आते-आते संघ पंजाब में अपने कार्य को भलीभाँति फैला चुका था। इसलिए यह कहना कि संघ का भारत के स्वाधीनता संग्राम में कोई योगदान ही नहीं, नितांत भ्रामक है। विशेष रूप से जब कांग्रेस ने पूर्ण स्वाधीनता के लक्ष्य का विचार डॉ. हेडगेवार से ही लिया था। क्योंकि कांग्रेस भारत के स्वतंत्रता संग्राम का सारा श्रेय स्वयं लेना चाहती थी, इसलिए उन्होंने ऐसा इतिहास लिखवाया, जिसमें किसी अन्य संस्था का नाम तक नहीं आने दिया, विशेष रूप से आर.एस.एस. का। एक प्रकार से सारा इतिहास एक परिवार को गौरवान्वित करने की दृष्टि से ही लिखा और लिखवाया गया।

□

पाकिस्तान से आनेवाले शरणार्थियों के लिए सेठजी ने शहर भर में लंगर लगवा रखे थे, जहाँ 24 घंटे भोजन उपलब्ध करवाया जा रहा था। गुरुद्वारों और मंदिरों के अतिरिक्त राष्ट्रीय स्वयंसेवक संघ, दुर्गियाना मंदिर और सरकार भी यथासंभव प्रबंध कर रही थी। परंतु समस्या इतनी गंभीर थी कि उसका कहीं अंत ही दिखाई नहीं दे रहा था। लाहौर के अतिरिक्त रावलपिंडी, सियालकोट, ननकाना साहिब और लायलपुर इत्यादि स्थानों से एक के बाद एक जत्था चला आ रहा था। उन सबको सँभालना किसी भी तरह से संभव नहीं था। सागर की लहरों की तरह एक लहर जाती तो दूसरी तुरंत चली आती। इस बीच मार-काट, लूटपाट और चोरी-चकारी की घटनाएँ भी बढ़ती जा रही थीं। प्रशासन के लिए स्थिति पर नियंत्रण करना असंभव हो रहा था, क्योंकि बँटवारे की तसवीर ऐसी भयावह होगी, इसकी किसी ने कल्पना तक नहीं की थी। यहाँ पर भी संघ के स्वयंसेवक जी-जान से अमृतसर आनेवालों की सुविधाओं का यथासंभव प्रबंध कर रहे थे।

लाहौर की तरह यहाँ भी लोगों में भ्रम फैला हुआ था कि अमृतसर पाकिस्तान के हिस्से में आएगा। लाहौर में मुसलिम आबादी हिंदुओं से अधिक थी, जबकि अमृतसर में हिंदू बहुमत में थे। लाहौर में हिंदू बहुत समृद्ध थे और वे ही अधिकांश संपत्तियों के स्वामी थे। संख्या में कम होने के बाद भी वे वहाँ के कोष में मुसलमानों से दोगुना राजस्व जमा करवाते थे, इसलिए मान लिया गया था कि लाहौर हिंदुस्तान में ही रहेगा। परंतु ऐसा नहीं हुआ। सिखों के पाँच अकाल तख्तों में से एक तख्त अमृतसर में है, इसलिए इसे भारत में रखने का निर्णय किया गया, क्योंकि उनका एक तख्त ननकाना साहिब पहले ही पाकिस्तान को देने का निर्णय हो चुका था। यह भ्रम अंग्रेजों ने जानबूझकर फैलाया था।

□

7
अमृतसर

विभाजन से पूर्व लाहौर एवं अमृतसर दोनों शहर पंजाब की शान होते थे। दोनों शहरों में जितना प्रेम था, विभाजन के कारण उतना ही दर्द दोनों को झेलना पड़ा। अमृतसर पंजाब का सबसे पवित्र शहर माना जाता है। इस समय भी अमृतसर जैसा दूसरा शहर भारत में कहीं नहीं है। यहाँ की सांस्कृतिक विरासत, पहनावा और खानपान बेजोड़ है। अमृतसर कभी तुंग गाँव का भाग हुआ करता था। इसे सिखों के चौथे गुरु रामदासजी ने सन् 1574 में 700 रुपए देकर तुंग के स्वामियों से खरीदकर अमृतसर की स्थापना की थी। इसका नाम इसके वास्तविक नाम संतोखसर सरोवर पर आधारित हुआ, जिसका निर्माण गुरु रामदासजी ने स्वयं अपने हाथों से किया था। सन् 1577 ई. में गुरु रामदासजी ने यहाँ गुरुद्वारा हरमंदिर साहिब, जो स्वर्ण मंदिर के नाम से भी प्रसिद्ध है, का निर्माण कार्य प्रारंभ किया। गुरु अर्जुन देव साहिबजी ने हरमंदिर साहिब की वास्तुकला का डिजाइन तैयार किया था। उन्नीसवीं शताब्दी में अफगान हमले में इसे क्षति पहुँची, जिसे बाद में महाराजा रणजीत सिंह ने ठीक करवाया और इसे 750 किलो सोने से मढ़वा दिया, जिसके फलस्वरूप यह स्वर्ण मंदिर के नाम से प्रसिद्ध हो गया। अमृतसर का संबंध रामायण काल से भी माना जाता है। यहाँ पर श्रीराम तीर्थ मंदिर ऋषि वाल्मीकि का प्राचीन आश्रम है। माना जाता है कि इसी आश्रम में लव-कुश का जन्म हुआ था। इस दृष्टि से भी लाहौर और अमृतसर का अटूट संबंध सिद्ध होता है, क्योंकि लाहौर की स्थापना लव द्वारा की गई थी। यहाँ के 400 वर्ष पुराने दुर्गियाना मंदिर ने भी पाकिस्तान से आए शरणार्थियों की सहायता करने में अपना पूरा योगदान किया।

यह शहर मध्य एशिया से जुड़ा हुआ था और कश्मीर के व्यापार का सबसे

बड़ा मैदानी केंद्र था। अमृतसर को समय-समय पर अनेक त्रासदियों का सामना करना पड़ा है। भारतीय स्वतंत्रता संग्राम का सबसे जघन्य हत्याकांड अमृतसर के जलियाँवाला बाग में हुआ था। भारत-विभाजन के समय भी यहाँ पर भयंकर मार-काट हुई थी। साढ़े चार सौ वर्ष पुराने इस शहर को अफगान और मुगल शासकों ने भी कई बार उजाड़ा, परंतु पंजाबियों ने कभी हार नहीं मानी और हर बार इसे अधिक शान से बसाते हुए अपनी संस्कृति को अक्षुण्ण रखा। शिक्षा के क्षेत्र में यह शहर अग्रणी था। 20वीं शताब्दी के प्रारंभ में अमृतसर में दिल्ली से भी अधिक कॉलेज थे।

विभाजन के समय अमृतसर में मुसलमानों की जनसंख्या हिंदुओं से थोड़ी अधिक थी। मुसलिम लीग की माँग थी कि अमृतसर और गुरदासपुर नगर पाकिस्तान को दिए जाएँ, जिसे स्वीकार नहीं किया गया। अंग्रेजों पर दबाव बनाने के लिए मुसलिम लीग ने अमृतसर को केंद्र बनाया था और 'नगर मुसलिम नेशनल गार्ड', 'खासकर' और 'अहरार संगठन' बनाकर मुसलिम युवकों को शस्त्रों का प्रशिक्षण दिया जाने लगा था। ये युवक अवसर मिलते ही गुंडागर्दी करते थे। अधिकतर मुसलमान उनके साथ थे। पुलिस भी इन्हीं का पक्ष लेती थी, क्योंकि शहर पुलिस में अधिकतर लोग मुसलिम ही थे।

अमृतसर में राष्ट्रीय स्वयंसेवक संघ का अच्छा प्रभाव था। संघ को सिख युवकों का पूरी तरह से समर्थन उपलब्ध रहता था। इसलिए न केवल हिंदुओं और सिखों की जान-माल बच सकी, बल्कि दो बार स्वर्ण मंदिर को आर.एस.एस. के स्वयंसेवकों ने मुसलमानों के हमलों से भी बचाया। मुख्यत: वे यह हमला गुरुद्वारे को लूटने की नीयत से करना चाहते थे। आर.एस.एस. के अधिकारियों ने गुरुद्वारे पर 75 गणवेशधारी स्वयंसेवकों की तैनाती कर दी थी, जिनके भय से मुसलमान इस पर आक्रमण करने का साहस ही नहीं कर पाए। नगर प्रचारक इंद्रपाल, नगर सायं प्रमुख डॉ. बलदेव प्रकाश ने बिजली पहलवान के सहयोग से संघ के स्वयंसेवकों और युवाओं को इस प्रकार संगठित किया कि लीगी गुंडे बाजारों को भी लूटने से बचते थे। हमले भी करते थे तो चुपचाप और छिटपुट। चूँकि अमृतसर की पुलिस लीगियों का साथ दे रही थी, इसलिए जब संघ के अधिकारियों ने नगर में कर्फ्यू लगाने के लिए कहा तो उसे नहीं माना गया, परंतु मुसलमानों के कहने पर कर्फ्यू लगाया गया, वह भी केवल हिंदुओं पर। कर्फ्यू में लीगी गुंडों को सरेआम घूमने की छूट दे दी गई थी।

माणिकचंद वाजपेयी और श्रीधर पराडकर ने संघ द्वारा दरबार साहिब की रक्षा करने का विस्तृत वर्णन किया है। उन्होंने अपनी पुस्तक 'ज्योति जला निज प्राण

की' में लिखा है—'6 मार्च की भयावनी रात अमृतसर के शेराँवाला गेट से सशक्त एवं संगठित मुसलमानों का समूह हरी वरदीधारी नेशनल गार्ड्स के नेतृत्व में चौक फव्वारा की ओर बढ़ रहा था। उनका लक्ष्य था—कृष्णा कपड़ा मार्केट तथा पावन दरबार साहिब को लूटना। ज्यों ही आक्रमणकारी चौक फव्वारा पहुँचे, उन पर चारों ओर से लाठियों, तलवारों, भालों, छुरों एव बमों से प्रहार प्रारंभ हो गए। हमलावरों ने देखा कि उन पर निक्करधारी स्वयंसेवक टूट पड़े हैं। संघ के स्वयंसेवकों से वे पहले से ही भयभीत थे, इसलिए वे भाग खड़े हुए। इस प्रकार संघ के स्वयंसेवकों ने कृष्णा मार्केट ही नहीं, दरबार साहब की भी रक्षा की। इसके बाद फिर मुसलमानों ने पुलिस की छत्रच्छाया में 9 मार्च को स्वर्ण मंदिर पर आक्रमण की योजना बनाई। यह योजना शहर में कर्फ्यू लगे होने के बावजूद बनाई गई थी। मुसलिम नेशनल गार्ड्स के नेतृत्व में हरी वरदी में लौहटोपधारी जत्थे तीन ओर से दरबार साहिब पर हमला करने के लिए बढ़ने लगे। एक बड़ा जत्था लीग के शक्तिशाली दुर्ग कटरा कर्म सिंह की ओर बढ़ रहा था, दूसरा जिहादी नारे लगाता हुआ नमक मंडी की ओर से तथा तीसरा शेराँवाला दरवाजे की ओर से। सभी जत्थे शस्त्रों को हाथों में लहरा रहे थे। दूसरी ओर स्वर्ण मंदिर में कुछ सेवादारों के अतिरिक्त लगभग एक सौ निहत्थे यात्री भी फँसे हुए थे, क्योंकि कर्फ्यू के कारण उनके लिए बाहर जाना संभव नहीं था। गाँव की ओर से सूचना पाकर आनेवाले सिख जत्थों को सशस्त्र पुलिस बाहर ही रोक रही थी। यह सब योजनाबद्ध ढंग से हो रहा था। दरबार साहिब से पंजाब रिलीफ कमेटी के कार्यालय में निरंतर फोन आ रहे थे कि मुसलमानों के जत्थे दरबार साहब की ओर बढ़ते चले आ रहे हैं। पवित्र स्वर्ण मंदिर को खतरा पैदा हो गया है। आप स्वयंसेवक सहायता के लिए नहीं आएँगे क्या? संघ के कार्यालय प्रमुख दुर्गादास खन्ना बराबर उन्हें यह आश्वासन दे रहे थे कि वे चिंता न करें, स्वयंसेवकों को गलियों और सड़कों पर मोर्चाबंदी करके तैनात कर दिया गया है। किसी भी दशा में दरबार साहिब पर आँच नहीं आने दी जाएगी, बल्कि इस बार मुसलमान दंगाइयों को सजा भी दी जाएगी और मजा भी चखाया जाएगा।

जहाँ-जहाँ से मुसलमानों के जत्थे हमला करने के लिए निकलनेवाले थे, वहाँ-वहाँ पर पर्याप्त मात्रा में पत्थर और सोडावाटर की बोतलें एकत्र कर ली गई थीं। स्वयंसेवकों को निर्देश था कि हमलावरों पर भारी मात्रा में पत्थरों और सोडावाटर की बोतलों की बौछार कर दी जाए। घरों की छतों पर भी पत्थर और गरम तेल के कड़ाहे रखवा दिए गए थे। बाल स्वयंसेवक नीचे से निकलनेवाले जत्थों पर गरम तेल उड़ेल रहे थे। कितने ही हमलावर उससे जख्मी होकर भाग गए थे। अनेक

की आँखें फूट गई थीं। मुसलमानों की दरबार साहिब पर हमले की सारी योजना तितर-बितर हो गई थी। इस प्रकार संघ के स्वयंसेवकों ने दो बार दरबार साहिब की रक्षा करने में अपनी जान की भी परवाह नहीं की और मुसलिम दंगाइयों के सामने अभेद्य दीवार बनकर खड़े हो गए थे। उधर हरमंदिर साहिब को घेरकर संघ के वे 75 गणवेशधारी स्वयंसेवक खड़े थे, जिन्होंने मुसलमानों के 6 मार्च के हमले को विफल किया था। बाहर तैनात इन स्वयंसेवकों को देखकर भीतर फँसे भक्तों और सेवादारों का मनोबल ऊँचा उठा हुआ था। अब स्थिति यह थी कि मुसलमान दुम दबाकर भाग रहे थे और हिंदू स्वयंसेवकों के साथ सिख युवक उनका पीछा कर रहे थे। सारा अमृतसर 'हर-हर महादेव' और 'सत श्री अकाल' के तथा 'जो बोले सो निहाल' के नारों से गूँज रहा था।

सेठ छून्नामल ने बाबूजी को कहा कि लाहौर में आपके साथ जो कुछ भी हुआ, उसमें तो अब कुछ किया नहीं जा सकता। शायद यही ईश्वर की इच्छा रही होगी, परंतु अब आगे की सुधि लेनी चाहिए। अमृतसर कोई लाहौर से कम बढ़िया शहर नहीं है। अभी तो इसकी जनसंख्या लाहौर से आधी ही है, परंतु इस शहर का बहुत तेजी से विकास होगा, इसकी भविष्यवाणी मैं आज कर सकता हूँ। अच्छा हो, आप स्थायी रूप से यहीं पर रहने का विचार बना लें। यहाँ पर मेरे होते हुए आपको कोई कठिनाई नहीं होगी। अपने काम में आप अनुभवी भी हैं, माहिर भी। रही पूँजी की बात तो उसका भी प्रबंध हो जाएगा।

बाबूजी ने उत्तर दिया, "नहीं, ऐसी कोई बात नहीं है। दस हजार रुपए से अधिक तो मेरे पास नकद हैं और मेरे हाथ में जो ये दो अँगूठियाँ हैं, ये भी बहुत कीमती हैं। कोई भी काम प्रारंभ करने के लिए यह धनराशि पर्याप्त होगी, परंतु मैं एक बार दिल्ली अवश्य जाना चाहता हूँ। दिल्ली के एक लाला खुशीराम के साथ हमारा वर्षों से लेन-देन का संबंध रहा है। गत वर्ष जब मैं दिल्ली गया था तो उनके भाँग और शराब के ठेकों के लिए मैंने पैसा उधार दिया था और उन्हें यह भी समझाने का प्रयास किया था कि उन्हें यह नशेवाला व्यवसाय नहीं करना चाहिए। मेरी सलाह को मानकर वे निर्माण कार्य में आने के लिए तैयार हो गए थे। उसके बाद उनसे भेंट का अवसर ही नहीं मिला। उनका नेताओं और सरकारी अधिकारियों के साथ अच्छा-खासा उठना-बैठना है। मेरा विचार है कि बँटवारे के बाद जिस तेजी से दिल्ली की जनसंख्या में वृद्धि होगी, उसमें हमारे कारोबार के लिए बहुत संभावनाएँ होंगी। खुशीरामजी भी आपकी ही भाँति संपन्न व्यक्ति हैं। चाँदनी चौक में ही उनकी

हवेलियाँ और दुकानें हैं। लगता है, वहाँ पाँव जमाने में कोई कठिनाई नहीं होगी। फिर भी यदि आवश्यकता होगी तो मैं लौट आऊँगा। आप तो यहाँ हैं ही।"

दस दिन अमृतसर में ठहरकर और सेठजी को उनके आतिथ्य के लिए धन्यवाद देकर हम लोग दिल्ली चले आए थे। रास्ते में हमें किसी प्रकार का कष्ट न हो, इसकी सारी व्यवस्था सेठजी ने करवा दी थी। हमारे पूरे परिवार को किस प्रकार पाकिस्तान में जलाकर मार दिया गया है, यह सूचना भी उन्हें भिजवा दी गई थी। दिल्ली का तो वातावरण ही अलग था। भले ही बड़ी संख्या में शरणार्थियों का दिल्ली आना जारी था, लेकिन हमने देखा कि उनके लिए अनेक कैंप और बस्तियों का निर्माण किया जा रहा है।

□

8

विजय कुमार मल्होत्रा

"हाँ तो अब बताओ मल्होत्राजी कि लाहौर में आपके साथ क्या हुआ था, आपने क्या देखा और भोगा था।" नरेंद्र सहगल ने राजकुमार की जानकारी में वृद्धि करने की दृष्टि से पूछा।

"15 अगस्त, 1947 को लाहौर, पूरे पश्चिमी पंजाब और सीमाप्रांत में हिंदू, सिख इलाके और उनके घर धू-धू कर जल रहे थे। जैसाकि यशपालजी ने बताया। हजारों-लाखों के काफिले छोटा-मोटा सामान लेकर छोटे बच्चों को गोद में उठाए, महिलाओं को बीच में रखकर बड़े-बूढ़ों को सँभालते हुए भारत की ओर आ रहे थे। स्थान-स्थान पर लूटपाट, अपहरण व हत्याएँ हो रही थीं। रेलगाड़ियाँ चल तो रही थीं, परंतु भीड़ इतनी अधिक थी कि लोग रेलगाड़ियों की छतों पर बाल-बच्चों समेत बैठने को मजबूर थे। छतों पर बैठे कितने ही पटरियों के पास बैठे पाकिस्तानी दरिंदों की गोलियों का शिकार होते थे।

"15 अगस्त को मैं लाहौर में था। मैंने वे लोमहर्षक भीषण भयानक हत्याकांड स्वयं अपनी आँखों से देखे थे, जो इतना समय व्यतीत हो जाने के बाद आज भी मेरे दिलो-दिमाग को दहला देते हैं। पंजाब के संघ स्वयंसेवकों के लिए 'राष्ट्रीय स्वयंसेवक संघ' का ओ.टी.सी. शिक्षक शिक्षण वर्ग कैंप फगवाड़ा में लगा था। यह शिविर 20 अगस्त को समाप्त होना था। पश्चिमी पंजाब व सीमाप्रांत में भीषण मार-काट, हत्या, लूट, अपहरण मुसलिम लीगियों द्वारा संचालित किया जा रहा था। मुसलिमों द्वारा गाँवों, कस्बों और शहरों की हिंदू आबादीवाले क्षेत्रों पर सामूहिक आक्रमण हो रहे थे। रक्तपात और लूटमार की दर्दनाक घटनाओं और हिंदू-सिखों के पलायन के दिल दहलानेवाले समाचार आ रहे थे। इस समय हिंदुओं और सिखों

की रक्षा की एकमात्र आशा संघ से ही की जा सकती थी। संघ के लगभग 1,900 प्रमुख स्वयंसेवक और अधिकारी फगवाड़ा में एकत्र थे। संघ अधिकारियों ने निर्णय किया कि शिविर को 20 अगस्त के बजाय 10 अगस्त को समाप्त कर दिया जाए। हम लोग 10 अगस्त को ही पहली गाड़ी से लाहौर के लिए चल दिए। उस गाड़ी में या तो संघ के स्वयंसेवक वापस पंजाब अपने घरों को लौट रहे थे या फिर अमृतसर व पूर्वी पंजाब से भागकर जा रहे मुसलमान थे। अटारी स्टेशन पार करते ही वातावरण बदला-बदला सा दिखाई देने लगा था। जल्लो, हरबंसपुरा, मुगलपुरा स्टेशनों पर जिन्ना का फोटो लिये मुसलिम हुजूम एकत्र था। वे रेल के हर डिब्बे में 'कायद-ए-आजम' के चित्र बाँट रहे थे। मेरे साथ के स्वयंसेवक ने वह चित्र घृणा से फाड़कर पाँव से कुचल दिया। डिब्बे में हम चार-पाँच स्वयंसेवकों को छोड़कर सब अमृतसर से पाकिस्तान जा रहे मुसलमान थे। गाड़ी में झगड़ा करना उचित न समझकर मैंने उसे रोका। उस समय जिन्ना मुसलिम सांप्रदायिकता के प्रतीक थे। वे प्रतीक थे—भारत-विभाजन के और हिंदुओं के नरसंहार के। लाहौर पहुँचते ही स्टेशन पर संघ द्वारा संचालित पंजाब सहायता समिति का शिविर था। हमारे परिचित कुछ कार्यकर्ता वहाँ पर उपस्थित थे। उन्होंने बताया कि एक अन्य प्लेटफॉर्म पर वह गाड़ी खड़ी है, जो रावलपिंडी से आई है। उस गाड़ी को बीच-बीच में रोककर लूटा गया है और अनेक लोगों की हत्या की गई है। हम स्टेशन से बाहर निकले और अपने-अपने घरों को चले गए।

"मेरा पूरा परिवार लाहौर छोड़कर जा चुका था। संघ शिविर में पत्र-व्यवहार की अनुमति न होने के कारण मुझे यह भी पता नहीं था कि वे कहाँ गए हैं। घर में एक किराएदार के पास चाबियाँ थीं। मोहल्ले में दस-बारह घरों में कुछ लोग थे, शेष सब जा चुके थे। मैंने उसी दिन संघ के कुछ कार्यालयों से और डी.ए.वी. कॉलेज में लगे शिविर से संबंध स्थापित किया। हिंदू सहायता समिति के कार्यालय में संघ के स्वयंसेवकों से भी बातचीत की, परंतु कुछ ज्ञात नहीं हो सका। 10 अगस्त की रात को लाहौर में घर की छत से जहाँ भी नजर जाती थी, चारों ओर धू-धू जल रही संपत्तियों के दृश्य हृदय-विदारक थे। हिंदू मोहल्लों से उठती आग की लपटें आकाश को छू रही थीं। 'अल्लाह-हू-अकबर' के नारे चारों ओर गूँज रहे थे। संघ शिविर में जाने से पूर्व यह स्थिति थी कि जब किसी मुसलिम इलाके की ओर से 'अल्लाह-हू-अकबर' के नारे लगते थे तो हिंदू सिख मोहल्लों से 'हर-हर महादेव' और 'सत श्री अकाल' के बराबर के नारे लगते थे। परंतु अब प्रतिक्रिया की कोई सामर्थ्य बची ही नहीं थी। हिंदुओं और सिखों के मोहल्लों में मौत का सन्नाटा पसरा था।

"11 अगस्त सायंकाल एक परिवार, जिनका घर मुसलिम मोहल्ले के निकट था, अपना सामान लेकर छिपता हुआ हमारे घर के पास से जा रहा था। उसके पीछे-पीछे एक मुसलिम नेता आया और उन्हें वापस अपने घर जाने के लिए कहने लगा। मोहल्ले के लोग इकट्ठे हो गए। उस मुसलिम नेता ने कहा कि पाकिस्तान के सर्वेसर्वा जिन्ना ने भी रेडियो पर अपील की है कि हिंदुओं और सिखों को अपना घर छोड़कर जाने की जरूरत नहीं है। वे अपने-अपने घरों में रहें और पाकिस्तान में उनकी सुरक्षा का पूरा प्रबंध किया जाएगा। मोहल्ले के लोगों में आशा की किरण बँधी और वह परिवार अपने घर लौट गया। परंतु उसी रात उसके घर को आग लगा दी गई। घर को पूरी तरह से लूट लिया गया और पूरे परिवार की हत्या कर दी गई। अगले दिन मोहल्ले के बचे-खुचे लोगों ने मोहल्ला छोड़ दिया। हम वहाँ से निस्बत रोड स्थित संघ के कार्यालय में, जहाँ से एक सहायता शिविर चलाया जा रहा था, चले गए।

"12-13 अगस्त को मैं निस्बत रोड पर चलाए जा रहे अस्थायी शिविर में था। रात को एक कार में एक महिला और उसके कुछ रिश्तेदार एक व्यक्ति के शव को लेकर वहाँ पर आए। उस महिला का पति अपने कुछ रुपए लेने एक मुसलिम मित्र के पास गया था। उसने उधार चुकाने के बहाने उसे घर पर बुलाया और वहाँ उसकी हत्या कर दी। रावी के किनारे श्मशान पर जाना खतरे से खाली नहीं था। श्मशान की व्यवस्था देखनेवाले कर्मचारी भी भाग चुके थे। रात को शव रखने का स्थान भी नहीं था। महिला और उसके संबंधी चाहते थे कि उसके पति का संस्कार निस्बत रोड में एक खाली प्लॉट पर कर दिया जाए। परंतु मोहल्ले के बचे लोग एकत्र हो गए और रिहायशी क्षेत्र में संस्कार को अशुभ मानकर संस्कार की अनुमति नहीं दी। फिर वह महिला अपने पति के शव को लेकर कहाँ चली गई, ज्ञात नहीं। मोहल्ले के लोगों को मालूम नहीं था कि अपने जिन मकानों को शव संस्कार के कारण अपवित्र होने की उन्होंने जो आशंका जाहिर की थी, वह मोहल्ला, वह शहर हमेशा के लिए श्मशान बनकर उनके हाथ से निकल जाएगा।

"डी.ए.वी. कॉलेज लाहौर और उसके होस्टल में राष्ट्रीय स्वयंसेवक संघ द्वारा संचालित पंजाब सहायता समिति का शरणार्थी कैंप लगा हुआ था। लाहौर मेडिकल कॉलेज के संघ के स्वयंसेवक डॉक्टर, महिला डॉक्टर, नर्सें, छोटा सा अस्पताल चला रहे थे। बीसियों घायलों का वहाँ इलाज हो रहा था। सारे पश्चिमी पंजाब से हिंदू, सिख अपना घर-बार, खेत-खलिहान, दुकानें, कारखाने, माल-असबाब छोड़कर डी.ए.वी. कॉलेज के शरणार्थी कैंप में पहुँचते थे और वहाँ से डोगरा व

गोरखा सैनिकों की सुरक्षा में उन्हें भारत जानेवाली गाड़ियों में सुरक्षित स्थानों पर भेजा जाता था। इस शिविर से स्वयंसेवक कुछ डोगरा सैनिकों के साथ लाहौर के सब क्षेत्रों में जा-जाकर फँसे हुए हिंदुओं को निकालने का काम भी करते थे। मुझे कुछ दिनों के लिए डी.ए.वी. कॉलेज के इस शिविर में काम करने के लिए कहा गया।

"प्रतिदिन की तरह हम 5-5 स्वयंसेवक दो जीपों में बैठकर सेना की सुरक्षा में विभिन्न क्षेत्रों में फँसे हिंदू-सिखों को निकालने के लिए निकले। मैं जिस ग्रुप में था, वह गवालमंडी, मेवामंडी तथा किला गुजर सिंह आदि क्षेत्रों में फँसे लोगों को निकालने गया और दूसरा दल गया था—गुरुदत्त भवन, शहालमी, वच्छोवाली इत्यादि शहरी क्षेत्रों में। साथ में थी डोगरा सेना की एक-एक जीप। हम लोग सारा दिन घूमकर कुछ लोगों को निकालकर शाम को वापस लौटे। भरे-पूरे घरों को छोड़कर केवल एक छोटा संदूक साथ लेकर परिवारों को निकलने की अनुमति थी। परंतु दूसरी जीप और उसके साथ गए कार्यकर्ता लौटे नहीं थे। उनके साथ गई डोगरा सैनिकों की जीप वापस आ गई थी। उस जीप को पुन: लेकर स्वयंसेवकों को ढूँढ़ने के लिए कुछ कार्यकर्ता गए, परंतु उनका कुछ पता नहीं चला। रात बारह बजे उनमें से एक किशोर स्वयंसेवक देवेंद्र बदहवास, छिपता-छिपाता डी.ए.वी. कॉलेज पहुँचा। उसने उस लोमहर्षक घटना का विवरण सुनाया। उनकी जीप डोगरा सैनिकों की जीप से अलग हो गई थी और मुसलिम पुलिस ने उसे रोककर तलाशी ली तो उसमें राइफल व असलाह बरामद हो गया। मुसलिम पुलिस सब स्वयंसेवकों को लेकर एक नाले के पास गई और एक पंक्ति में खड़ा करके उन्हें गोलियों से उड़ा दिया। देवेंद्र गोली लगने से पूर्व ही गिर गया था। मुसलिम पुलिस सबको मरा समझकर लाशों को वहीं छोड़कर चली गई। काफी देर बाद देवेंद्र उठकर बचता-बचाता डी.ए.वी. कॉलेज पहुँचा था।

"सारे पंजाब से लुटे-पिटे, घर-बार, मकान, हवेली, खेत-खलिहान छोड़ हजारों की संख्या में लोग प्रतिदिन डी.ए.वी. कॉलेज और उसके हॉस्टल में पहुँच रहे थे। हरेक की अपनी-अपनी रोंगटे खड़े कर देनेवाली आपबीती थी। भयंकर अन्याय व अत्याचारों की घटनाएँ सुनकर आँसू रोकना कठिन होता था। परिवार-के-परिवार मौत के घाट उतार दिए गए। असंख्य महिलाओं का अपहरण कर लिया गया था। अनेक महिलाओं ने कुओं में छलाँगें लगाकर या घर, गुरुद्वारे या मंदिर में आग में भस्म होकर अथवा जहर खाकर अपने सम्मान की रक्षा की थी।

"नेहरू-लियाकत समझौते के अंतर्गत डी.ए.वी. कॉलेज और उसके होस्टल में, डॉ. गोकुल चंद नारंग की कोठी स्थित पंजाब सहायता समिति के कार्यालय, रेलवे स्टेशन, अस्पताल व अन्य कुछ स्थानों पर डोगरा व गोरखा सैनिकों की कुछ टुकड़ियाँ तैनात थीं। उन्हें साथ लेकर संघ के स्वयंसेवक जान हथेली पर रखकर विलक्षण वीरता, साहस, त्याग और बलिदान का परिचय देते हुए हिंदू-सिख पीड़ितों को बचाने का काम कर रहे थे।

"15 अगस्त था या 16 अगस्त। पं. जवाहरलाल नेहरू डी.ए.वी. कॉलेज कैंप में सायंकाल के समय आए थे। हजारों की संख्या में पीड़ित-दुःखी शरणार्थियों ने गुस्से में 'नेहरू वापस जाओ', 'गो बैक' 'गो बैक' के नारे लगाने शुरू किए। लोगों का गुस्सा देखकर पं. नेहरू और बलदेव सिंह वापस चले गए। इस बीच स्वयंसेवकों ने लोगों का गुस्सा शांत किया। कुछ देर बाद पं. नेहरू व बलदेव सिंह वापस आए। पं. नेहरू ने घटनाओं पर दुःख प्रकट करते हुए आश्वासन दिया कि पाकिस्तान सरकार से बातचीत हो गई है और तुरंत शांति हो जाएगी। भारतीय सैनिक टुकड़ियाँ लाहौर व पाकिस्तान के अन्य शहरों व कस्बों में तैनात कर दी गई हैं। अब किसी को घबराने की आवश्यकता नहीं है।

"उनके वापस जाते ही उस रात भी लाहौर धू-धू कर जलता रहा। मुझे स्मरण है कि एक डोगरा सैनिक एक मंदिर की मूर्तियाँ लेकर मेरे पास आया था कि गुंडों के हाथों उस मंदिर को बचाना अब कठिन है, इसलिए मूर्तियों को खंडित व अपमानित होने से पूर्व वह मूर्तियों को उठा लाया है।

"यद्यपि विभाजन रेखा की आधिकारिक घोषणा 15 अगस्त को भी नहीं हुई थी, परंतु कांग्रेस के मंत्रियों और नेताओं द्वारा लाहौर छोड़कर चले जाने के कारण यह स्पष्ट था कि लाहौर पाकिस्तान में जा रहा है। नेहरूजी के आश्वासन के बावजूद नरसंहार जारी रहा, अतः शेष हिंदुओं ने कुछ दिनों में ही लाहौर खाली कर दिया।

"स्वाधीन भारत में महात्मा गांधी को भी अनेक समस्याओं का सामना करना पड़ा। स्वतंत्रता प्राप्त करने में जल्दबाजी करने के कारण बहुत सी ऐसी बातें थीं, जिनकी पहले से कल्पना करना उनके लिए संभव नहीं था। दुर्भाग्यवश गांधीजी मानवता में विश्वास करते थे। उन्हें मानव स्वभाव में राक्षसी तत्त्व दिखाई ही नहीं दिया। वे सदैव चाहते थे कि सब लोग परस्पर भाईचारे के साथ मिल-जुलकर रहें। कब आदमी एक-दूसरे के खून का प्यासा हो जाता है, इसका अनुमान उन्होंने नहीं लगाया था। जब इतनी बड़ी आबादी के स्थानांतरण की बात उन्होंने स्वीकार की होगी, तब संभवतः यह बात उनके दिमाग में नहीं आई होगी कि इसे व्यवहार में

लाते समय क्या-क्या कठिनाइयाँ सामने आएँगी। बँटवारे की घोषणा होते ही जो सांप्रदायिक उन्माद सामने दिखाई दिया, उसके विषय में तो उन्हें पता होना ही चाहिए था। महात्मा गांधी जानते थे कि अंग्रेज गत कई वर्षों से जिस घृणा के बीज हिंदुओं और मुसलमानों के मध्य बो रहे थे, उनका फल कोई मीठा होनेवाला नहीं था। फिर भी न जाने क्यों वे इस ओर से उदासीन दिखाई दिए। स्वतंत्रता की घोषणा होते ही इस उन्माद पर नियंत्रण करना उनके लिए पहली प्राथमिकता बन गया। इस पर काबू पाने का कोई तंत्र उनके पास नहीं था। अब उन्हें जो भी करना था, स्वयं अपने आत्मबल के सहारे ही करना था। भारत ने जानबूझकर धर्मनिरपेक्ष राज्य बनना पसंद किया था। इसी के अनुरूप यह घोषणा की गई थी कि जो लोग पाकिस्तान न जाकर भारत में रहना पसंद करेंगे, उनको भारत की नागरिकता के पूरे अधिकार प्रदान किए जाएँगे। इसके विपरीत पाकिस्तान ने अपने आप को इसलामिक राज्य घोषित किया था और वह बलात् वहाँ से हिंदुओं को निकालने पर तुला था। इसके बाद भी वहाँ पर रह जानेवाले हिंदुओं को द्वितीय श्रेणी का नागरिक बनाए रखने की नीति पर पाकिस्तान चल रहा था। उत्तर प्रदेश और बिहार के बहुत से मुसलमान पाकिस्तान जाना चाहते थे, परंतु पाकिस्तान ने उनके लिए अपने द्वार बंद कर दिए थे।"

□

9

राष्ट्रीय स्वयंसेवक संघ

"आपके कहने का अभिप्राय है कि 1925 में बनी राष्ट्रीय स्वयंसेवक संघ भारत-विभाजन तक इतनी अधिक सक्रिय हो चुकी थी कि भारतीय सेना के साथ कंधे-से-कंधा मिलाकर हिंदुओं को सुरक्षित निकालकर भारत भिजवाने में सहयोग कर रही थी।" राजकुमार ने आश्चर्य में भरकर प्रश्न किया।

"हाँ! जैसी कि आज सबको जानकारी है कि डॉ. केशवराव बलिराम हेडगेवार ने विजयदशमी के दिन 1925 में नागपुर में संघ की स्थापना कर दी थी। उस समय संघ के स्वयंसेवकों से एक प्रतिज्ञा करवाई जाती थी कि 'मैं अपने राष्ट्र की स्वतंत्रता के लिए तन-मन-धनपूर्वक आजन्म और प्रामाणिकता से प्रयत्नरत रहने का संकल्प लेता हूँ।' डॉ. हेडगेवार ने संघ के उद्देश्य की घोषणा करते हुए कहा था कि 'हमारा उद्देश्य हिंदू राष्ट्र की पूर्ण स्वतंत्रता है और इस महान् लक्ष्य को प्राप्त करने के लिए ही संघ का गठन किया गया है।' फलतः जब विभाजन की त्रासदी हिंदू और सिखों पर थोप दी गई थी, उसमें राष्ट्रीय स्वयंसेवक संघ ने ही अपनी प्रतिज्ञा के अनुसार उन्हें सहारा दिया। कांग्रेस के प्रमुख नेता तो पहले ही पंजाब से पलायन कर गए थे, क्योंकि उनके पास यह सूचना थी कि जल्दी ही राष्ट्रीय कांग्रेस समिति विभाजन को स्वीकार कर लेगी। जिन कांग्रेसियों को इसकी जानकारी नहीं हुई, वे भी सहायता के लिए आर.एस.एस. के स्वयंसेवकों के पास ही आते थे। संघ ने बिना किसी भेदभाव के उनकी भी मदद की थी। तुमको यह जानकर आश्चर्य होगा कि संघ ने बहुत पहले ही कांग्रेस की रीति-नीति को भाँपकर सिंध और पंजाब में अपना कार्य प्रारंभ कर दिया था। विभाजन से महीनों पहले संघ के दूसरे सरसंघचालक माधवराव सदाशिवराव गोलवलकर अर्थात् गुरुजी ने स्वयं सियालकोट, मोंटगोमरी, मुल्तान

और सिंध का दौरा किया था। इतना ही नहीं, उनके अतिरिक्त प्रथम प्रचारक बाबा साहब आप्टे और बाला साहब देवरस, जो बाद में तीसरे सरसंघचालक बने, इन स्थानों का महीनों भ्रमण करते रहे थे। हालाँकि इसकी बहुत चर्चा नहीं होती। क्योंकि पहले ही दिन से प्रचार से दूर रहकर कार्य करने की शिक्षा संघ में दी जाती रही है।" नरेंद्र सहगल ने बताया।

"उपरोक्त क्षेत्र में संघ के 52 प्रचारक कार्य कर रहे थे। वे दिन-रात गाँव-गाँव जाकर हिंदुओं और सिखों को संगठित और जाग्रत् कर रहे थे। बाद में भारत के उपप्रधानमंत्री रहे लालकृष्ण आडवाणी भी ऐसे प्रचारकों में सम्मिलित थे। उन्होंने विशेष रूप से सिंध प्रांत में दिन-रात काम किया था। उस समय वहाँ पर संघ की 80 शाखाएँ काम कर रही थीं। रावलपिंडी, लाहौर, पेशावर, अमृतसर, जालंधर और अंबाला में सैकड़ों युवकों के अतिरिक्त अधेड़ आयु के व्यक्ति भी नियमित रूप से संघ की शाखाओं में आने लगे थे।

"विभाजन से पूर्व जब अंग्रेजों ने धर्म के आधार पर पुलिस और सेना को विभाजित किया, तभी संघ के अधिकारी चौकन्ने हो गए थे। सिंध, पश्चिमी पंजाब और पूर्वी पंजाब के क्षेत्र मुसलिम बाहुल्य सेना और पुलिस के अधीन कर दिए गए थे। इस समय हिंदू और सिख बहुत बड़े खतरे से घिरे हुए थे। एक प्रकार से वे एक बारूद के ढेर पर बैठे हुए थे। उनकी रक्षा करनेवाला कोई दृष्टिगोचर नहीं होता था। संघ के दूसरे सरसंघचालक गुरुजी ने इस दिशा में पहल की और एक हिंदू सहायता समिति का गठन किया। इसका केंद्र लाहौर में रखा गया। पंजाब प्रांत के संघ चालक राय बहादुर बदरीदास को इसका चेयरमैन बनाया गया और गोकुल चंद नारंग को इसके कोषाध्यक्ष होने का दायित्व सौंपा गया।

"इतना ही नहीं, जब कांग्रेसी नेता दिल्ली में जश्न मना रहे थे और पंजाब दंगों की आग में धधक रहा था तो अपने जीवन की परवाह न करते हुए संघ के स्वयंसेवक लोगों का दुःख-दर्द बाँट रहे थे। पंजाब से सुरक्षित निकलनेवाला प्रत्येक व्यक्ति अपने आप को संघ का ऋणी मानता है, क्योंकि जब सबने साथ छोड़ दिया था, तब संघ ने उनका हाथ थामा था। आज भले कांग्रेसी कितना भी कहें कि हमने कुछ नहीं किया, परंतु हमारे योगदान को भुक्तभोगी भूल नहीं सकते।" मल्होत्राजी ने बताया।

"इस संदर्भ में राजकुमार, तुम्हें प्रो. आर.एन. बाली की पुस्तक 'नाउ इट कैन बी टोल्ड' पढ़नी चाहिए। उन्होंने लिखा है कि आर.एस.एस. पंजाब में सभी स्थानों पर सक्रिय थी। मुसीबत में फँसे लोगों की रक्षा के लिए स्वयंसेवक ही सामने आए

थे। वे महिलाओं, बच्चों और बुजुर्गों को संरक्षण देते हुए घरों से बाहर निकाल रहे थे। एक-एक घर, एक-एक मोहल्ले में स्वयंसेवक सेना के जवानों को साथ लेकर जाते थे। उन लोगों के लिए भोजन, चिकित्सा, वस्त्र इत्यादि का प्रबंध कर रहे थे। आग बुझाने की भी पर्याप्त तैयारी के साथ कितने शहरों और कस्बों में वे गए तथा लोगों के जान-माल की रक्षा की। बसों और ट्रकों में लोगों को भर-भरकर रेलवे स्टेशन पहुँचाते थे और यह सुनिश्चित करते थे कि जिन रेलों में उन्हें चढ़ाया जाए, उनमें उनकी सुरक्षा के लिए सेना भी साथ में रहे। इतना ही नहीं, संघ के स्वयंसेवकों ने हिंदू मोहल्लों में फँसे हुए मुसलमानों को भी सुरक्षित निकालकर मुसलिम लीग द्वारा चलाए गए रिफ्यूजी कैंपों में भिजवाया। समस्या की गंभीरता को देखते हुए संघ ने बहुत कम समय में बहुत अधिक काम किया था।

"चाहो तो श्रीधर पराडकर की पुस्तक 'पार्टिशन डेज द फेयरी सागा ऑफ आर.एस.एस.' भी पढ़ सकते हो। इस पुस्तक में विस्तार से पंजाब में संघ के कार्यों का लेखा-जोखा प्रस्तुत किया गया है। संघ की स्थापना के पाँच वर्ष बाद ही अर्थात् 1930 से ही आर.एस.एस. के प्रचारक नागपुर से पंजाब आने लगे थे। के.डी. जोशी, दिगंबर पतूरकर, मोरेश्वर मुंजे और माधवराव मूले इत्यादि यहाँ बहुत अधिक सक्रियता से कार्य करते रहे थे। जल्दी ही यहाँ 1,500 शाखाएँ काम करने लगी थीं। इनमें लगभग एक लाख स्वयंसेवक प्रतिदिन उपस्थित रहते थे। अनेक स्थानों पर विचार विनिमय केंद्र भी स्थापित किए गए। 1940 में माधवराव मूले को पंजाब का प्रांत प्रचारक नियुक्त किया गया, जिन्होंने यहाँ संघ का एक मजबूत ढाँचा खड़ा कर दिया। केवल एक सुदृढ़ संगठन के बल पर ही 1947 के विभाजन में इतने अधिक लोगों की जान बचाई जा सकी। इससे संघ के उन आलोचकों का मुँह भी बंद हो गया, जिनका कहना था कि संघ मात्र महाराष्ट्र के चित्तपावन ब्राह्मणों का संगठन है। वैसे विश्व में शायद ही किसी संगठन की इतनी अधिक और कटु आलोचना की गई हो, जितनी राष्ट्रीय स्वयंसेवक संघ की। वह भी बिना किसी आधार के।"

"क्या कारण है कि संघ पर निरंतर यह आरोप लगाया जाता है कि देश की स्वाधीनता की लड़ाई में हमारा कोई योगदान नहीं है?" शाहजी ने प्रश्न किया।

"संघ के स्वयंसेवक प्रारंभ से ही स्वतंत्रता आंदोलन में सक्रिय भूमिका निभाते रहे थे, भले ही संघ की औपचारिक स्थापना से पूर्व अन्य देशवासियों की भाँति वे भी कांग्रेस के झंडे तले कार्य करते रहे हों। दुर्भाग्य से आजादी से जुड़ा इतिहास एक परिवार को ध्यान में रखते हुए एकतरफा लिखा गया। इसलिए संघ के योगदान की

जानकारी लोगों तक वैसी नहीं पहुँची, जैसीकि पहुँचनी चाहिए थी।" नरेंद्र सहगल ने कहा, "स्वयं पं. नेहरू के सहयोगी रहे वी.पी. मेनन ने एक स्थान पर लिखा है कि इतिहास को राजनीति के दृष्टिकोण से लिखा गया है। इसे ईमानदारी से ठीक करने का समय आ गया है।"

"पूरे सत्याग्रह में संघ के 16,000 स्वयंसेवक जेलों में थे। इस प्रकार 1942 के आंदोलन में संघ का सबसे अधिक योगदान था। यह संघ के स्वयंसेवकों द्वारा स्वतंत्रता-प्राप्ति के लिए भारत छोड़ो आंदोलन में भी सक्रिय भूमिका निभाने का ही परिणाम था कि स्वतंत्रता सेनानियों ने विदर्भ के अष्टी चिमूर क्षेत्र में कुछ दिन तक समानांतर सरकार स्थापित कर दी थी। चिमूर कांग्रेस, हिंदू महासभा और राष्ट्रीय स्वयंसेवक संघ के लिए राजनीतिक रूप से सक्रिय केंद्र बन गया था। यहाँ तीन दिन तक ब्रिटिश शासन नहीं था। बाद में यहाँ पर सेना द्वारा किए गए अमानुषिक अत्याचारों का सामना स्वतंत्रता सेनानियों ने किया। उस क्षेत्र में एक दर्जन से अधिक स्वयंसेवकों ने अपना बलिदान किया। चिमूर के आर.एस.एस. प्रमुख दादा नाइक इस सत्याग्रह में शहीद हुए। एक युवा स्वयंसेवक बालाजी रायपुरकर को उस समय पुलिस ने गोलियों से छलनी कर दिया, जब वे झंडा फहराने का प्रयास कर रहे थे। संघ के स्वयंसेवकों ने 1943 में कांग्रेस तथा तुकडोजी महाराज के नेतृत्व वाले श्रीगुरुदेव सेवा मंडल के साथ चिमूर आंदोलन में भाग लिया था। नागपुर के निकट रामटेक के तत्कालीन नगर कार्यवाह श्री रमाकांत केशव देशपांडे उपाख्य बालासाहब देशपांडे को आंदोलन में भाग लेने पर मृत्युदंड सुनाया गया। आम माफी के समय मुक्त होकर उन्होंने वनवासी कल्याण आश्रम की स्थापना की। देश के कोने-कोने में स्वतंत्रता के लिए स्वयंसेवक जूझ रहे थे। मेरठ जिले में मवाना तहसील पर झंडा फहराते स्वयंसेवकों पर पुलिस ने गोली चलाई, जिस कारण अनेक स्वयंसेवक घायल हुए। स्वतंत्रता सेनानियों और आंदोलनकारियों की सहायता और आवश्यकता होने पर उन्हें शरण देने का कार्य भी बहुत महत्त्व का था। केवल अंग्रेज सरकार के गुप्तचर ही नहीं, कम्युनिस्ट पार्टी के कार्यकर्ता भी अपनी पार्टी के आदेशानुसार देशभक्तों को पकड़वा रहे थे। ऐसे समय में जयप्रकाश नारायण और अरुणा आसफ अली दिल्ली के संघचालक लाला हंसराज गुप्त के यहाँ निरंतर आश्रय पाते थे। प्रसिद्ध समाजवादी नेता श्री अच्युत पटवर्धन और साने गुरुजी ने पूना के संघचालक श्री भाऊसाहब देशमुख के घर पर केंद्र बनाया हुआ था। प्रसिद्ध क्रांतिकारी नाना पाटिल को औंध (जिला सतारा) में संघचालक पं. सातवलेकरजी

ने आश्रय दिया था।

"ब्रिटिश सरकार के गुप्तचर विभाग ने 1943 के अंत में संघ के विषय में जो रपट प्रस्तुत की, वह राष्ट्रीय अभिलेखागार की फाइलों में आज तक सुरक्षित है, जिसमें सिद्ध होता है कि संघ योजनापूर्वक स्वतंत्रता-प्राप्ति की ओर कदम बढ़ा रहा था। 20 सितंबर, 1943 को नागपुर में हुई संघ की एक महत्त्वपूर्व बैठक में जापान की सहायता से आजाद हिंद फौज के भारत की ओर होनेवाले प्रयाण के समय, संघ की संभावित योजना पर विस्तार से विचार-विमर्श हुआ था। गुप्तचर विभाग से यह सूचना प्राप्त कर कि संघ हिंदू रियासतों के क्षेत्र में अपना संगठन मजबूत करता जा रहा है, अंग्रेज सरकार चौकन्नी हो गई थी। उस समय स्वयंसेवकों को शस्त्रों का खुलेआम प्रशिक्षण दिया जा रहा था। फलतः ब्रिटिश सरकार ने सभी ब्रिटिश रेजिडेंटों को संघ की गतिविधियों को रुकवाने व प्रमुख कार्यकर्ताओं के विषय में विस्तृत जानकारी एकत्र करने का निर्देश दिया था। प्राप्त सूचनाओं के विश्लेषण से गुप्तचर विभाग ने यह निष्कर्ष निकाला कि संगठन यह कहकर सरकार को गुमराह कर रहा है कि उसका राजनीति से कोई संबंध नहीं है। उसका कार्य केवल सांस्कृतिक है। ऐसे वाक्य वास्तविक उद्देश्य पर आवरण डालने के लिए ही प्रयोग में लाए जा रहे हैं।"

□

"यह सत्य है कि यह सब संघ के नाम पर नहीं था, क्योंकि संघ तो आज भी अपने नाम से कुछ नहीं करता। संघ आज भी विश्व हिंदू परिषद्, मजदूर संघ, विद्यार्थी परिषद् अथवा वनवासी कल्याण आश्रम आदि संगठनों के माध्यम से काम करता है। इतिहास ने तो कांग्रेस के अतिरिक्त शेष सबको ही नकार दिया है। स्वयंसेवक संघ के संस्थापक डॉ. हेडगेवार ने महात्मा गांधी की अगुआई में चल रहे 1921 के असहयोग आंदोलन में भाग लिया और जेल भी गए। 12 जुलाई, 1922 को भी उन्हें जेल जाना पड़ा। महाराष्ट्र के प्रसिद्ध क्रांतिकारी शिवराम हरि राजगुरु, जो शहीद-ए-आजम भगत सिंह के साथ फाँसी के फंदे पर झूले, संघ के स्वयंसेवक थे। अंग्रेज अफसर जॉन सांडर्स की हत्या के बाद वे नागपुर आए और डॉ. हेडगेवार ने उनके ठहरने और खाने-पीने की व्यवस्था भैयाजी दाणी के फार्म हाउस पर करवाई थी। वे नागपुर की हाई स्कूल भोंसले वेदशाला के छात्र थे। उन दिनों वे संघ की मोहित बोड़े शाखा में जाते थे। यदि वे डॉ. हेडगेवार का परामर्श मान लेते और पूना में अपने गाँव न जाते तो गिरफ्तार नहीं होते।"

"संघ अपने स्वयंसेवकों से कोई सदस्यता फार्म तो भरवाता नहीं कि उसे

प्रमाणस्वरूप प्रस्तुत किया जा सके, परंतु इसमें किसी को कोई संदेह क्यों होना चाहिए, यदि कोई किशोर प्रारंभ में शाखा में जाता रहा हो और बाद में किन्हीं कारणों से उसने जाना बंद कर दिया हो। कांग्रेस के वरिष्ठ नेता और केंद्रीय मंत्री रहे वसंत साठे तथा कल्पनाथ राय ने अपने सामाजिक जीवन का प्रारंभ संघ की शाखाओं में जाने के बाद ही किया था। केंद्रीय कक्ष में कितनी ही बार उन्होंने यह बात स्वीकारी है।" विजय कुमार मल्होत्रा ने बताया।

"ठीक इसी प्रकार प्रारंभ में प्राय: सभी स्वतंत्रता सेनानी किसी-न-किसी समय कांग्रेस से जुड़े रहे थे। आज भी देश में कितने ही ऐसे राजनीतिक दल हैं, जिनके संस्थापकों का राजनीतिक जीवन कांग्रेस से हुआ होगा। इतना ही नहीं, एक समय ऐसा भी था, जिस समय हर युवा अपने आप को कम्युनिस्ट कहने में गर्व का अनुभव करता था, भले ही वह कभी राजनीति में आया ही न हो।

"स्वयं डॉ. हेडगेवार कांग्रेस के अमृतसर अधिवेशन में सम्मिलित हुए थे। उन्हें मध्य प्रदेश के सह-सचिव का पद भी सौंपा गया था। नागपुर में संपन्न हुए कांग्रेस के अखिल भारतीय अधिवेशन में वे मुख्य व्यवस्थापकों में से एक थे। डॉ. साहब ने कांग्रेस में रहते हुए अखंड भारत, सर्वांग स्वतंत्रता और शक्तिशाली हिंदू संगठन की आवश्यकता का वैचारिक आधार तैयार करने का कार्य किया था। कांग्रेस के मंचों से ही अंग्रेजों के विरुद्ध भाषण देने के आरोप में उन्हें गिरफ्तार करके उन पर मई 1921 में राजद्रोह का मुकदमा चलाया गया था। इस मुकदमे में एकतरफा निर्णय देते हुए जज ने उन्हें एक वर्ष के कठोर सश्रम कारावास का दंड सुनाया था। जेल से लौटने के पश्चात् उन्होंने महात्मा गांधी द्वारा चलाए जानेवाले प्राय: प्रत्येक आंदोलन में भाग लिया। असहयोग आंदोलन में डॉ. साहब ने 6 हजार से अधिक स्वयंसेवकों के साथ सत्याग्रह किया और उन्हें 9 माह के सश्रम कारावास का दंड दिया गया।"

□

आसन्न द्वितीय महायुद्ध के संदर्भ में नेताजी सुभाष चंद्र बोस ने देश में एक सशक्त क्रांति करने की योजना पर विचार-विमर्श करने को वीर सावरकर, त्रैलोक्यनाथ चक्रवर्ती के साथ डॉ. हेडगेवार को भी निमंत्रित किया था। इसी चर्चा में सेना में नौजवानों की भर्ती, सेना में विद्रोह और आजाद हिंद फौज के गठन का निर्णय किया गया था। सारी योजना तैयार हो गई। नौजवान योजनाबद्ध तरीके से सेना में भर्ती हुए और सुभाष द्वारा विदेशों में जाकर आजाद हिंद फौज के गठन में जुट गए। इधर अभिनव भारत, हिंदू महासभा, आर्य समाज, राष्ट्रीय स्वयंसेवक संघ और सभी सशस्त्र क्रांतिकारी संगठनों ने द्वितीय विश्वयुद्ध के समय अंग्रेजों के

विरुद्ध क्रांति का बिगुल बजाने के लिए शक्ति एकत्र करनी प्रारंभ कर दी। अंत में वह समय आया, जब फौज ने विद्रोह किया और आजाद हिंद फौज इम्फाल तक पहुँच गई। अंग्रेज भयभीत हो गए और इस संभावित भयंकर स्थिति से निपटने के लिए अपने आप को असमर्थ पाकर उन्होंने भारत को स्वतंत्र करने की तिथि आठ महीने आगे कर दी।

□

6 अप्रैल, 1930 को दांडी में समुद्रतट पर गांधीजी ने नमक कानून तोड़ा और लगभग 8 वर्ष बाद कांग्रेस ने दूसरा जनांदोलन प्रारंभ किया। संघ का कार्य अभी मध्य भारत प्रांत में प्रभावी हो पाया था। संघ द्वारा जंगल कानून तोड़कर सत्याग्रह करने का निश्चय हुआ। डॉ. हेडगेवार संघ के सरसंघचालक का दायित्व डॉ. परांजपे को सौंपकर स्वयं अनेक स्वयंसेवकों के साथ सत्याग्रह करने गए। जुलाई 1930 में सत्याग्रह हेतु यवतमाल जाते समय पुसद नामक स्थान पर आयोजित एक जनसभा को डॉ. हेडगेवार ने संबोधित करते हुए कहा, "स्वतंत्रता के लिए अंग्रेजों के बूट की पॉलिश करने से लेकर, उनके बूट को पैर से निकालकर उससे उनके ही सिर को लहूलुहान करने तक के सब मार्ग मेरे स्वतंत्रता-प्राप्ति के साधन हो सकते हैं। मैं तो इतना ही जानता हूँ कि देश को स्वतंत्र कराना है।" डॉ. हेडगेवार के साथ गए सत्याग्रह जत्थे में अप्पाजी जोशी (बाद में सरकार्यवाह), दादाराव परमार्थ (बाद में मद्रास में प्रथम प्रांत प्रचारक) आदि प्रमुख 12 स्वयंसेवक थे। उनको 9 मास का सश्रम कारावास दिया गया। उसके बाद अ.भा.शारीरिक शिक्षण प्रमुख (सरसेनापति) श्री मार्तंड राव जोग, नागपुर के जिला संघचालक श्री अप्पाजी हलदे आदि अनेक कार्यकर्ताओं और शाखाओं के स्वयंसेवकों के जत्थों ने भी सत्याग्रहियों की सुरक्षा के लिए 100 स्वयंसेवकों की टोली बनाई, जिसके सदस्य सत्याग्रह के समय उपस्थित रहते थे।" नरेंद्र सहगल ने स्वतंत्रता संग्राम में संघ के योगदान के विषय में बताया।

"इतना ही क्यों, 8 अगस्त को गढ़वाल दिवस पर धारा 144 तोड़कर जुलूस निकालने पर पुलिस की मार से अनेक स्वयंसेवक घायल हुए। विजयादशमी 1931 को जब डॉ. हेडगेवार जेल में थे, उनकी अनुपस्थिति में गाँव-गाँव में संघ की शाखाओं पर एक संदेश पढ़ा गया, जिसमें कहा गया था—'देश की परतंत्रता नष्ट होकर जब तक सारा समाज बलशाली और आत्मनिर्भर नहीं होता, तब तक रे मना! तुझे निजी सुख की अभिलाषा का अधिकार नहीं है।' जनवरी 1932 में विप्लवी दल द्वारा सरकारी खजाना लूटने के लिए हुए बालाघाट कांड में वीर बाघा

जतिन (क्रांतिकारी जतींद्रनाथ) अपने साथियों सहित शहीद हुए और श्री बालाजी हुद्दार आदि कई क्रांतिकारी बंदी बनाए गए। श्री हुद्दार उस समय संघ के अ.भा. सरकार्यवाह थे।

"संघ के विषय में गुप्तचर विभाग की रपट के आधार पर ब्रिटिश भारत सरकार ने 15 दिसंबर, 1932 को सरकारी कर्मचारियों के लिए संघ की गतिविधियों में भाग लेने पर प्रतिबंध लगा दिया। डॉ. साहब के देहांत के बाद 5 अगस्त, 1940 को सरकार ने भारत सुरक्षा कानून की धारा-56 व 58 के अंतर्गत संघ के गणवेश और प्रशिक्षण पर पूरे देश में प्रतिबंध लगा दिया।"

□

10

बंगाल विभाजन

मानव जाति की सर्वाधिक भयानक एवं लज्जास्पद रक्तरंजित त्रासदियों में से एक भारत-विभाजन का दर्द कितना गहरा है, यह केवल भुक्तभोगी ही बता सकते हैं। यह त्रासदी ब्रिटिश सरकार की सोची-समझी ओछी और घिनौनी राजनीति थी। औपचारिक विभाजन से वर्षों पूर्व 19 जुलाई, 1905 को भारत के तत्कालीन वायसराय लॉर्ड कर्जन ने बंगाल को विभाजित करने के निर्णय की घोषणा कर दी। एक मुसलिम बहुल प्रांत का सृजन करने के उद्देश्य से ही भारत के बंगाल को दो भागों में विभाजित किए जाने का निर्णय अंग्रेजों द्वारा लिया गया था। बंगाल-विभाजन 16 अक्तूबर, 1905 से प्रभावी हुआ। इतिहास में इसे 'बंग-भंग' के नाम से भी जाना गया है। यह अंग्रेजों की सर्वाधिक पसंदीदा नीति 'फूट डालो और राज करो' का ही एक अंग थी। हिंदुओं और मुसलमानों दोनों ने ही इसका भरपूर विरोध किया। इसके विरोध में 1908 ई. में संपूर्ण देश में बंग-भंग आंदोलन प्रारंभ हो गया। इस विभाजन से उत्पन्न उच्चस्तरीय राजनीतिक अशांति के कारण 1911 में दोनों तरफ की भारतीय जनता का इतना अधिक दबाव पड़ा कि बंगाल के पूर्वी एवं पश्चिमी भागों को पुनः एक करने के लिए बाध्य होना पड़ा। भले ही बंगाल के विभाजन का आदेश वापस ले लिया गया, परंतु इससे 1906 में मुसलिम लीग का बीजारोपण हो गया, जो बाद में जाकर भारत-विभाजन का एक प्रमुख कारण बना।

सन् 1947 में पंजाब की ही भाँति रैडक्लिफ लाइन के द्वारा बंगाल का भी विभाजन किया गया। इस विभाजन का विरोध करते हुए महात्मा गांधी की ही भाँति कृषक प्रजा पार्टी के नेता सैयद हबीब-उल-रहमान ने कहा था कि भारत का विभाजन बेतुका और आलंकारिक है, इसलिए पूरे भारत और बंगाल के विभाजन

की जोरदार आलोचना हुई। उन्होंने कहा, "भारतीय, हिंदू और मुसलिम दोनों एक ही साझा भूमि पर सदियों से निवास करते हैं। आमतौर पर उनकी भाषा और साहित्य एक ही हैं। दोनों ही यहाँ की संस्कृति की महान् विरासत पर गर्व करते हैं।" परंतु जब धर्म के आधार पर द्विराष्ट्र का सिद्धांत अंतिम रूप से स्वीकार कर लिया गया, तब भी कुछ लोग बंगाल को अविभाजित रखने के विषय में विचार कर रहे थे। इसमें अग्रणी थे—बंगाल प्रांतीय मुसलिम लीग के नेता हुसैन शहीद सुहरावर्दी। मुसलिम लीग के एक अन्य नेता अबुल हाशिम ने इसका समर्थन किया, जबकि नरुल अमीन और मोहम्मद अकरम खान इसके विरोध में थे। मोहम्मद अली जिन्ना ने भी इस योजना को मौन समर्थन प्रदान कर दिया था। नेताजी सुभाष चंद्र बोस के भाई और बंगाल प्रांतीय कांग्रेस के नेता शरतचंद्र बोस तथा किरण शंकर राय ने भी इसका समर्थन किया। इनका मानना था कि यदि बंगाल विभाजित हुआ तो वह पूर्वी बंगाल के लिए आर्थिक दृष्टि से विनाशकारी होगा। बंगाल का सबसे बड़ा शहर और औद्योगिक तथा वाणिज्यिक केंद्र कलकत्ता भारत में चला जाएगा। साथ ही कलकत्ता प्रमुख बंदरगाह होने के कारण व्यापार के लिए बहुत महत्त्वपूर्ण था। कलकत्ता उस समय भारत का सबसे बड़ा शहर था। बोस यह भी मानते थे कि विभाजन की दशा में बहुत अधिक हिंदू पूर्वी पाकिस्तान में ही फँसे रह जाएँगे। पूर्वी बंगाल में हिंदू जनसंख्या बहुत समृद्ध थी और सरकारी नौकरियों के बड़े-बड़े पदों पर भी हिंदू ही नियुक्त थे, इसलिए उनका भी यह मानना था कि यदि बंगाल को किसी भी देश के साथ न मिलाकर अविभाज्य रखा जाए तो यह बंगाल के हित में होगा।

पं. जवाहरलाल नेहरू और वल्लभभाई पटेल सहित अधिकांश कांग्रेसी नेताओं ने प्रारंभ से ही इस प्रस्ताव को अस्वीकार कर दिया। राष्ट्रवादी हिंदू महासभा के नेता डॉ. श्यामाप्रसाद मुकर्जी ने इसका डटकर विरोध किया। उनका मत था कि यह राज्य के विभाजन को रोकने के लिए सुहरावर्दी की एक चाल मात्र है। यह योजना एक संप्रभु बंगाल के लिए थी। अधिकांश नेताओं का मत था कि ऐसा बंगाल पाकिस्तान की छाया मात्र ही होगा और इसमें हिंदू अल्पसंख्यक सदैव मुसलमानों की दया पर ही निर्भर रहेंगे। 1946 के दंगों में हिंदुओं का जो नरसंहार हुआ था, उसे ध्यान में रखते हुए हिंदू इसके पक्ष में बिल्कुल भी नहीं थे। बंगाली हिंदू अब मुसलमानों पर बहुत कम भरोसा कर रहे थे। इसका मुख्य कारण था कि आर्थिक, सांस्कृतिक, सामाजिक और प्रशासनिक प्राय: हर जगह हिंदुओं का प्रभुत्व था और मुसलमानों के मन में उनके प्रति जलन कूट-कूटकर भरी हुई थी। जल्दी ही बोस ने भी इस बात को समझते हुए इससे किनारा कर लिया।

पंजाब की अपेक्षा विभाजन के समय बंगाल में कम मार-काट हुई, क्योंकि जनसंख्या का स्थानांतरण धीमी गति से हुआ। फिर भी वहाँ वह सब हुआ, जो पंजाब में हो रहा था। हत्याएँ, बलात्कार, लूटमार और आगजनी चारों ओर हो रही थी। उस समय पश्चिम बंगाल की जनसंख्या 2 करोड़ 12 लाख थी, जिनमें 25 प्रतिशत मुसलमान थे। इसी प्रकार पूर्वी बंगाल की जनसंख्या लगभग 3 करोड़ 90 लाख थी, जिनमें 30 प्रतिशत हिंदू थे। इनमें से 50 लाख हिंदू पश्चिम बंगाल आ गए और 20 लाख मुसलमान पाकिस्तान चले गए। फिर भी लगभग दो लाख लोगों की हत्या हुई। लाखों औरतों के साथ बलात्कार किए गए अथवा उन्हें अगवा करके विदेशों में बेच दिया गया। पूर्वी बंगाल में हिंदुओं को निर्धारित क्षेत्रों में नजरबंद करके रखा गया और उनसे जजिया कर वसूल किया जाने लगा। पूर्वी पाकिस्तान में स्वयं पुलिसवाले अगवा करके लाई गई लड़कियों को बेच रहे थे। इसमें भूतपूर्व सैनिक भी अपना पूरा-पूरा योगदान कर रहे थे। पंजाब में और जम्मू-कश्मीर में भी पठानों ने कश्मीरी मुसलमान लड़कियों पर घोर अत्याचार किए और उन्हें 1948 तक पाकिस्तान के बाजारों में दास बनाकर बेचा जा रहा था। जम्मू और पंजाब में औरतों पर मुसलमानों द्वारा किए जानेवाले बलात्कार एवं अन्य अत्याचारों की प्रतिक्रिया में गढ़मुक्तेश्वर में हिंदुओं ने बड़ी संख्या में मुसलमान लड़कियों को नंगा घुमाया था। न जाने वह कैसा पागलपन था, जो उन दोनों कौमों पर सवार हो गया था ? जो लोग बचपन से एक-दूसरे के गहरे मित्र हुआ करते थे, वे एक ही रात में जानी दुश्मन बन गए। एक-दूसरे के खून के प्यासे हो गए। उन्होंने उन महिलाओं की इज्जत कैसे लूटी होगी, जिन्हें वे स्वयं वर्षों से बहन-बेटी का प्यार और आदर-सम्मान देते आए थे ? आनेवाली पीढ़ियाँ इस प्रश्न का उत्तर अवश्य खोजना चाहेंगी कि आखिर भारत और पाकिस्तान अमेरिका और कनाडा की भाँति अच्छे पड़ोसी बनकर क्यों नहीं रह पाए ?

दंगों के कारण यह आदान-प्रदान जल्दी ही हो गया। अधिकांश हिंदू पूर्वी बंगाल से भारत आ गए, परंतु बहुत अधिक मुसलमान पश्चिम में ही रह गए। यहाँ पर हिंसा कलकत्ता और नोआखली तक ही सीमित रही थी। सरकारी कर्मचारियों को भारत और पाकिस्तान के मध्य अपने पदों की अदला-बदली करने का अवसर दिया गया। पूर्वी बंगाल के शिक्षित शहरी और उच्च तथा मध्यवर्गीय लोग बहुत आसानी से भारत में आकर रच-बस गए, क्योंकि दोनों की एक संस्कृति होने के साथ-साथ उनके वहाँ पर सगे-संबंधी और परिचित थे। निर्धन और छोटी समझी जानेवाली जातियों के हिंदुओं ने वहीं पर रहने का निर्णय किया। जब भी वहाँ पर कोई दंगा होता, ये लोग भारत की ओर पलायन करने लगते। हजारों बिहारी मुसलमान भी पूर्वी

बंगाल में गए, परंतु भीषण दंगों के कारण उन्हें बहुत कष्ट उठाने पड़े। ये लोग लंबे समय तक पाकिस्तान की नागरिकता के अभाव में इधर-उधर भटकते रहे।

न ही केंद्रीय सरकार और न ही प्रांतीय सरकार को इतनी बड़ी जनसंख्या के स्थानातंरण की उम्मीद थी। लाखों बेघर हुए लोगों के पुनर्वास की कोई योजना नहीं थी। केंद्रीय सरकार के सारे संसाधन पंजाब के लोगों को सँभालने में व्यय हो चुके थे। पंजाब की समस्या को सुलझाना तो दूर, उसकी विकटता समझने में ही सरकार थक गई थी। कोई और मार्ग न होने के कारण पूर्वी बंगाल और पश्चिमी बंगाल ने तय किया कि शरणार्थियों का पुनर्वास करने की अपेक्षा लोगों को एक देश से दूसरे देश आने-जाने से रोका जाए। दोनों देशों ने अपने-अपने देश में लोगों को वापस बुलाने की बात को भी स्वीकार किया। इसके लिए 1950 में नेहरू-लियाकत समझौता हुआ, ताकि किसी तरह से जनसंख्या विनिमय को रोका जा सके। इसमें कहा गया कि जो लोग वापस पुराने स्थानों पर लौट जाएँगे, उन्हें उनकी वह संपत्ति लौटा दी जाएगी, जो वे अपने-अपने देश में छोड़कर आए थे। परंतु व्यवहार में ऐसा कुछ नहीं हुआ, क्योंकि दोनों ही सरकारों ने इसे गंभीरता से लागू ही नहीं किया। पूर्वी बंगाल शरणार्थी पुनर्वास की सरकारी नीति में उन्हें खाली पड़े हुए स्थानों पर भेजे जाने का प्रावधान था। इसमें एक सबसे विवादास्पद निर्णय मध्य भारत में दंडकारण्य में शरणार्थियों को बलपूर्वक बसाने का था।

सरकार की सहायता के बिना भी शरणार्थी अपने ठिकाने ढूँढ़ने लगे थे और बंगाल के अतिरिक्त इधर-उधर बसने का प्रयास कर रहे थे। शिक्षित बंगाली जल्दी ही पड़ोस के राज्यों में बस गए। हजारों हिंदू बंगाली त्रिपुरा चले गए, जिसके फलस्वरूप वहाँ की आदिवासी जनजातियाँ अपनी ही मातृभूमि में अल्पसंख्यक हो गईं।

□

11

स्वतंत्रता अधिनियम

भारतीय स्वतंत्रता अधिनियम–1947 के अनुसार 14 अगस्त को पाकिस्तानी डोमिनियन, जिसे बाद में 'इसलामी जम्हूरिया-ए-पाकिस्तान' कहा गया और 15 अगस्त को भारतीय यूनियन अर्थात् भारत गणराज्य की स्थापना हुई। इस योजना के अनुसार ब्रिटिश भारत के पंजाब प्रांत को पश्चिमी पाकिस्तान के पंजाब प्रांत और भारत के पंजाब में बाँटा गया। इसी प्रकार बंगाल को पूर्वी पाकिस्तान और भारत के पश्चिमी बंगाल में विभाजित कर दिया गया। अंग्रेजों को इसी से संतुष्टि नहीं मिली। वे इस क्षेत्र को टुकड़ों में बाँटकर इतना अधिक दुर्बल कर देना चाहते थे कि आनेवाले कई वर्षों तक यहाँ के निवासी अपने पैरों पर खड़े ही न हो पाएँ। उनकी अर्थव्यवस्था पूरी तरह से पंगु हो जाए। इसलिए उन्होंने ब्रिटिश भारत में से सीलोन अर्थात् श्रीलंका और बर्मा यानी म्याँमार को पहले से ही पृथक् कर दिया था। इसे भारत-विभाजन का नाम भी नहीं दिया गया। नेपाल और भूटान तो पहले से ही स्वतंत्र थे और उन्हें स्वतंत्र ही रहने दिया गया, क्योंकि अंग्रेजों को यह स्थिति अपने हित में दिखाई देती थी। अंग्रेजों की इस चाल को राष्ट्रीय स्वयंसेवक संघ, सिख समाज और हिंदू महासभा के अतिरिक्त कोई और समझ नहीं पाया अथवा वह समझना ही नहीं चाहता था।

अंग्रेजों ने सदैव 'फूट डालो और राज करो' की नीति अपनाई थी, जिसका अनुसरण नौकरशाही पर कब्जा जमाए हुए काले अंग्रेज और कांग्रेस पार्टी में रहते हुए उनके मानसपुत्र आज तक कर रहे हैं। उन्होंने भारत के नागरिकों को संप्रदाय

के अनुसार पृथक्-पृथक् समूहों में विभाजित कर रखा था। मुख्य रूप से उनका ध्यान हिंदू, मुसलमानों और सिखों पर ही केंद्रित रहा। सिख अधिकतर उनके झाँसे में नहीं आते थे, क्योंकि वे अब तक अपने आप को वृहद् हिंदू समाज का अविभाज्य अंग समझते थे। इस मामले की असलियत जाँचनेवाली एक समिति के अनुसार सिखों ने दूसरे संप्रदायों की अपेक्षा भारत-विभाजन का अधिक शक्ति से विरोध किया था। सिख इस वास्तविकता को भी जानते थे कि विभाजन का सबसे अधिक प्रभाव पंजाब पर ही होगा और पाकिस्तान बनना उनके लिए मुसीबतों का पहाड़ खड़ा करनेवाला सिद्ध होगा। और हुआ भी यही। सबसे अधिक कत्लेआम पंजाबियों का हुआ, चाहे वे हिंदू थे अथवा मुसलमान। सिखों में मुसलमानों का विरोध करने की शक्ति भी अधिक थी, इसलिए मुसलिम लीग ने सिखों को विशेषतौर पर अपना निशाना बनाया। शिरोमणि अकाली दल ने भारत-विभाजन का पूरी तरह से विरोध करते हुए अखंड भारत का समर्थन किया था। इसलिए विभाजन के समय पूरा पंजाब जल उठा था। मुसलमानों ने अमृतसर में भी दंगे करवाए और स्वर्ण मंदिर गुरुद्वारे पर भी आक्रमण कर दिया। इस हमले का सरदार उधम सिंह नागोके के जत्थे और सनातनी हिंदुओं ने एक साथ मुकाबला करके दंगाइयों को मुँहतोड़ उत्तर दिया। अंग्रेज वैसे भी सिखों से भयभीत रहते थे और समय-समय पर जब भी अवसर मिलता, उन पर अत्याचार करते थे। 4 मार्च, 1921 को जब सिख असहयोग आंदोलन का समर्थन करते हुए गुरुद्वारा ननकाना साहिब में शांतिपूर्ण ढंग से एक सभा में सम्मिलित हुए तो अंग्रेजी सैनिकों ने बिना किसी कारण उन पर गोलियाँ बरसा दीं, जिस कारण 70 लोगों को अपने प्राण गँवाने पड़े। इस लोमहर्षक घटना को भी स्वतंत्रता के इतिहास में यथोचित स्थान नहीं मिला। इसी वर्ष 22 अगस्त को महात्मा गांधी ने विदेशी वस्त्रों की होली जलवा दी, जिससे अंग्रेज और भी अधिक हिंसक और अत्याचारी हो गए।

□

स्वतंत्र भारत की कांग्रेस इस दिशा में थोड़ी-बहुत सफल हुई है। उसने सिखों को भी हिंदुओं से पृथक् करने में पर्याप्त सफलता प्राप्त की है। कांग्रेस ने जैन धर्मावलंबियों को भी हिंदुओं से अलग कर दिया है, जबकि अनेक शिक्षित जैन समाज के लोगों को इसका ज्ञान तक नहीं है। पर धीरे-धीरे वहाँ भी निहित स्वार्थ वाले लोग जब अपने दावे प्रस्तुत करने लगेंगे तो यह खाई चौड़ी होती ही जाएगी। अंग्रेजों की इस नीति से सभी समुदायों के नेता आशंकित और भयभीत रहते थे।

जब भारत में स्वतंत्रता की भावना जड़ जमाने लगी तो प्रत्येक समुदाय के नेताओं में भी अपना-अपना वर्चस्व जमाने की होड़ प्रारंभ हो गई। इन नेताओं का भले ही अपने-अपने समुदायों के बुद्धिजीवी वर्ग पर कुछ प्रभाव था, परंतु जनसमूह पर नियंत्रण रखने की क्षमता उनमें कतई नहीं थी।

कांग्रेस का इतने से पेट नहीं भरा तो उसने फूट डालने की नीति को आगे बढ़ाते हुए ब्राह्मण, क्षत्रिय, वैश्य, दलित, आदिवासी, पिछड़े, अति पिछड़े और अनुसूचित जाति, जनजाति इत्यादि न जाने समाज को कितने ही समूहों में बाँटकर उन्हें परस्पर लड़ाते रहने का काम किया है। तरह-तरह से आरक्षण देकर उन्हें भरमाया जाता रहा है। अनेकानेक धार्मिक और जातीय दंगे करवाने के बाद भी वे आज तक छाती ठोककर अपने आप को धर्मनिरपेक्ष ही कहते हैं। समाज में जितनी अधिक घृणा कांग्रेस ने फैलाई है, जितनी अधिक विभाजक रेखाएँ उसने खींची हैं, उसका तो एक प्रतिशत भी अंग्रेजों ने नहीं किया था। अंग्रेजों की उत्तराधिकारी होने के कारण कांग्रेस यह गलतफहमी पाले हुए थी कि जब अंग्रेज विदेशी होते हुए भी, मात्र दो समूहों को एक-दूसरे से लड़ाकर दो सौ साल तक राज कर सकते हैं तो हम स्वदेशी होते हुए 2 हजार साल तक क्यों नहीं?

पं. नेहरू ने मात्र प्रधानमंत्री की कुरसी पाने के लिए न केवल देश के टुकड़े करवाए, बल्कि लाखों लोगों के खून से भारत भूमि को नहला दिया। घृणा का जो बीज उस समय बोया गया, उन्हें पूर्णतया नष्ट करने के लिए आनेवाली कई पीढ़ियों को मिलकर प्रयास करने पड़ेंगे। सन् 1947 में कांग्रेस द्वारा करवाए गए नरसंहार को इतिहास में एक काले अध्याय के रूप में ही जाना जाएगा। भारत और पाकिस्तान की जनता को कांग्रेस ने यह एक ऐसा घाव दिया है, जो निरंतर नासूर बनकर रिसता ही रहेगा।

यह बात समझने में हर विवेकशाली प्राणी असमर्थ रहा है कि यदि पं. नेहरू राष्ट्रवादी थे और उनका धर्मनिरपेक्षता में दृढ़ विश्वास था तो वे अचानक धर्म के नाम पर होनेवाले विभाजन को स्वीकार करने के लिए सहमत कैसे हो गए? अंग्रेजों के लिए भारत को टुकड़ों में बाँटने की चालें चलनेवाले वायसराय माउंटबेटन भारत और नेहरू के परम मित्र कैसे बन बैठे? इतना ही नहीं, न जाने महात्मा गांधी के पदचिह्नों का अनुसरण करते हुए निरंतर स्वदेशी को जीवनदर्शन बतानेवाले पं. नेहरू एकाएक विदेशी महिला के मोहपाश में कैसे बँध गए? बहुत विद्वान् मानते हैं कि शायद किसी षड्यंत्र के अंतर्गत उन्हें खुफिया संस्थाओं ने अपने जाल में फँसा

लिया होगा। कुछ मानते हैं कि वे अपनी व्यक्तिगत निर्बलता के शिकार हो गए होंगे। यह भी माना जा सकता है कि महात्मा गांधी उनके इस मुखौटे के पीछे के असली चेहरे को पहचान पाने में असमर्थ रहे हों। वास्तव में वे अंग्रेजी मानसिकतावाले व्यक्ति थे और अपनी इस गुलामीवाली मानसिकता को त्यागकर वे भारतीय जीवन दर्शन को विश्व के सामने प्रस्तुत करेंगे, इसकी तो आशा ही नहीं की जा सकती थी।

□

12
तुष्टीकरण

इसका एकमात्र कारण रहा मुसलिम तुष्टीकरण। यहाँ देशप्रेम की बात करनेवाले को तुरंत ही सांप्रदायिक बता दिया जाता है और धर्मनिरपेक्षता के नाम पर देश को तोड़नेवाले एकजुट होकर लोगों में फूट डालकर राज करते रहते हैं। यह बात समझ से बाहर है कि धर्म के नाम पर बाँटी गई धरती पर भी उन्हें ही क्यों बेगाना किया गया, बल्कि आज तक किया जा रहा है, जिनके नाम पर यह देश बना था। किस आधार पर पूर्व प्रधानमंत्री सरदार मनमोहन सिंह ने माना कि भारत पर पहला अधिकार मुसलमानों का है। यदि तुष्टीकरण एकमात्र कारण नहीं तो और क्या कारण हो सकता है। यही तो इस देश की त्रासदी है। आज यदि कहीं छोटा-मोटा मनमुटाव अथवा दंगा होता है तो वह गैर-कांग्रेसियों के माथे पर कलंक के रूप में प्रस्तुत किया जाता है। और जिनका मन और चेहरा दोनों ही ऐसे विभाजन से काले पड़े हुए हैं, उन्हें कोई लानत तक नहीं भेजता।

मुसलमानों को प्रसन्न करने के लिए कांग्रेसी कुछ भी करने को पहले भी तैयार रहते थे, आज भी हैं। पहले गांधी मुसलमानों का पक्ष यह सोचकर लेते थे अथवा इस भय से लेते थे कि कहीं ये हमसे अलग न हो जाएँ। आज इसलिए लेते हैं कि इनके वोट हमें मिलते रहें।

कांग्रेस ही क्या, महात्मा गांधी तक में मुसलिमपरस्ती कितनी कूट-कूटकर भरी हुई थी। इसके लिए ये लोग अभिव्यक्ति की आजादी की कैसी परस्पर विरोधी व्याख्या करते थे, जानकर दाँतों तले उँगली दबानी पड़ती है। इसके लिए यह एक प्रकरण पर्याप्त है। गांधीजी की अभिव्यक्ति की स्वतंत्रता की परिभाषा प्रसिद्ध

प्रकाशन संस्थान राजपाल एंड संस के संस्थापक महाशय राजपाल की हत्या से जुड़ी है। उनकी अभिव्यक्ति की परिभाषा महाशय राजपाल की हत्या का कारण बनी, परंतु गांधी की आँख से एक आँसू तक नहीं टपका।

घटना सन् 1920 की है। भारत की मसजिदों में मुसलमानों द्वारा दो पुस्तकें गुप्त रूप से वितरित की जाने लगीं, जिनमें पहली का शीर्षक था—'कृष्ण तेरी गीता जलानी पड़ेगी' और दूसरी 'उन्नीसवीं सदी का लंपट महर्षि'। दोनों पुस्तकों पर न तो लेखक का नाम था, न ही प्रकाशक का। दोनों में भगवान् श्रीकृष्ण और हिंदू धर्म के संबंध में बहुत ही अश्लील और घिनौनी बातें लिखी गई थीं। इन पुस्तकों में तमाम हिंदू देवी-देवताओं के बेहद अश्लील रेखाचित्र भी बनाए गए थे। ये पुस्तकें धीरे-धीरे भारत की सभी मसजिदों में बाँटी जा रही थीं। इसकी सूचना महात्मा गांधी को दी गई तो उन्होंने इसे अभिव्यक्ति की आजादी बताकर खारिज कर दिया और कहा कि भारत में सबको अपनी बात रखने का हक है। लेकिन इन दोनों पुस्तकों के कारण भारत का जनमानस काफी उबल रहा था। अभिव्यक्ति की स्वतंत्रता के नाम पर गांधीजी ने इसे पूरी तरह से अनदेखा कर दिया था।

सन् 1923 में राजपाल एंड संस ने एक पुस्तक प्रकाशित की, जिसका शीर्षक था—'रंगीला रसूल'। इसमें लेखक का नाम गुप्त रखा गया था। लेखक के स्थान पर छापा गया था—'दूध का दूध और पानी का पानी'। वास्तव में उस पुस्तक के लेखक इसलाम के जाने-माने विद्वान् 'पं. चंपूपति' थे। इस पुस्तक में कुछ भी झूठ नहीं लिखा गया था। हर बात प्रमाण सहित लिखी गई थी। उसमें बाकायदा आयत नंबर और हदीस नंबर का हवाला दिया गया था। डेढ़ वर्ष तक पुस्तक 'रंगीला रसूल' बाजार में बिकती रही। भारतवर्ष में कहीं कोई बवाल नहीं हुआ, लेकिन एक दिन अचानक 28 मई, 1924 को महात्मा गांधी ने अपने अखबार 'यंग इंडिया' में एक लंबा-चौड़ा लेख लिखकर 'रंगीला रसूल' की खूब निंदा की। अंत में तीन ऐसी लाइन लिखीं—"मुसलमानों को खुद ऐसी किताब लिखनेवालों को सजा देनी चाहिए…।"

गांधीजी का यह लेख पढ़कर पूरे भारत के मुसलमान भड़क गए और महाशय राजपाल के ऊपर जानलेवा हमले होने लगे। तीन वर्ष में उन पर ऐसे पाँच घातक आक्रमण किए गए। महात्मा गांधी ने एक बार भी किसी हमले की निंदा नहीं की। मजे की बात यह कि कुछ मुसलिम विद्वानों ने उस पुस्तक 'रंगीला रसूल' का मामला लाहौर हाई कोर्ट में दायर कर दिया। उच्च न्यायालय में चार इसलामिक विद्वानों को न्यायालय में खड़ा करके पूछा गया कि इस पुस्तक की कौन सी लाइन

गलत है, आप विद्वान् लोग बता दीजिए। चारों विद्वान् इस बात पर सहमत थे कि इसमें कोई बात गलत नहीं लिखी गई है। इसके बाद लाहौर हाई कोर्ट ने राजपाल के ऊपर चलनेवाला मुकदमा खारिज करके उन्हें बाइज्जत बरी कर दिया। फिर उसके बाद 3 अगस्त, 1924 को महात्मा गांधी ने 'यंग इंडिया' अखबार में एक और भड़कानेवाला लेख लिखा और उस लेख में संकेतों से ऐसा लिखा—"जब व्यक्ति को अदालतों से न्याय नहीं मिले, तब खुद प्रयास करके न्याय ले लेना चाहिए।" उसके बाद उनके ऊपर दो बार और हमलों के प्रयास हुए और अंततः 6 अप्रैल, 1929 का हमला जानलेवा साबित हुआ। इस बार मोहम्मद इल्म दीन नामक एक युवक ने गँड़ासे से कई प्रहार करके उनकी हत्या कर दी।

जिस दिन महाशयजी की हत्या हुई, उसके चार दिन बाद महात्मा गांधी लाहौर में थे, लेकिन वे उनके परिवार में संवेदना व्यक्त करने तक नहीं गए। न ही अपने किसी संपादकीय में इस हत्या की निंदा की। इसके पश्चात् अंग्रेज सरकार ने मुकदमा चलाकर मात्र 6 महीने में हत्यारे मोहम्मद इल्मदीन को फाँसी की सजा सुना दी, क्योंकि इस घटना से देश में पूरा हिंदू समाज उबल उठा था। अंग्रेजों को लगा कि यदि उन्होंने दोषी को शीघ्र फाँसी नहीं दी, तो अंग्रेजी शासन को खतरा हो सकता है। उसके बाद 4 जून, 1929 को महात्मा गांधी ने अंग्रेज वायसरास को पत्र लिखकर हत्यारे की फाँसी की सजा माफ करने का अनुरोध किया। उन्होंने अगले ही दिन 'यंग इंडिया' में लेख लिखा और यह सिद्ध करने का प्रयास किया कि यह हत्यारा तो निर्दोष है, नादान है, क्योंकि उससे अपने धर्म का अपमान सहन नहीं हुआ और उसने क्रोध में आकर यह निर्णय लिया था।

दूसरी ओर उस समय के जाने-माने बैरिस्टर मोहम्मद अली जिन्ना ने भी लाहौर हाई कोर्ट में बाकायदा एक बैरिस्टर की हैसियत से इस मुकदमे की पैरवी करते हुए कहा था कि अपराधी मात्र 19 वर्ष का लड़का है, लेकिन उसने जघन्य अपराध किया है। इस अपराध को कम नहीं समझा जा सकता, लेकिन उसकी आयु को देखते हुए उसकी फाँसी की सजा को आजीवन कारावास में बदल दिया जाए अथवा उसे काला पानी भेज दिया जाए, लेकिन अंग्रेजों ने 31 अक्तूबर, 1929 को हत्यारे मोहम्मद इल्मदीन को लाहौर में फाँसी पर चढ़ा दिया। 2 नवंबर, 1929 को महात्मा गांधी ने 'यंग इंडिया' में इल्मदीन को फाँसी देने को इतिहास का काला दिन लिखा। स्पष्ट है कि गांधीजी कितने तो अभिव्यक्ति की स्वतंत्रता के समर्थक थे, कितने हिंदुत्ववादी थे और कितने अहिंसा के पुजारी थे। वे इल्मदीन का पक्ष केवल इसी कारण ले रहे थे, क्योंकि वह मुसलमान था। 23 वर्षीय भगत सिंह की फाँसी की

सजा माफ करने के लिए जब उनसे ब्रिटिश सरकार को अनुरोध करने के लिए कहा गया था तो उन्होंने साफ मना कर दिया था। उनका कहना था कि हिंसा में विश्वास करनेवाले किसी व्यक्ति की मैं पैरवी नहीं कर सकता। यही कारण है कि बहुत लोग यह मानते हैं कि यदि गांधी ने ब्रिटिश सरकार को ऐसा कोई अनुरोध किया होता तो भगत सिंह को फाँसी पर नहीं चढ़ाया जाता।

□

13

लाला खुशीराम

पंजाब में घटित हो रहे होमहर्षक घटनाक्रम के विपरीत दिल्ली में स्वतंत्रता का उत्सव जोर-शोर से मनाया जा रहा था। किसी को इस बात की चिंता नहीं थी कि सीमा पर खून की होली खेली जा रही है। अपना घर-द्वार छोड़कर जानेवालों को भी रास्तों पर ही कत्ल किया जा रहा है। चारों ओर मार-काट मची है। दिल्ली को दीपावली की तरह रोशनी से नहला दिया गया था। नाच-गाने और अन्य इसी प्रकार के कार्यक्रम आयोजित करके जनता को यह संदेश दिया जा रहा था कि अब हम एक लंबी दास्तान से मुक्त हो चुके हैं। पर यह कोई नहीं बता रहा था कि हमारा भारत खंडित हो चुका है। उसके टुकड़े कर दिए गए हैं। पंजाब में चारों ओर आग के अलाव जल रहे हैं और पूरा आसमान धुएँ से भरा हुआ है। लोगों को जिंदा जलाया जा रहा है। कोई भी यह समझ नहीं पा रहा था कि आजादी का जश्न मनाना सही होगा अथवा लाखों लोगों की मौत का मातम। यह स्थिति तो पंजाब की थी। बंगाल, राजस्थान, गुजरात, कश्मीर, गोवा, दमन और दीव में भी कमोबेश यही स्थिति थी। इसका हमें न तो ज्ञान था और न ही वह सब जानने की सुध थी।

□

दिल्ली में लाला खुशीराम के घर पहुँचने पर वहाँ एक अलग ही हृदयविदारक दृश्य देखने को मिला। लालाजी की विशाल हवेली एकदम खामोश और सुनसान दिखाई दे रही थी। पता लगा कि दिल्ली से पाकिस्तान जानेवाले इस मोहल्ले के मुसलमानों ने खुशीरामजी के मैनेजर के नेतृत्व में उनके पूरे परिवार की हत्या कर दी थी। खुशीरामजी अपनी पत्नी और नवविवाहिता बहन के साथ पटियाला हाउस

में स्वतंत्रता दिवस के उपलक्ष्य में दिए जानेवाले रात्रि भोज में गए हुए थे, इसलिए वे तीनों बच गए। घर पर उनके माता-पिता, बेटा, छोटा भाई, उसकी पत्नी और बहनोई थे। मुसलमानों ने बहुत निर्ममता से उन सबकी हत्या कर दी। इस हत्याकांड में उनका वह मैनेजर भी सम्मिलित था, जो उनके पास पिछले दस वर्ष से काम कर रहा था। खुशीरामजी उसे अपने परिवार का सदस्य ही मानते थे। इसलिए उन्होंने उसे चावड़ी बाजार में एक मकान भी रहने के लिए दिया हुआ था। जो बात लोगों की समझ से बाहर थी कि घर में कोई लूटपाट नहीं की गई थी। सारा कीमती सामान वैसे ही रखा था। मैनेजर मोहम्मद रफीक दुकानों और अपने मकान की चाबियाँ भी छोड़कर गया था। उनकी दुकानों को भी कोई हानि नहीं पहुँचाई गई थी। जबकि उन दिनों दंगाई पहला काम तो लूटपाट का ही कर रहे थे। नहीं तो उसे आग के हवाले तो कर ही देते थे। शायद उन्हें भी यह अंदेशा रहा होगा कि उनके लिए भी लूट का माल लेकर पाकिस्तान पहुँचना संभव भी होगा अथवा नहीं। भारत से पाकिस्तान जानेवाले मुसलमानों की क्या दुर्दशा हो रही है, यह उन्हें भी ज्ञात होगा ही। ऐसी स्थिति में जीवित पाकिस्तान पहुँच जाना ही उन्हें गनीमत लगा होगा। बाद में ज्ञात हुआ कि यहाँ से जानेवाले सभी मुसलमानों को दिल्ली रेलवे स्टेशन पर ही काट डाला गया था। इस मोहल्ले के एक भी व्यक्ति के पाकिस्तान पहुँचने की कभी कोई सूचना नहीं मिली।

बड़ी कठिन घड़ी थी। दोनों मित्र एक-दूसरे के आमने-सामने थे। कौन, किसको ढाढ़स बँधाए? उनके परिवार की भी वही स्थिति थी, जो हमारे परिवार की। अंतर यह था कि वे अपने घर और देश में थे और हम विस्थापित होकर आए थे। मैं खामोशी से सिर झुकाए खड़ा था। लालाजी की पत्नी लाजवंती ने पहले मेरा हाथ थामकर अपने पास बिठा लिया और फिर मुझे गोद में खींचकर घंटों रोती रही। मैंने भी अपने आप को उनसे अलग करने का कोई प्रयास नहीं किया। मुझे कुछ समझ नहीं आ रहा था। संभवतः इसका कारण यह रहा होगा कि उन्होंने अपना पुत्र खोया था और मैंने अपनी माँ। जाने-अनजाने दोनों एक-दूसरे का दर्द साझा कर रहे थे। लालाजी की विधवा बहन का नाम शकुंतला देवी था, परंतु प्यार से सब उसे 'शकुन' कहकर संबोधित करते थे। वह पास ही घुटनों में मुँह छिपाए निरंतर रो रही थी। खैर! समय बड़े-बड़े घावों को भर देता है। यह घाव भी भरना ही था।

लाला खुशीरामजी आयु में बाबूजी से बड़े थे। उन्होंने कहा, "देखो भाई, अब जो होना था, हो चुका। मैं जानता हूँ कि हमारे ये घाव जीवनपर्यंत नहीं भरेंगे,

परंतु जीवन को नए सिरे से व्यवस्थित तो करना ही पड़ेगा। उसके लिए हमें कुछ व्यावहारिक फैसले लेने होंगे। अच्छा हुआ, तुम यहाँ आ गए, नहीं तो मैं अकेला ही पड़ गया था। समझ नहीं पा रहा था कि आगे का जीवन कैसे व्यतीत होगा। जब तक आपका कोई उचित प्रबंध नहीं होता, आप यहीं रहें हमारे साथ। यह अंतिम संस्कार पूरे हो जाएँ तो सोचते हैं कि भविष्य में क्या करना है। इस समय मेरा मन पूरी तरह से वैराग्य से भरा हुआ है। सोचता हूँ कि सब छोड़छाड़ के कहीं चल दूँ, परंतु किस के सहारे। मेरी पत्नी है और यह युवा विधवा बहन, इनका ध्यान तो करना ही पड़ेगा। आपका भी बेटा है, उसके भविष्य के लिए क्या करना है, देखते हैं। क्रिया और श्राद्ध कर्म इत्यादि संपन्न करने के पश्चात् धीरे-धीरे सब सामान्य होने लगा। हमने भी अपने दादा-दादी और माता के अंतिम क्रियाकर्म करके जीवन को नए रास्ते पर डालने का संकल्प किया। एकाएक परिवार के इतने सदस्यों का एक साथ यूँ बिछड़ जाना कोई साधारण बात नहीं थी। हमारी हालत भी वैसी ही थी। दोनों के पास एक-दूसरे को सांत्वना देने के अतिरिक्त और था भी क्या? संकट की इस घड़ी में बाबूजी और लालाजी एक ऐसे बंधन में बँध गए, जो जीवन भर अधिक-से-अधिक मजबूत होता गया। इसलिए शायद कहा गया होगा कि दर्द का रिश्ता सबसे मजबूत रिश्ता होता है। लाजवंती एक क्षण के लिए भी मुझे अपने से दूर नहीं होने देती थी और शकुन निरंतर शून्य में कुछ निहारती रहती थी।

एक दिन लालाजी ने बाबूजी को अपने समीप बिठाया और कहा, "तुम्हारे कहने के बाद मैंने भाँग और शराब के ठेकों की अगले साल के लिए बोली नहीं लगाई थी। इसके बदले मैंने नई सड़क पर स्टेशनरी का काम करने की योजना बनाई थी। उसके लिए एक बड़ी सी दुकान भी ले ली थी। किसी बड़ी पेपर मिल की एजेंसी भी मिलने में शायद बहुत कठिनाई नहीं होगी। यदि निर्माण कार्य में नहीं जाना हो तो यह काम भी बुरा नहीं है। इसमें बहुत मारामारी भी नहीं है। जहाँ तक पैसे की बात है, उसकी तो कोई कमी नहीं है। यदि कुछ और करना चाहते हो तो बताओ। व्यक्तिगत तौर पर मेरा मन तो अब कुछ करने को नहीं कर रहा। किस काम की हैं ये सब हवेलियाँ और दुकानें; इतनी जमीन-जायदाद! वैसे मेरे पास ढेरों पुश्तैनी जमीन है, वहाँ कोई कॉलोनी बनना चाहो तो वह भी अच्छा काम है। तुम्हारा सहारा मिल गया है, यही बहुत है। शकुन के पास भी अपनी एक बड़ी हवेली और दो बाग हैं, उन्हें भी सँभालना होगा।

बाबूजी ने कहा, "हम तो स्वयं लुट-पिटकर आए थे। समझ नहीं आ रहा था

कि कहाँ जाएँगे और क्या करेंगे। कहीं सिर छिपाने का ठिकाना भी होगा या नहीं। भाग्य से आपका सहारा मिल गया। रहने का भी उत्तम प्रबंध हो गया। मेरे मन में कुछ योजना है। मैं उसका पूरा खाका तैयार कर लूँ, फिर उस पर विचार-विमर्श कर लेंगे। इतना तो तय है कि कुछ-न-कुछ तो करेंगे ही। हाथ-पर-हाथ धरकर तो नहीं बैठे रह सकते।" हम लोगों का जीवन कुछ ढर्रे पर आने लगा था, परंतु अभी तक शकुन की उदासी नहीं टूटी थी।

□

14

सिरिल रैडक्लिफ

वास्तव में भारत को दो टुकड़ों में विभाजित करने की सारी योजना 1940 में ही वायसराय लॉर्ड लिनलिथगो द्वारा तैयार कर ली गई थी। ब्रिटेन के प्रधानमंत्री विंस्टन चर्चिल ने इसे स्वीकार भी कर लिया था, परंतु इसकी जानकारी किसी को नहीं दी गई थी। बँटवारे के काम को ठीक से निपटाने के लिए एक बोर्ड का भी गठन हुआ था। बाद में लंदन के एक वकील सर सिरिल रैडक्लिफ को दोनों देशों के मध्य एक सीमा रेखा निर्धारित करने का दायित्व सौंपा गया। उसने स्वयं कुछ नहीं किया, बल्कि 'वेवल प्लान' के अनुसार बँटवारा कर दिया, जिस योजना को माउंटबेटन के नाम पर याद किया जाता है। उसमें वर्णित भारत–पाकिस्तान की सीमा रेखा मान ली गई। इसके अनुसार हिंदू बहुल क्षेत्र भारत में और मुसलिम बहुल क्षेत्र पाकिस्तान में सम्मिलित किए गए थे। 18 जुलाई, 1947 को ब्रिटिश संसद् ने 'भारतीय स्वतंत्रता कानून' पारित किया, जिसमें विभाजन की प्रक्रिया को अंतिम रूप दिया गया।

उस समय अधिकांश लोग इस बात से अपरिचित थे कि जिस व्यक्ति को भारत के बँटवारे का दायित्व सौंपा गया है, वह 1947 से पहले कभी भारत नहीं आया था। उसे भारत के विषय में किसी प्रकार की कोई जानकारी नहीं थी। उसके पास भारत के विभाजन का कोई वैज्ञानिक आधार नहीं था, न ही उसे इस संबंध में कोई निश्चित निर्देश दिए गए थे। यह माना जाता है कि अपनी इस अयोग्यता और अक्षमता को छिपाने के लिए ही उसने बँटवारे से संबंधित समस्त मानचित्र और दस्तावेज अग्नि के हवाले कर दिए थे। जब उसे यह काम सौंपा गगा, उस समय उसने भी इस बात की कल्पना तक नहीं थी कि यह काम कितना गंभीर, बड़ा जिम्मेदारीवाला और

महत्त्वपूर्ण है। इससे भी स्पष्ट होता है कि अंग्रेज भारत-विभाजन को लेकर कितने संजीदा थे। बँटवारे के मानवीय पक्ष की ओर तो उसने ध्यान देना आवश्यक ही नहीं समझा। वैसे भी विश्व का सबसे सभ्य देश होने का दावा करनेवाला इंग्लैंड नैतिकता और मानवता के नाम पर शून्य ही सिद्ध हुआ। उसे इस बात की भी कल्पना नहीं थी कि इस विभाजन से होनेवाली त्रासदी के दंश आनेवाली कई पीढ़ियों को झलने पड़ेंगे। यह बँटवारा एक नासूर बनकर दोनों देशों को निरंतर युद्धों की आग में झोंकता रहेगा। इन युद्धों में अभी तक हजारों लोग मारे जा चुके हैं। भविष्य में कितने और इसके शिकार होंगे, इसे तो कोई नहीं जानता। भारत और पाकिस्तान पर तो इसके विपरीत प्रभाव होंगे ही, ब्रिटेन भी अपनी सभ्य देश होने की छवि को धूमिल कर बैठेगा। आज पूरा विश्व पाकिस्तान को आतंकवाद को प्रश्रय देनेवाला देश मान रहा है। इसका मुख्य कारण यह बँटवारा ही है।

इस विषय को आधार बनाकर लेखक हावर्ड ब्रेटन ने एक नाटक 'ड्राइंग द लाइन' लिखा है, जिसमें उसकी मनोदशा का चित्रण किया गया है। आश्चर्य की बात यह है कि इस विभाजन रेखा को लेकर भारत के बड़े-बड़े नेता प्राय: मौन ही रहे थे। आज भी सिर झुकाए हुए हैं। इतिहास में इस बात का कहीं वर्णन नहीं है कि इतने महत्त्वपूर्ण विषय पर कहीं कोई गंभीर विचार-विमर्श हुआ था या नहीं। इस बात का भी कहीं उल्लेख उपलब्ध नहीं है कि विभिन्न राजनीतिक और सामाजिक संस्थाओं से कोई संवाद किया गया था अथवा नहीं। शायद उस समय संबंधित नेताओं की ऐसी मानसिकता रही होगी कि जो कुछ भी मिल रहा है, जैसा भी मिल रहा है, उसे ले लिया जाए और वहाँ के निवासियों को उनके भाग्य पर छोड़ दिया जाए। वास्तव में वे भागते भूत की लँगोटी से ही संतुष्ट होने की स्थिति में आ चुके थे।

इस संदर्भ में प्रसिद्ध पत्रकार कुलदीप नैयर ने एक बार रैडक्लिफ से बातचीत की थी। उस बातचीत से स्पष्ट होता है कि इस मामले को कितने गैर-जिम्मेदाराना तरीके से अंजाम दिया गया था। रैडक्लिफ ने अपनी मुलाकात के समय कुलदीप नैयर को कहा था, "मुझे सीमा-रेखा खींचने के लिए केवल 10-11 दिन मिले थे। तब मैंने बस एक बार हवाई जहाज से इस क्षेत्र का दौरा किया। मेरे पास जिलों के नक्शे नहीं थे। मैंने देखा कि लाहौर में हिंदुओं की संपत्ति अधिक है, इसलिए प्रारंभ में मैंने लाहौर को हिंदुस्तान में ही रखा था। बाद में मैंने यह भी पाया कि पाकिस्तान के हिस्से में कोई बड़ा शहर ही नहीं था। सो मैंने लाहौर को भारत से निकालकर पाकिस्तान को दे दिया। अब इसे सही कहो या कुछ और, लेकिन यह मेरी मजबूरी थी। इस प्रकार के मूर्खतापूर्ण कार्यों के लिए उसकी आत्मा ने कभी उसे धिक्कारा

होगा, कोई नहीं जानता। हाँ! लाहौर से उजड़कर आए हिंदू आज भी उसे पानी पी-पीकर कोसते होंगे, इसमें कोई संदेह नहीं।"

वास्तव में यह सब आँखों में धूल झोंकने के समान था। उसने तो वही सब किया, जो उसे करने के लिए कहा गया। इस संदर्भ में गठित किए गए जाँच बोर्ड का उसे अध्यक्ष भी बनाया था, जबकि उसने बोर्ड की एक भी बैठक में भाग नहीं लिया। और जहाँ उसे कहा गया, वहाँ उसने हस्ताक्षर कर दिए। जहाँ तक पाकिस्तान में बड़े शहर के न होने का तर्क है, उसमें कोई वास्तविकता नहीं है। इस समय तक पश्चिमी पंजाब में कराची और रावलपिंडी बड़े शहर माने जाने लगे थे। बड़े शहर के नाम पर मोहम्मद अली जिन्ना ने तो कलकत्ता की भी माँग की थी। इस माँग को ठुकरा दिया गया तो उन्होंने कहा कि कम-से-कम छह मास तक ही कलकत्ता पाकिस्तान को सौंप दिया जाए। यदि छह मास तक कलकत्ता पाकिस्तान को दे दिया जाता तो क्या वह कभी वापस भारत को मिलता, कभी नहीं। जिस कश्मीर पर वह बलात् कब्जा किए हुए है, वह उसे ही छोड़ने को तैयार नहीं तो कलकत्ता तो क्या वापस करता। यह माँग भी अस्वीकार कर दी गई। सबसे मूर्खतापूर्ण एवं अव्यावहारिक माँग थी—पश्चिमी पाकिस्तान से पूर्वी पाकिस्तान तक 1280 किलोमीटर लंबे और 16 किलोमीटर चौड़े एक गलियारे की माँग। सोचने का विषय है कि यदि ऐसा हो जाता तो क्या होता। इतनी बड़ी सीमा-रेखा पर सेना तैनात करने में ही दोनों देशों का दिवाला निकल जाता। इसके सामाजिक, राजनीतिक और आर्थिक प्रभाव बहुत हानिकारक होते। यदि ऐसा हो जाता तो पश्चिमी पाकिस्तान द्वारा पूर्वी पाकिस्तान का जमकर शोषण होता और उसे सेना के बल पर निरंतर दबाकर रखा जाता। जिन्ना ने भी इस गलियारे की माँग कोई बहुत गंभीरता से नहीं की थी। एक ब्रिटिश पत्रकार ने जब उनसे पूछा कि क्या ऐसा गलियारा नहीं होना चाहिए तो उन्होंने झट से हाँ कह दिया और बाद में इस माँग पर अड़ गया। ब्रिटेन के कुछ नेताओं का कहना था कि भारत को बड़ा दिल दिखाते हुए इस माँग को स्वीकार कर लेना चाहिए था। जबकि भारतीय नेताओं ने इसे एक सिरे से ही खारिज कर दिया था। जब ब्रिटेन की ओर से कोई सकारात्मक उत्तर नहीं मिला तो जिन्ना को लगा कि इस माँग के कारण आजादी मिलने में विलंब हो सकता है तो उन्होंने इस माँग पर जोर देना बंद कर दिया।

□

15
संपत्ति का बँटवारा

दोनों देशों में संपत्ति का बँटवारा लगभग उसी प्रकार हुआ, जैसा अकसर हमारे यहाँ परिवारों में भाइयों के अलग होने पर होता है। घर के बुजुर्ग संपत्ति की सूची बनाते हैं और फिर एक-एक वस्तु बाँट ली जाती है। ठीक इसी प्रकार एच.एम. पटेल और चौधरी मोहम्मद अली को बँटवारा करने का यह कार्य सौंपा गया। संस्थागत रूप से इंडियन नेशनल कांग्रेस और मुसलिम लीग इसके भागीदार बने। मोहम्मद अली जिन्ना, लॉर्ड माउंटबेटन, क्रैथल रैडक्लिफ, जवाहरलाल नेहरू, महात्मा गांधी और कुछ कार्यकर्ताओं की इसमें सक्रिय भूमिका रही। भूमि, केंद्रीय राजस्व, ऐतिहासिक धरोहरें, सरकारी संपत्ति, सेना और सरकार के साजोसामान में रेल के डिब्बे, इंजन, बुलडोजर, ट्रक, गाड़ियाँ, पगड़ियाँ, बल्ब, पेन, पेंसिलें, लाठी, बाँसुरी, कुरसी, मेज, कार्यालयों की कॉपी-किताबें, स्टेशनरी तक बाँटी गईं। पागलपन की हद तो तब हो गई, जब एक डिक्शनरी को फाड़कर एक-एक भाग दोनों को दे दिया गया। एक इनसाइक्लोपीडिया ब्रिटेनिका के भी दो हिस्से हुए। देश के पास 12 बग्गियाँ थीं, छह-छह ले ली गईं। भारत इस बात पर प्रसन्न था कि सारी-की-सारी शराब उसे मिली, क्योंकि पाकिस्तान ने शराब की माँग ही नहीं की। ऐसी स्थिति में भारत में ही रह जानेवाले लोगों का हिस्सा वापस क्यों नहीं लिया गया? सत्ता प्राप्त करने की इतनी जल्दी थी कि फिर इसका होश किसी को भी नहीं रहा होगा।

प्रसिद्ध लेखिका कृष्णा सोबती ने लिखा, "देश तो बँटा, लोगों के दिल भी बँट गए। घरों को पागलखाना बना दिया सियासत ने।"

1951 में की गई विस्थापितों की जनगणना के अनुसार विभाजन के एकदम

बाद 72,26,000 मुसलमान भारत छोड़कर पाकिस्तान गए और 72,49,000 हिंदू और सिख पाकिस्तान छोड़कर भारत आए। कितने मुसलमान भारत में ही रह गए, इसका उस समय कोई हिसाब नहीं रखा गया। इसमें से 78 प्रतिशत आबादी की अदला-बदली पश्चिम में मुख्यतया पंजाब में हुई। शरणार्थियों को पंजाब और दिल्ली तथा पूर्व में पश्चिमी बंगाल, असम और त्रिपुरा में बसाया गया। सिंध से उजड़कर आए विस्थापितों को राजस्थान और गुजरात में स्थान उपलब्ध करवाया गया। इसी प्रकार पंजाब से गए मुसलमान पाकिस्तान के प्रांत पंजाब में बस गए और जल्दी ही एक भाषा होने के कारण वहाँ के समुदाय में शामिल कर लिये गए, जबकि दिल्ली, उत्तर प्रदेश, हैदराबाद और अन्य प्रांतों से गए विस्थापितों को पाकिस्तान में अपने पैर जमाने के लिए बहुत सी कठिनाइयों का सामना करना पड़ा। आज भी उन्हें वहाँ सम्मान की दृष्टि से नहीं देखा जाता। सात दशक के पश्चात् भी उन्हें 'मुहाजिर' के नाम से पुकारा जाता है। आज भी उनको पूरी तरह से देश की मुख्यधारा में आत्मसात् नहीं किया गया। एक प्रकार से वे लोग वहाँ पर दूसरे दर्जे के नागरिक बनकर रह गए हैं। जो हिंदू और सिख किसी कारण से पाकिस्तान में ही रह गए, उनका जीवन दिन-प्रतिदिन दूभर होता गया और आज वहाँ पर उनकी संख्या नगण्य ही है। एक अनुमान के अनुसार उस समय पाकिस्तान में ऐसे लोगों की संख्या 20 प्रतिशत थी, जो अब घटकर मात्र 2 प्रतिशत रह गई है। इन दो प्रतिशत पर भी निरंतर किए जा रहे अत्याचारों के समाचार आते ही रहते हैं। उनका बलात् धर्मांतरण किया गया अथवा उन्हें मौत के घाट उतार दिया गया। पहले दिन से ही उनके जान-माल की सुरक्षा का कोई ध्यान नहीं रखा गया। सम्मान के साथ जीने का अधिकार मिलने की तो बात ही नहीं। सिखों और हिंदुओं की बेटियों को लावारिस समझकर लूटा जाता रहा है। मानव अधिकारों की दुहाई देनेवाला विश्व का कोई संगठन सामने नहीं आया, जो पाकिस्तान से यह पूछे कि उन 18 प्रतिशत हिंदू और सिखों का क्या हश्र हुआ?

इसके विपरीत जो मुसलमान भारत में रह गए थे, उन्हें अल्पसंख्यक कहकर सिर-माथे पर बिठाया गया। उन्हें अनेक प्रकार की अनावश्यक सुविधाएँ भी प्रदान की गईं। कुछ तो बिना माँगे ही। आज भारत में उनकी जनसंख्या में एक गुणात्मक बढ़ोतरी देखी जा रही है। यह बढ़ोतरी भविष्य में क्या गुल खिलाएगी, यह चिंता का विषय है। कुछ भारतीय मुसलमान नेता तो सार्वजनिक रूप से यह कहते हैं कि हमने लड़कर लिया था पाकिस्तान, अब हँसकर ले लेंगे हिंदुस्तान। यदि मुसलिम जनसंख्या की बढ़ोतरी की गति यही रही तो एक अनुमान के अनुसार 2050 में भारत वर्ष में हिंदू अल्पसंख्यक हो जाएँगे। आज भी अनेक राज्यों में हिंदू अल्पसंख्यक हो

चुके हैं, परंतु वहाँ पर उन्हें अल्पसंख्यकों को मिलनेवाली कोई सुविधा प्राप्त नहीं होती। कांग्रेस सरकारों ने मुसलमानों का वोटबैंक के रूप में प्रयोग किया है। कुछ लोगों का मत है कि उन्हें भ्रमित करके यह सब किया गया, जबकि ऐसा नहीं है। मुसलमान जानबूझकर उनका वोटबैंक बने हुए हैं, ताकि समय-समय पर उनकी नई-नई माँगें स्वीकार होती रहें। यदि कांग्रेस ने इस वोटबैंक का लाभ उठाया तो उन्होंने भी इसका पूरा-पूरा मूल्य वसूल करने में कोई कसर नहीं छोड़ी।

□

नव स्वतंत्र भारत को संकट में डालने के लिए मुसलिम लीग ने दिल्ली में भी स्थान-स्थान पर साजिशों के जाल बुन रखे थे। दिल्ली के मुसलिम बहुल क्षेत्रों में विशेषत: जामा मसजिद, अजमेरी गेट, दिल्ली गेट, तुर्कमान गेट, लाल कुआँ, पुल बंगश, बाड़ा हिंदू राव और सब्जी मंडी में भारी मात्रा में हथियार और विस्फोटक एकत्र किए हुए थे। क्योंकि बड़ी संख्या में मुसलिम कारीगर बड़े-बड़े कारखानों में कार्य करते थे अथवा उनके मालिक थे, इसलिए इन कारखानों में अनेक प्रशिक्षित लीगी कार्यकर्ता विशाल शस्त्रागारों के साथ छिपाए गए थे। खुले में आक्रमण करने के लिए कसाइयों को विशेष निर्देश दिए गए थे। आमतौर पर हिंदू घरों में हथियारों का पूर्णतया अभाव था, जबकि प्रत्येक मुसलिम घर में कोई-न-कोई शस्त्र उपलब्ध था। उस संकट काल में संघ के स्वयंसेवकों ने अपनी जान जोखिम में डालकर इन ठिकानों का भंडा फोड़ा और सेना की सहायता से ऐसे कई कारखानों से बारूद और हथियार बरामद कराए। ऐसी स्थिति में भी अधिकतर लोग स्वतंत्रता का जश्न मनाने में लगे थे।

अब जाकर 75 वर्ष बाद प्रधानमंत्री नरेंद्र मोदी ने इस दर्द को समझा और स्वीकार किया है कि देश के बँटवारे के दर्द को कभी भुलाया नहीं जा सकता। नफरत और हिंसा के कारण लाखों-करोड़ों भाई-बहनों को विस्थापित होना पड़ा—जान गँवानी पड़ी। अब उनके संघर्ष और बलिदान की याद में 14 अगस्त को विभाजन विभीषिका स्मृति दिवस मनाने का निर्णय किया है।

□

16
महाशय धर्मपाल गुलाटी

कुछ वर्ष बाद यशपाल शाह की भेंट अकस्मात् महाशय धर्मपाल गुलाटी से हो गई। यशपाल किसी कार्य से करोल बाग गए थे तो सोचा कि घर-गृहस्थी के लिए कुछ मसाले ही लेता चलूँ। संयोग से उसी दिन महाशय धर्मपाल गुलाटी अपनी मसालों की दुकान का उद्घाटन करने के लिए वहाँ उपस्थित थे। दिल्ली के अंग्रेजीदाँ लोगों के लिए कनॉट प्लेस पसंदीदा मार्केट थी तो स्थानीय दिल्लीवासी चाँदनी चौक और खारी बावली के बाजारों में जाते थे। किरयाने के लिए आमतौर पर दिल्ली निवासी खारी बावली का ही रुख करते थे। थोक सामान के लिए सदर बाजार की अपनी साख थी। दिल्ली के आसपास के उपनगरों के छोटे व्यवसायी सदर बाजार से थोक में माल खरीदकर ले जाते और स्थानीय बाजारों में बेचकर जीविका चलाते थे। स्वतंत्रता प्राप्ति के बाद दिल्ली के मध्यमवर्गीय लोगों के लिए करोल बाग का बाजार विकसित हो रहा था। इस बाजार में अधिकतर पंजाब से विस्थापित होकर आए पंजाबी अपना व्यवसाय जमाने में लगे थे। इसी बाजार में महाशयजी ने मसाले बेचने का धंधा प्रारंभ किया। यह महाशयजी का पुश्तैनी व्यवसाय था। उनके मसालों को लोगों ने पसंद करना प्रारंभ किया तो उन्होंने करोल बाग में ही रूपक स्टोर की स्थापना की। यह अपनी तरह का दिल्ली में पहला स्टोर था, जहाँ पैकिंग के साथ-साथ खुले मसाले और सूखे मेवे उपलब्ध करवाए गए।

रूपक स्टोर में प्रवेश करते ही शाहजी और महाशयजी की नजरें मिलीं और दोनों इस प्रकार आलिंगन में बँध गए, मानो एक मुद्दत बाद दो बिछुड़े हुए भाई मिले हों। जबकि अमृतसर के शरणार्थी शिविर के बाद यह उनकी पहली भेंट थी। अमृतसर में भी उनकी परस्पर बहुत ही कम बातचीत हुई थी। महाशयजी ने इतना

ही बताया था कि सियालकोट में उनके पिता महाशय चुन्नी लालजी की मसाले बेचने की दुकान थी। इस व्यवसाय में वे अपने पिता के साथ दस वर्ष की आयु से ही काम करते थे, क्योंकि उनकी पढ़ाई करने में बिल्कुल रुचि नहीं थी। वे तो दिन भर पतंगें उड़ाने, कबूतरबाजी करने अथवा पहलवानी में व्यस्त रहते थे। पिता ने जो-जो काम सिखाना चाहा, उनका वहाँ मन नहीं लगा। और उनका विवाह भी छोटी आयु में कर दिया गया था। पिताजी का मत था कि शायद विवाह के बाद मैं कुछ जिम्मेदारी को समझने लगूँगा। उनकी दुकान का नाम था—महाशियाँ दी हट्टी। उन्हें देगी मिर्चवालों के नाम से भी जाना जाता था और वे सियालकोट से किसी काफिले के साथ अमृतसर तक पैदल चलकर पहुँचे थे। भारत पहुँचने पर उनके पास कुल जमा-पूँजी 1500 रुपए थी।

महाशयजी ने यशपाल का बहुत आदरपूर्वक स्वागत किया और अपनी पत्नी लीलावती से मिलवाया। एक-दूसरे की कुशल-क्षेम पूछने के पश्चात् महाशयजी ने बताया कि अमृतसर से मैं दिल्ली पहुँचा तो समझ में नहीं आ रहा था कि क्या किया जाए। उन दिनों दिल्ली में ताँगे और ट्राम चला करते थे। अधिकांश लोग इन्हीं दो सवारियों का प्रयोग करते थे। ट्राम चाँदनी चौक फव्वारा से सदर बाजार होती हुई बाड़ा हिंदू राव तक जाती थी और दूसरी कुतुब रोड तेलीवाड़ा होती हुई सब्जी मंडी घंटाघर तक जाती थी। पुरानी दिल्ली और नई दिल्ली के दोनों मुख्य रेलवे स्टेशनों पर उतरनेवाली सवारियों को घोड़े ताँगे का ही सहारा लेना पड़ता था। इसलिए मैंने एक घोड़ा ताँगा बनाया और उसे नई दिल्ली से कुतुब रोड तक चलाने लगा, परंतु मुझे यह कार्य रास नहीं आया। अंत में सोचा कि क्यों न अपना पुश्तैनी कार्य ही किया जाए। इसलिए लकड़ी के एक खोखे से मसालों का कारोबार प्रारंभ किया, जो चल निकला। अब यह आधुनिक स्टोर बनाया है। वैसे चाँदनी चौक में भी एक दुकान है। कभी वहाँ तुम्हें ले चलूँगा।

यशपाल ने कहा, “हम तो चाँदनी चौक में ही रहते हैं। वहीं हमारी दुकानें भी हैं। अच्छा हो, आप कभी हमारे घर पर आओ तो पिताजी और माताजी से भी मिलना हो सकेगा।”

“माताजी, परंतु वह तो लाहौर में उस हादसे का शिकार…।” महाशयजी कुछ कहते-कहते रुक गए। शायद उन्हें लगा हो कि किसी चमत्कार के कारण वे बच गई हों।

“वह एक लंबी कहानी है। जब आएँगे तो विस्तार से बात करेंगे। और भी बहुत कुछ है आपसे सुनने के लिए तथा आपको सुनाने के लिए। इस समय तो मुझे

जाना भी है।" इतना कहकर यशपाल ने उन्हें अपना पता और फोन नंबर लिखवाया और फिर मिलने का वादा करके उनसे विदा ली। जाते-जाते कह दिया, "एक नहीं दो-दो माँओं से मिलवाऊँगा आपको। आइएगा जरूर।"

महाशयजी यशपाल की माता के विषय में सोचते रह गए। एक नहीं, दो-दो माएँ। यह कैसा गोरखधंधा है? सोचने लगे कि कैसे वे सियालकोट से साबुत मसाले खरीदने के लिए निरंतर अमृतसर आया करते थे। कैसे उन्हें घर की चक्की में पीसकर पुड़िया बना-बनाकर बेचते थे। कैसे उनके मसालों ने लोगों की रसोई से अधिक उनके दिलों में घर कर लिया था। जब उनका अमृतसर से पुराना रिश्ता था तो वे लोग दिल्ली क्यों आए? क्या उस समय किसी ने वहाँ कोई सहायता नहीं की? सियालकोट से डेरा बाबा नानक और वहाँ से अमृतसर पहुँचने में उन्होंने क्या-क्या नहीं देखा और क्या-क्या नहीं झेला। कितनी कटी लाशें देखीं, उनका कोई हिसाब-किताब नहीं। आज वह सोचकर भी रूह काँप जाती है। अमृतसर में भी किसी शिविर में सिर छिपाने की जगह नहीं मिली तो बाहर सड़क पर ही डेरा डालना पड़ा था। कैसी घड़ी थी कि बाहर सड़क पर सोए परिवार पर एक ट्रक चढ़ गया और उनके चाचा की टाँग जाती रही। आज भी जब दिल्ली में ऐसा कोई हादसा होता है तो उनके पुराने घावों को ताजा कर जाता है। आज यह सोचकर भी आश्चर्य होता है कि इतनी विषम परिस्थितियों में भी परिवार का हौसला बना रहा और वे जीवन की जंग लड़ते रहे।

उस दिन वे कितने प्रसन्न थे, जब 800 रुपए में मिलनेवाला घोड़ा ताँगा उन्होंने 650 रुपए में खरीद लिया था। घोड़े की लगाम पकड़कर कितने गर्व का अनुभव किया था उन्होंने, परंतु जैसे बचपन से विभाजन तक मसाले पीसने और बेचने के पुश्तैनी काम के अतिरिक्त दूसरा कोई काम रास नहीं आया था तो यह भी नहीं आया। मात्र दो माह तक ही चला पाए थे ताँगा। दो-दो आने की सवारी ढोने से काम नहीं चला तो ताँगा बेचकर करोल बाग में एक छोटा सा खोखा खरीद लिया। उस समय वह खोखा एक बड़ी नियामत लगा था उन्हें। एक बार फिर उन्हें अपने आप पर बहुत गर्व हुआ था, जब उस खोखे पर महाशियाँ दी हट्टी सियाल कोटवाले का बोर्ड लगा था। एक बार फिर लोगों ने देगी मिर्चवालों का नाम सुना था। एक बार फिर लोगों को शुद्ध मसालों का स्वाद मिला था। यही शुद्धता उनकी सफलता का मूल मंत्र था। परिश्रम करना और धंधे में बेइमानी नहीं करना ही सीखा था उन्होंने अपने पिताजी से।

करोल बाग में भी उन्हें कैसा जीवन व्यतीत करना पड़ा था। रहने के लिए अपना नहीं, बल्कि भतीजी का घर। उसमें न बिजली थी, न पानी की सुविधा। सरकारी नलों पर पानी भरना कोई खालाजी का घर नहीं था। रोज ही लोगों के सार्वजनिक नलों पर सिर फूटते थे। उन्हें याद आया, उनके कुछ परिचितों ने सिर छिपाने के लिए एक खाली पड़ी खँडहरनुमा मसजिद में शरण ले ली थी। तभी महात्मा गांधी ने सभी मसजिदें खाली करवाने के लिए आमरण अनशन कर दिया था। कैसे पुलिस ने डंडे मार-मारकर स्त्री, पुरुषों और छोटे-छोटे बच्चों से वह मसजिद खाली करवाई थी। उनके थोड़े-बहुत सामान को सड़क पर फेंक दिया था। और कई दिन तक उन्हें खुले में, भरी सर्दी में, कभी किसी सड़क पर और कभी किसी पार्क में सोना पड़ा था।

उनके मसालों की क्वालिटी अधिक-से-अधिक ग्राहकों को आकर्षित करने लगी तो उन्होंने एक दुकान चाँदनी चौक में भी खोल ली और आज करोल बाग में यह रूपक स्टोर। एक सपना-सा लग रहा था उन्हें, मात्र सात साल में वे कहाँ से कहाँ पहुँच गए थे। आगे क्या होगा, कोई नहीं जानता। परंतु यशपाल की माँ का मामला फिर उनके मस्तिष्क में घूमने लगा। उन्होंने जल्दी ही चाँदनी चौक में उनके घर जाने का निर्णय किया और उस पते को सँभालकर जेब में रख लिया।

□

17

रायजादा लक्ष्मीमल

"शकुन, ऐसे जीवन कैसे चलेगा ? देखो, मेरी भी पत्नी की हत्या हुई है। उसके साथ-साथ मैंने अपने माता-पिता को भी खोया है। इतना ही नहीं, हम निर्वासित होकर यहाँ आए हैं। अब हम इस घर में पाँच प्राणी हैं। सभी को एक-दूसरे का सहारा बनना होगा। लालाजी बता रहे थे कि आपने दिल्ली विश्वविद्यालय के प्रसिद्ध मिरांडा हाउस से ग्रेजुएशन किया है। मैं भी लाहौर के एचिसन कॉलेज का विद्यार्थी रहा हूँ। मैं चाहता हूँ कि हम लोग कोई ऐसा काम करें, जिसमें आपकी भी पूरी तरह से भागीदारी हो।" रायजादा लक्ष्मीमल ने शकुन की ओर देखे बिना एक ही साँस में अपनी सारी बात कह दी।

वास्तव में रायजादा का इतना साहस ही नहीं होता था कि वह शकुन की सूनी आँखों में झाँक सके। लक्ष्मीमल जब भी घर आता, शकुन को उदास शून्य में निहारता हुआ पाता। एक विचित्र से जुड़ाव का अनुभव करने लगा था वह अपने भीतर शकुन के प्रति। अभी उसकी आयु ही क्या थी। विवाह हुए भी कुछ अधिक समय नहीं बीता था कि विधवा हो गई। लालाजी भी शकुन की इस चुप्पी से बहुत चिंतित रहते थे। इस विषय में वे कई बार लक्ष्मीमल से बात कर चुके थे। वे भी चाहते थे कि अब यह चुप्पी टूटनी चाहिए। इसके लिए आवश्यक था कि शकुन अपने आप को सँभाले और घर की चहारदीवारी से बाहर निकले।

लालाजी ने बताया था कि शकुन बहुत ही स्मार्ट लड़की थी। कॉलेज की हर गतिविधि में बढ़-चढ़कर भाग लेती थी। वाद-विवाद, नाटक और गोष्ठियों में भाग लेने का उसे बेहद शौक था। अरे! वह तो हॉकी भी खेलती थी। भले ही बहुत अच्छी खिलाड़ी नहीं थी। अभी तक हॉकी लड़कों का ही खेल माना जाता था, फिर

भी मिरांडा जैसे कॉलेज इस क्षेत्र में लड़कियों को आगे लाने का प्रयास कर रहे थे। उसके इस खेल का सहारा लेकर लक्ष्मीमल ने उसकी चुप्पी को तुड़वाने का प्रयास किया। स्वयं हॉकी का अच्छा खिलाड़ी होने के कारण वह इस विषय पर साधिकार बातचीत कर सकता था।

बोला, "सुना है, आप बहुत अच्छी हॉकी खेलती हो?"

"अच्छी कहाँ, थोड़ा-बहुत ठीक-ठीक खेल लेती थी। वह भी कॉलेज के बाद छूट गई। भाईसाहब को विवाह की जो बहुत जल्दी थी न।" शकुन ने पहली बार लक्ष्मीमल से एकांत में बात की थी।

"अच्छा, यह बताओ आपको और क्या-क्या पसंद है? कुछ लिखने-पढ़ने अथवा कहीं घूमने का मन नहीं होता है क्या?" रायजादा ने बात आगे बढ़ाने के प्रयोजन से पूछा।

"मैं तो बहुत घुमक्कड़ थी। कॉलेज की कोई भी ट्रिप नहीं छोड़ती थी। मेरा वश चले तो मैं पंख लगाकर उड़ती फिरूँ पूरी दुनिया में। यदि यह मुआ पाकिस्तान न बना होता तो हम हनीमून के लिए पेरिस जानेवाले थे।" शकुन खुलने लगी थी। शायद घर में और कोई नहीं था इसलिए।

यही तो लक्ष्मीमल ही नहीं, पूरा परिवार चाहता था। उसे सफलता अपने समीप आती दिखाई दी। वैसे वह आते-जाते, एक साथ खाना खाते शकुन से बात कर लेता था, परंतु वे बातें पूरी तरह से औपचारिक होती थीं। उनका उत्तर भी 'हाँ-हूँ' में ही मिलता था।

"तो फिर घर में घुसकर क्यों बैठी रहती हो?"

"बैठी कहाँ रहती हूँ, दिन भर पढ़ती तो रहती हूँ। आप कभी मेरे कमरे के अंदर नहीं आए न। कैसी-कैसी पुस्तकें हैं मेरे पास। अभी तो उन्हें भी अपने घर नहीं ले जा पाई थी।" वह उदास हो गई।

"इतनी पुस्तकें पढ़ती हो कि पूरी लाइब्रेरी बना रखी है?" उसने पूछा।

"मुझे पढ़ने का शौक तो है, परंतु उससे कहीं अधिक पुस्तकें खरीदने का। बाजार में कोई भी नई किताब आती है तो मैं खरीद लेती हूँ। कनॉट प्लेस में कोई ऐसा पुस्तक विक्रेता नहीं, जो मुझे न पहचानता हो। मैं तो किताब पर कमीशन काटने से भी मना करती हूँ।"

"खरीदती हो तो पढ़ती भी होगी ही?"

"सभी नहीं। खरीदते समय सोचती हूँ कि जाते ही पढ़ूँगी, पर एक बार अलमारी में लग गई तो फिर लग गई।"

"फिर इतनी खरीदती क्यों हो?"

"उसके कई कारण हैं। सबसे बड़ा कारण यह है कि मैं लेखन को प्यार और लेखक का आदर करती हूँ। चाहती हूँ कि उन्हें कुछ पैसा मिले। लालाजी का धन किसी अच्छे काम में व्यय हो। किताब खरीदती हूँ तो लगता है कि मैंने उसके लेखन में अपना योगदान दिया है। अच्छी किताबों का होना एक स्टेटस सिंबल भी है। मैं अपने परिवारों में कितने सेठों को जानती हूँ, जिन्होंने अपने ड्राइंग रूम में इनसाइक्लोपीडिया ब्रिटेनिका का सेट रखा हुआ है, जबकि घर में कोई विशेष पढ़ा-लिखा सदस्य ही नहीं है। वह सेट घर पर आनेवालों को दिखाने के लिए ही है। किताब खरीदने के बहाने बाहर घूमना भी हो जाता है।" उसके चेहरे पर एक मुसकराहट फैल गई थी। उसके अंदर चेहरे पर ऐसी मोहक मुसकान मैंने पहली बार देखी थी।

क्या आपकी कोई सहेली नहीं है, जिसके पास आप जाना चाहो अथवा जिसके साथ कहीं जाना चाहो, सुख-दुःख बाँटना चाहो, जिसके साथ?" उसने प्रश्न किया।

"सहेलियाँ तो बहुत हैं। मैं तो बहुत सी विचार गोष्ठियों में भाग लेती थी। भरा-पूरा सर्किल है मेरा। परंतु इस विभाजन ने सब सत्यानाश कर दिया। हर किसी के घर में कोई-न-कोई मुसीबत आन पड़ी है। ऐसे में किसे घूमने अथवा गपशप की सूझ सकती है। कितने ही दिन हो गए, मैं तो चाट-पकौड़ी तक खाने नहीं गई बाहर, जबकि ऐसा कौन आदमी है, जो चाँदनी चौक में रहता हो और चाट-पकौड़ी तक के लिए बाहर न निकले!" उसने उत्तर दिया।

"अरे वाह! चाट तो मुझे भी बहुत पसंद है। मैं पिताजी के साथ जब भी दिल्ली आता था, यहाँ की चाट जरूर खाता था। अब तो कितने दिनों से यहाँ हूँ, इधर ध्यान ही नहीं गया। चलो, आज घर में कोई नहीं है तो हम दोनों बाहर जाकर चटोरपना करते हैं।" लक्ष्मीमल ने अचानक उसका हाथ पकड़कर कहा।

सिर से पाँव तक सिहर उठी थी शकुन। उसका शरीर पत्ते की तरह काँपने लगा था। गालों से लेकर कान तक लालिमा छा गई थी। जैसे पहली बार किसी पुरुष ने उसे छुआ हो। उसने नजरें नीची करते हुए कहा, "फिर घर पर कौन रहेगा? ऐसा करते हैं कि जो कुछ भी खाना हो, मैं यहीं मँगवा देती हूँ।" परंतु उसने अपना हाथ छुड़ाने का कोई उपक्रम नहीं किया।

"क्यों, नौकर है न घर पर। फिर हम कहाँ कोई दूर जा रहे हैं। गली के बाहर

तक ही तो जाना है। अभी लौट आएँगे। तुम्हें थोड़ा-बहुत बाहर जाना चाहिए। विटामिन डी खाना भी बहुत जरूरी है।" लक्ष्मी ने उसे थोड़ा और सहज करने का प्रयास किया।

"आज नहीं, फिर कभी।" उसने धीरे से अपना हाथ छुड़ाते हुए कहा। "इस समय तो आपको जो पसंद है, राजू से मँगवा देती हूँ।" इतना कहकर उसने राजू को पैसे देते हुए चाट-पकौड़ी लाने के लिए भेज दिया।

लक्ष्मीमल को लगा—अच्छा शगुन है। आज के लिए इतना ही काफी है।

जब तक राजू बाहर से चाट-पकौड़ी लाया, तब तक लालाजी, भाभी और यशपाल भी आ गए।

आते ही लक्ष्मीमल ने लालाजी को खुशखबरी सुनाई कि आज हमारी शकुन बाहर से चाट-पकौड़ी मँगाकर सबको दावत देनेवाली है।

"किस बात की दावत है भई, हम भी तो जानें?" लालाजी ने पूछा।

"होगी किसी नई योजना के उपलक्ष्य में।" लक्ष्मीमल ने उत्तर दिया।

"कैसी योजना? मैं तो यूँ ही कह रही थी कि मुझे घूमना-फिरना पसंद है।" शकुन लजा रही थी।

"तो ठीक है, जब मन हो चली जाया करो। जहाँ तक योजना बनाने का प्रश्न है तो मैं भी चाहता हूँ कि कोई ऐसा काम किया जाए, जिसमें तुम्हारी भी महत्त्वपूर्ण भूमिका रहे।" लालाजी ने सुझाया।

"हाँ लालाजी, मैंने इस विषय में विचार किया है। चलो चाट आ गई है, इसे खाते-खाते बात करते हैं। पर राजू को दोबारा बाहर भेजना पड़ेगा। सबसे पहले तो इस यश को स्कूल भेजने का प्रबंध किया जाए। दिन भर भाभीजी के आँचल में छिपा रहता है। शिक्षा, विशेष रूप से लड़कियों के लिए शिक्षा एक महत्त्वपूर्ण विषय है। इस विषय पर विचार किया जाना चाहिए। इसी के साथ ही हमें उन अनाथ बच्चों और महिलाओं के लिए भी सोचना चाहिए, जो विभाजन में विस्थापित हुए हैं और इधर-उधर किसी आश्रय के लिए भटक रहे हैं। इनसे संबंधित कोई ऐसी योजना बने, जैसेकि कोई स्कूल खोला जाए अथवा छोटे-मोटे घरेलू उद्योग-धंधे चालू करवाए जाएँ, जिनसे वे आत्मनिर्भर बन सकें, जिसका पूरा दायित्व शकुन पर रहे। हमारे पास जगह है ही। सोचते हैं कि कैसा स्कूल अथवा स्वयं सहायता समूह प्रारंभ किया जाए।" लक्ष्मीमल ने अपनी बात सामने रखी।

"सोच तो बुरी नहीं है, परंतु इसके लिए सारी तैयारी पहले से करनी होगी।

पूरी प्रोजेक्ट रिपोर्ट बना लो, फिर देखें क्या-क्या चाहिए और हमारे पास क्या-क्या है।" लालाजी ने सहमति दी।

"सुना है, लाल किले के सामने एक बड़ी मार्केट बनाने की योजना भी सरकार बना रही है। यदि आपकी सहमति हो, उसके बारे में भी जानकारी एकत्र की जा सकती है।" लक्ष्मीमल ने दूसरा सुझाव दिया।

"जानकारी हासिल करने में तो वैसे भी कोई हर्ज नहीं है। देख लेंगे। यदि ठीक लगेगा तो काम करेंगे, नहीं तो कोई बात ही नहीं।"

"मेरे विचार से हमें अब चाँदनी चौक से बाहर निकलना चाहिए। यहाँ पर तो दम घुटने लगा है। जल्दी ही यहाँ बहुत अधिक भीड़भाड़ होने लगेगी। दुकानें यहाँ रहें, कोई बात नहीं। निवास स्थान तो किसी खुले स्थान पर ही बनाना चाहिए। मेरा वश चले तो मैं अपने एक बाग के अंदर ही कोठी बनवा लूँ।" शकुन ने अपना मत व्यक्त किया।

"यह तो बहुत अच्छा विचार है। पाकिस्तान में भी हम लोग लाहौर की अपेक्षा पत्तोकी कलां में रहते थे। और जैसा शकुन ने कहा, हमारा घर भी एक बाग के अंदर ही था।" लक्ष्मीमल ने समर्थन किया।

"वह बहुत बाद की बात है। अभी इस पर दिमाग नहीं लगाना चाहिए। समय आने पर देख लिया जाएगा।"

"ऐसे कैसे चाँदनी चौक छोड़ा जा सकता है। यहीं पर पैदा हुए हैं, यहीं पर पले-बड़े हुए हैं। एक-एक गली हमारी जानी-पहचानी है। लोग भी सब अपने हैं। इतने निर्मोही कैसे हो सकते हैं हम कि अपने पुश्तैनी घर को ही त्याग दें।" लाजवंती ने विरोध किया। फिर बोली, "क्या यह नहीं हो सकता कि यश की पढ़ाई घर पर ही कराई जाए। ऐसे वातावरण में मैं इसे थोड़ी देर के लिए भी बाहर नहीं भेजना चाहती।"

"नया घर भी तो हम ही बनाएँगे। वह हमारा ही होगा। हमारी अपनी जमीन पर। वास्तव में, मैं जो बात अपने मुँह पर नहीं लाना चाहती थी, आपने वही कहने के लिए विवश कर दिया है। कितना खून बहा है इस घर में। हमारे अपनों का लहू। दिन में भी उसकी कल्पना करती हूँ तो काँप जाती हूँ।" शकुन ने प्रतिवाद किया।

बात कोई अप्रिय मोड़ न ले, यह सोचकर लक्ष्मीमल ने कहा, "आखिर पढ़ाई के लिए बच्चों को स्कूल तो भेजना ही पड़ता है। यश भी चला जाया करेगा गली-मोहल्ले के दूसरे बच्चों के साथ। आखिर स्कूल दूर ही कितना है और जहाँ

तक आजकल के माहौल की बात है, वह तो सामान्य होगा ही। आखिर हमेशा के लिए तो ऐसा नहीं रह सकता न! आप इससे बहुत प्रेम करती हैं, इसलिए इतना चिंतित रहती हैं।

"चिंता न करें। समय के साथ सब ठीक हो जाएगा। समय के साथ सब घाव भर जाएँगे। समय से अच्छा कोई मरहम नहीं बना आज तक।" इतना कहते हुए लालाजी उठकर अपने कमरे की ओर चल दिए।

□

18

स्वतंत्रता दिवस

15 अगस्त, 1947 का ऐतिहासिक दिन, जहाँ भारत 1000 वर्ष की गुलामी से स्वतंत्र हुआ था, वहीं यह दिन भारत राष्ट्र के लिए एक और दुर्भाग्यपूर्ण दिन था। भारत का एक और विभाजन हो गया। भारत का 30 प्रतिशत भाग भारत से कटकर पाकिस्तान नाम से एक अलग देश बन गया। 'पाकिस्तान मेरी लाश पर बनेगा' की घोषणा करनेवाले महात्मा गांधी असहाय से देखते रहे और शीघ्रता से सत्ता-सुख भोगने की लालसा में कांग्रेस के नेताओं ने देश का विभाजन स्वीकार कर लिया।

15 अगस्त, 1947 को भारत की राजधानी दिल्ली दुलहन की तरह सजी थी। संसद् की भी हर प्रकार से साज-सज्जा की गई थी। सोलह श्रृंगार में सजे-धजे नर्तकों के स्थान-स्थान पर नृत्य हो रहे थे। इतनी लंबी पराधीनता से स्वतंत्र होने पर दिल्ली में जश्न मनाया जाना स्वाभाविक था। 14 अगस्त की रात 12 बजे संसद् के केंद्रीय कक्ष में पं. जवाहरलाल नेहरू के प्रसिद्ध 'ट्रायस्ट विद डेसटिनी', अर्थात् भाग्य के साथ प्रयास करें, भाषण के साथ अंग्रेजी साम्राज्य का यूनियन जैक उतारकर भारत का राष्ट्रध्वज तिरंगा लहरा दिया गया।

आज तक सारी दुनिया को यही बताया जाता रहा है कि 15 अगस्त को भारत के प्रथम प्रधानमंत्री पं. जवाहरलाल नेहरू ने लाल किले की प्राचीर से ध्वजारोहण किया था, परंतु यह सत्य नहीं है।

उस समय का वर्णन 'हिंदुस्तान टाइम्स' के प्रसिद्ध फोटोग्राफर पद्मश्री वीरेंद्र प्रभाकर ने लिखा है कि जब स्वतंत्रता प्राप्ति की घोषणा पं. जवाहरलाल नेहरू ने की, उस समय मैं दिल्ली में ही था। दिल्ली के एक बहुत बड़े क्षेत्र में कर्फ्यू लगा

हुआ था। चारों तरफ आजादी की खुशी के उत्साह के साथ-साथ देश का विभाजन होने की अफरा-तफरी मची हुई थी। निश्चित कार्यक्रम के अनुसार 15 अगस्त को विजय चौक पर लॉर्ड माउंटबेटन को यूनियन जैक नीचे उतारना था और पं. नेहरू को भारत की स्वतंत्रता के प्रतीक के रूप में तिरंगा झंडा फहराना था। इंडिया गेट से लेकर विजय चौक तक जनसमूह उमड़ा पड़ रहा था। लोगों का जैसे समुद्र लहरा रहा था। भीड़ बहुत अधिक उत्साह से भरी हुई थी। किसी भी हालत में लॉर्ड माउंटबेटन और पं. नेहरू उस स्थल तक नहीं पहुँच पा रहे थे, जहाँ ध्वजारोहण होनेवाला था। अचानक भीड़ में से किसी ने संभवत: पुलिसकर्मी ने तिरंगा फहरा दिया था। कई वर्षों तक इस बात की खोज की जाती रही थी कि वे कौन लोग थे, जिन्होंने तिरंगा फहराया था, परंतु उसका रहस्य कभी नहीं खुल पाया।

16 अगस्त, 1947 को पहली बार लाल किले की प्राचीर पर पं. जवाहरलाल नेहरू ने तिरंगा फहराने की रस्म अदायगी की थी। आनेवाले वर्षों अर्थात् सन् 1948 से आज तक 15 अगस्त को ही झंडा फहराया जाने लगा, परंतु 1947 को जिस दिन लाल किले की प्राचीर से तिरंगा फहराया गया, वह दिन 16 अगस्त था, न कि 15 अगस्त, जैसाकि अकसर विश्वास किया जाता है। वीरेंद्रजी ने स्वयं उन दिनों की घटनाओं को अपने कैमरे में कैद किया था। भविष्य में ऐसी ही भीड़ का पुन: सामना न करना पड़े, संभवत: इस बात को ध्यान में रखते हुए विजय चौक की अपेक्षा लाल किले की प्राचीर का चुनाव किया गया होगा, ताकि वहाँ तक लोग पहुँच ही न पाएँ।

भारत के विभाजन के लिए उत्तरदायी लॉर्ड माउंटबेटन को स्वतंत्र भारत का पहला गवर्नर जनरल बनाए रखा गया। पं. जवाहरलाल नेहरू और अंतरिम सरकार में उनके कांग्रेसी सहयोगियों में थोड़ी-बहुत फेर-बदल करके पहले भारतीय मंत्रिमंडल का गठन किया गया। इस मंत्रिमंडल में सरदार वल्लभभाई पटेल और मौलाना अबुल कलाम आजाद को भी सम्मिलित कर लिया गया, परंतु नेताजी सुभाष चंद्र बोस के बड़े भाई शरतचंद्र बोस को इसमें शामिल नहीं किया गया।

30 जनवरी, 1948 को महत्मा गांधी की हत्या हो गई। नौ महीने बाद पाकिस्तान के प्रथम गवर्नर जनरल मोहम्मद अली जिन्ना की भी मृत्यु हो गई। उसी वर्ष लॉर्ड माउंटबेटन ने भी अवकाश ग्रहण कर लिया और चक्रवर्ती राजगोपालाचारी भारत के प्रथम और अंतरिम गवर्नर जनरल नियुक्त हुए। 26 जनवरी, 1950 को भारतवर्ष को गणराज्य घोषित किया गया और डॉ. राजेंद्र प्रसाद इसके प्रथम राष्ट्रपति नियुक्त हुए। □

19
तीस जनवरी

30 जनवरी, 1948 सायं 5:20 बजे की मनहूस घड़ी। बिरला हाउस में महात्मा गांधी की उस समय हत्या कर दी गई, जब वे सायंकालीन प्रार्थना सभा में जा रहे थे। आमतौर पर बिरला भवन में सायं पाँच बजे प्रार्थना सभा होती थी। उस दिन सरदार वल्लभभाई पटेल और उनकी सुपुत्री मणिबेन पटेल से कुछ विचार-विमर्श करने में बापू को विलंब हो गया था। वहाँ से बाहर निकलकर जब बापू आभा और मनु के कंधों पर हाथ रखकर आगे बढ़ रहे थे तो उनके सम्मुख आकर नाथूराम गोडसे ने कहा, "नमस्ते बापू!" जब तक कोई कुछ कहता, उसने हाथ में छिपाई बैरेटा पिस्तौल से बापू की छाती पर तीन गोलियाँ दाग दीं। दो गोलियाँ बापू के शरीर को छलनी करती हुई बाहर निकल गईं, जबकि एक उनके शरीर में ही धँसी रह गई। वे वहीं गिर पड़े। उन्होंने तत्काल ही दम तोड़ दिया।

वैसे भी उन दिनों दिल्ली में हालात सामान्य से कोसों दूर थे। चारों ओर दंगे-फसाद हो रहे थे। इन बातों को लेकर गांधी बहुत व्यथित थे। उनकी हत्या के तुरंत बाद देश में हिंसा की आग भड़क उठी। स्थान-स्थान पर मारपीट, पथराव और मुख्यत: ब्राह्मणों के विरुद्ध कांग्रेस द्वारा प्रायोजित हिंसा का भयानक दौर शुरू हो गया। राष्ट्रीय स्वयंसेवक संघ और हिंदू महासभा के सदस्यों के प्रति लोगों का क्रोध सड़कों और गली-मोहल्लों में दिखाई देने लगा। हिंसा का सबसे विकराल रूप महाराष्ट्र में देखने को मिला। पूरे प्रदेश में चितपावन ब्राह्मणों की चुन-चुनकर हत्याएँ की जाने लगीं। एक अनुमान के अनुसार सैकड़ों ब्राह्मण इस हिंसा के शिकार हुए, परंतु सरकार ने ऐसी हत्याओं का संज्ञान लेते हुए न तो कोई कारवाई की, न ही किसी प्रकार का रिकॉर्ड रखा गया। आर.एस.एस. के स्वयंसेवकों पर चुन-चुनकर

हमले हुए। संघ के सरसंघचालक माधवराव सदाशिराव गोलवलकर (गुरुजी) के घर पर आक्रमण किया गया। हालाँकि पुलिस ने उन्हें बचा लिया। उस घटना के पश्चात् महाराष्ट्र में स्थान-स्थान पर ब्राह्मणों के विरोध में ध्रुवीकरण होने लगा। पुणे में नाथूराम गोडसे के अखबार के कार्यालय के अतिरिक्त अन्य हिंदुत्ववादी अखबारों के कार्यालयों में भी आग लगा दी गई। गोडसे के चितपावन ब्राह्मण होने के कारण अंततः यह हिंसा ब्राह्मण बनाम मराठा दंगों का रूप धारण करने लगी। इस प्रकार अहिंसा के पुजारी की हत्या पर हिंसा का जमकर नंगा नाच हुआ। इसका दोष उस समय की सरकार के साथ-साथ उनके छोटे सुपुत्र देवदास गांधी का भी माना जाता रहा है। गांधीजी की हत्या के बाद उनके शव को एक वस्त्र से ढक दिया गया था। जब देवदास गांधी वहाँ आए तो उन्होंने जानबूझकर शव के ऊपर से कपड़ा हटाकर लोगों की भावनाओं को भड़काया। जैसाकि बाद में भी सिद्ध हो गया कि आर.एस.एस. का इस हत्याकांड में कोई हाथ नहीं था। परंतु उस समय राजनीतिक लाभ उठाने के लिए पं. जवाहरलाल नेहरू ने संघ पर प्रतिबंध लगा दिया और संघ के अनेक अधिकारियों और हजारों स्वयंसेवकों को जेल में बंद कर दिया। वीर सावरकर को निर्दोष मानते हुए माननीय न्यायाधीश आत्माचरण ने उन्हें तत्काल रिहा करने का आदेश सुनाया था।

महात्मा गांधी हत्याकांड का मुकदमा शिमला के पिटरहफ स्थित ईस्ट पंजाब उच्च न्यायालय मं चलाया गया। 2 मई, 1949 को हत्या के मुकदमे की सुनवाई प्रारंभ करने के लिए आरोपियों को मिंटो कोर्ट में पेश किया गया। 21 जून को नाथूराम गोडसे और नारायण आप्टे को स्वतंत्र भारत की पहली फाँसी की सजा सुनाई। आरोपियों ने ट्रायल कोर्ट में अपील की, जिसे 10 फरवरी, 1949 को खारिज कर दिया गया। पंजाब हाई कोर्ट की तीन जजों की बेंच ने भी अपील खारिज करते हुए 21 जून को फाँसी की सजा बरकरार रखी। सजा सुनानेवाले जस्टिस जी.डी. खोसला ने 1965 में एक पुस्तक लिखी—'द मर्डर ऑफ महात्मा'। इसमें उन्होंने अपनी उस टिप्पणी का उल्लेख किया है, जो उन्होंने अदालत में अपना निर्णय सुनाते हुए की थी। उन्होंने कहा था कि यदि अदालत में उपस्थित लोगों को ज्यूरी का दर्जा दे दिया जाए तो नाथूराम गोडसे बहुमत के आधार पर हत्या के आरोप से निर्दोष सिद्ध हो जाता।

इस निर्णय को भी ब्रिटिश पार्लियामेंट के अंतर्गत प्रिवी काउंसिल में भेजा गया, वहाँ भी वही परिणाम निकला और 26 अक्तूबर, 1949 को उसे अस्वीकार कर दिया गया, तब भारत के गवर्नर जनरल सी. राजगोपालाचारी के सम्मुख दया याचिका 5

नवंबर को प्रस्तुत की गई, जिसे 7 नवंबर को अमान्य किया गया। अब 8 नवंबर को फाँसी की तिथि निश्चित कर दी गई। निश्चित कार्यक्रम के अनुसार हत्या के दोषी नाथूराम गोडसे और नारायण आप्टे को अंबाला जेल में 15 नवंबर, 1949 को सूर्य उगने से पूर्व ही फाँसी दे दी गई।

फाँसी देने के बाद नाथूराम गोडसे का शव उनके परिवारवालों को नहीं दिया गया, बल्कि एक अज्ञात वाहन में उसे जेल से बाहर ले जाया गया और घग्घर नदी के किनारे जला दिया गया। कुछ लोगों का कहना है कि शव को किसी गुमनाम स्थान पर दफनाया गया। जबकि गोडसे के परिवारवालों का कहना है कि उस अज्ञात वाहन का पीछा हिंदू महासभा के एक कार्यकर्ता ने किया था। उसका नाम अत्री था। उस कार्यकर्ता ने चिता की अग्नि शांत होने तक वहाँ प्रतीक्षा की और उनकी अस्थियों को एक डिब्बे में समाहित कर लिया। वही अस्थियाँ आज गोडसे परिवार द्वारा एक चाँदी के कलश में भरकर रखी हुई हैं और प्रतिवर्ष 15 नवंबर को गोडसे सदन में उनकी स्मृति में एक कार्यक्रम का आयोजन किया जाता है।

कैसी त्रासदी है कि 'अहिंसा परमो धर्म' का संदेश देनेवाले महात्मा गांधी न केवल स्वयं हिंसा का शिकार हुए, बल्कि उनकी हत्या के बदले में स्वतंत्र भारत का पहला नरसंहार हुआ। माना जाता है कि यह नरसंहार कांग्रेस द्वारा प्रायोजित था। 31 जनवरी से लेकर 3 फरवरी तक हिंसा की इस आग ने पुणे के बाद सांगली, कोल्हापुर, बंबई और सतारा को भी अपनी चपेट में ले लिया। हजारों घरों को आग के हवाले कर दिया गया, महिलाओं के साथ बलात्कार हुए। महात्मा गांधी का पार्थिव शरीर जिस समय चिता पर सजाया जा रहा था, उस समय न जाने कितने ही लोगों को मौत के घाट उतारा जा रहा था। इन घटनाओं को भारतीय समाचार-पत्रों में बहुत कम स्थान मिला, जबकि विश्व भर के अखबारों ने इसे प्रमुखता से प्रकाशित किया था। ब्राह्मणों की हत्या से ही कांग्रेसियों का मन नहीं भरा था, इसलिए उन्होंने उनका सामूहिक बहिष्कार करना प्रारंभ कर दिया। लगभग एक हजार कांग्रेसी दंगाइयों की भीड़ ने वीर सावरकर के घर को भी घेर लिया था, परंतु पुलिस के हस्तक्षेप के कारण उन्हें किसी प्रकार की शारीरिक क्षति पहुँचाने में भीड़ असफल रही।

सड़क पर बहुत जोर का शोर-शराबा सुनाई दिया। लाला खुशीराम अपनी दुकान के भीतर बैठे थे। बाहर निकलकर देखा कि आसपास की दुकानें धड़ाधड़ बंद हो रही हैं। लोग इधर से उधर दौड़ रहे हैं। तभी एक पड़ोसी दुकानदार हड़बड़ाता

हुआ उनके पास आया और बोला, "लालाजी, जल्दी से दुकान बढ़ाओ और घर भागो।" इससे पहले कि वे पूछते कि क्या हुआ है, उसने कहा, "किसी ने महात्मा गांधी को गोली मार दी है। शहर में किसी भी समय दंगा शुरू हो सकता है।" लाला की आँखों के सामने अगस्त 1947 घूम गया। हे राम। अभी तो विभाजन की जारी मार-काट से लोग नहीं उबरे और आज यह 30 जनवरी, 1948 महात्मा गांधी जैसे शिखर पुरुष की हत्या। लालाजी ने अपने कर्मचारियों को जल्दी-जल्दी दुकान बंद करके घर जाने के लिए कहा और स्वयं भी घर की ओर दौड़ चले। एकाएक सबकुछ सुनसान हो गया था। चारों ओर सन्नाटा पसर गया था। जो कोई था, वह किसी सुरक्षित ठिकाने की ओर भागा चला जा रहा था। पुलिस की गाड़ियाँ तेजी से गश्त लगा रही थीं। किसी भी समय कोई भी अप्रिय घटना घट सकती थी। लालाजी का घर समीप ही था। वहाँ पहुँचकर लालाजी ने देखा कि लक्ष्मीमल अभी तक बाहर से नहीं लौटे। प्राण कंठ में अटक गए थे उनके। लालाजी की ही भाँति यशपाल, लाजवंती और शकुन की हालत भी बहुत खराब थी। न जाने आगे क्या होनेवाला है ?

लक्ष्मीमल आज सुबह ही शकुन के एक बाग का हिसाब-किताब देखने वहाँ गए थे। वे यह भी देखना चाहते थे कि उस बाग में यदि कोई आश्रमनुमा संस्थान बनाया जाए तो आसपास की आबादी को उसका लाभ मिल सकेगा अथवा नहीं। उनके मन में जो नक्शा आकार ले रहा था, उसके अनुसार 100 एकड़ के उस बाग में कम-से-कम पेड़ काटते हुए अथवा बिना कोई वृक्ष काटे छोटी-छोटी पक्की झोंपड़ियों का निर्माण किया जाए। इनमें उन निराश्रित निर्धन महिलाओं को आश्रय दिया जाए, जो स्वावलंबी बनने में रुचि रखती हों; जिन्हें कोई छोटा-मोटा काम-धंधा करना अथवा घरेलू शिल्प आता हो अथवा कोई भी कारीगरी का काम सीखने में उनकी रुचि हो। बाग के मध्य में लड़कियों का विद्यालय खोला जाए, जिसमें उन महिलाओं के बच्चे शिक्षा प्राप्त करें और आवश्यकता हो तो वहीं रह भी सकें। आसपास के इलाके की लड़कियों को भी न्यूनतम फीस पर वहाँ प्रवेश मिल सके। और यदि कुछ ऐसी महिलाएँ हों, जिनके पास छोटे लड़के हों तो उनकी संस्थान की ओर से बाहर दूसरे स्कूलों में पढ़ने की व्यवस्था की जा सके।

रात होने से कुछ पहले जब तक लक्ष्मीमल लौट नहीं आए, चारों की आँखें दरवाजे पर चिपकी रही थीं। शहर का वातावरण ऐसा था कि बाहर जाकर कुछ देखने का जोखिम भी नहीं उठाया जा सकता था। फिर ढूँढ़ने जाते भी तो कहाँ और कैसे। ऐसे में चुपचाप घर में बैठकर प्रतीक्षा करने के अतिरिक्त कोई चारा नहीं था।

घबराए हुए लक्ष्मीमल ने घर में प्रवेश करते ही दरवाजा ठीक से बंद कर दिया। बोला, "बाहर सब जगह मारपीट, आगजनी हो रही है और आप हैं कि दरवाजा यूँ खुला रखे हुए हैं। मैं बहुत कठिनाई से जान बचाकर घर लौटा हूँ। रास्ते में रह-रहकर एक ही विचार आ रहा था कि क्या एक बार फिर वही 15 अगस्तवाले दृश्य देखने को मिलेंगे। जानता हूँ कि आप सबको मेरी चिंता सता रही होगी तो मेरी जान भी आपके बारे में सोच-सोचकर सूख रही थी। ईश्वर की कृपा से यहाँ सब ठीक है। देखें कि कब तक देश में यह मार-काट मची रहती है। इतना कहते हुए उसने रेडियो खोल दिया। देश के विभिन्न भागों में दंगे होने लगे थे। महाराष्ट्र में स्थिति सबसे अधिक शोचनीय थी। दिल्ली की सड़कों पर लोगों के झुंड-के-झुंड एकत्र हो रहे थे। गांधीजी की शवयात्रा में सम्मिलित होने के लिए किसी बात की परवाह किए बिना आसपास के राज्यों से लोग दिल्ली आ रहे थे। कौन जाने शवयात्रा में सम्मिलित होने के लिए आ रहे लोग कब अनियंत्रित भीड़ बनकर सब तहस-नहस करने लगें।

□

20
प्रतिबंध

गृहमंत्री सरदार वल्लभभाई पटेल द्वारा संघ पर प्रतिबंध की घोषणा करते ही सरसंघचालक माधवराव सदाशिवराव गोलवलकर को बंदी बना लिया गया। संघ के अन्य अनेक नेताओं के साथ लाला खुशीराम को भी हिरासत में ले लिया गया। सरकार की ओर से कहा गया कि संघ की गतिविधियाँ सरकार और राज्य के लिए खतरा उत्पन्न करनेवाली हैं। भले ही सरदार पटेल संघ के विरोधी नहीं थे, परंतु उन्हें संघ की विचारधारा आकर्षित भी नहीं करती थी। सरदार पटेल यह स्वीकार करते थे कि संघ की शाखाओं में लोगों को अनुशासन और स्वरक्षण की शिक्षा दी जाती है, जबकि नेहरू को यही स्वरक्षण फासीवादी लगता था। प्रतिबंध लगानेवाले पत्र में भी उन्होंने लिखा था—"इसमें कोई दो राय नहीं कि आर.एस.एस. ने हिंदू समाज की सेवा की है। जहाँ भी समाज को जरूरत महसूस हुई, वहाँ संघ ने बढ़-चढ़कर सेवा की। पर इसका एक चेहरा और भी है, जो मुसलमानों से बदला लेने के लिए उन पर हमले करता है। हिंदुओं की मदद करना एक बात है, लेकिन गरीब, असहाय, महिला और बच्चों पर हमला असहनीय है।" महात्मा गांधी की हत्या के तुरंत बाद संघ पर प्रतिबंध नहीं लगाया गया था। कहते हैं कि जब सरदार पटेल के पास यह बात पहुँची कि गांधी की हत्या पर संघ के कुछ ठिकानों पर जश्न मनाया गया, तब उन्होंने यह कदम उठाया। यहाँ यह बात समझने योग्य है कि इस मामले में तो मुसलमान दूर-दूर तक शामिल नहीं थे, फिर कांग्रेस ने मुसलमानों के विरोध का इसे आधार क्यों बनाया और मराठा हिंदुओं द्वारा चितपावन हिंदू ब्राह्मणों का नरसंहार क्यों करवाया? जानकारों का कहना है कि इस प्रकार की हत्याओं में महाराष्ट्र की पुलिस की दंगाइयों के प्रति बरती गई नरमी पर सरदार ने बॉम्बे राज्य

के तत्कालीन मुख्यमंत्री बालासाहेब गंगाधर खेर को कड़ी फटकार भी लगाई थी। सरदार के कुछ ऐसे कामों के कारण कुछ लोगों का मत था कि वे संघ के निकट थे अथवा संघ के साथ सहानुभूति रखते थे।

27 फरवरी, 1948 को सरदार पटेल ने पं. नेहरू को लिखे पत्र में यह स्वीकार किया कि संघ का गांधी की हत्या में सीधा हाथ तो नहीं है, लेकिन यह जरूर है कि गांधी की हत्या पर ये लोग जशन मना रहे थे। पटेल के अनुसार गांधी की हत्या में हिंदू महासभा के उग्रपंथी गुट का हाथ था। वैसे भी गांधी की हत्या में कांग्रेस और सरकार की कोई–न–कोई रहस्यात्मक भूमिका अवश्य रही होगी, नहीं तो इतने बड़े घटनाक्रम से जुड़े दस्तावेज सरकार के पास कहीं–न–कहीं तो उपलब्ध होते। नियमानुसार संघ पर प्रतिबंध लगाने एवं बाद में उसे हटाने से संबंधित दस्तावेज सार्वजनिक तौर पर उपलब्ध करवाए जाने चाहिए। ये दस्तावेज न तो राष्ट्रीय अभिलेखागार के पास हैं और न ही गृह मंत्रालय के पास हैं। यदि इन दस्तावेज को नष्ट कर दिया गया है तो भी यह जानकारी किसी के पास उपलब्ध नहीं है कि कब इन्हें नष्ट किया गया और किसके आदेश पर ऐसा हुआ। नियमानुसार संग्रहणीय महत्त्व के कागजात यूँ ही नष्ट नहीं किए जा सकते। उसके लिए एक निश्चित प्रक्रिया को अनिवार्यत: अपनाना होता है। जिस अधिकारी ने ऐसा आदेश दिया होता है, उसका नाम फाइल पर होता है, परंतु इस मामले में तो यह जानकारी भी किसी को उपलब्ध नहीं करवाई जा रही। इसका अर्थ है कि इस सारे मामले से जुड़े हुए कागजात चुपचाप नष्ट कर दिए अथवा करवा दिए गए, ताकि वास्तविकता किसी के सामने कभी आए ही नहीं। इससे यह स्पष्ट होता है कि यह प्रतिबंध संघ के प्रति मन में बिठाकर रखी गई पूर्ववर्ती धारणाओं के आधार पर लगाया गया। □

21
लाजवंती

लाजवंती एक कुशल गृहिणी थीं, जिन्होंने ससुराल में आते ही सारी घर-गृहस्थी का दायित्व अपने ऊपर ओढ़ लिया था, जैसे यही उनके जीवन का एकमात्र उद्देश्य रहा हो। जीवन कितना सुखपूर्वक चल रहा था कि एक भयानक वज्रपात हुआ। विभाजन उनका पूरा जीवन रक्तरंजित कर गया। अभी उस भयानक हादसे से उबरने का अवसर भी नहीं मिला था कि महात्मा गांधी की हत्या हो गई। बिना किसी कारण लाला खुशीराम के हिरासत में लिये जाने के कारण घर का सारा ताना-बाना ही बिखर गया। अभी तक तो भविष्य की कोई योजना ठीक से बन भी नहीं पाई थी कि इतना बड़ा व्यवधान उपस्थित हो गया। लालाजी घर के कर्ता-धर्ता थे। हर कार्य उनकी इच्छा के अनुसार ही संपन्न होता था। लालाजी की अनुपस्थिति में लक्ष्मीमल और यशपाल की उस घर में क्या हैसियत थी, समझना कठिन था। लालाजी के बिना लाजवंती और विधवा शकुन किसके सहारे रहेंगी, यह भी विचार करने का विषय था। पहली नजर से देखने पर लक्ष्मीमल को यह साफ दिखाई देता है कि हम यहाँ बेगाने हैं और लालाजी की अनुपस्थिति में इस प्रकार अकेली महिलाओं के साथ उनके घर में रहने का हमें कोई अधिकार नहीं है। यह बात जितनी लक्ष्मीमल के मस्तिष्क में आती, उतनी ही गुत्थी उलझती जाती। इसमें संदेह नहीं कि जेल जाते समय लालाजी ने स्पष्ट कहा था, "देखो लक्ष्मी, अब यह घर तुम्हें ही सँभालना है। मैं तुम्हारी भाभी और शकुन को तुम्हारे ही भरोसे छोड़कर जा रहा हूँ। परंतु गली-मोहल्ले और बाहर वालों की नजरों में तो हम केवल मेहमान ही हैं। वह भी कोई सगे-संबंधी नहीं, पाकिस्तान

से आए हुए शरणार्थी। अभी सबके सामने कोई ऐसा काम भी शुरू नहीं हुआ था, जिसे हम मिलकर करनेवाले थे अथवा जिस के कारण हमारा यहाँ रहने का कोई औचित्य सिद्ध हो पाता।

लाजवंती और शकुन का तो वैसे भी रो-रोकर बुरा हाल था। वे समझ नहीं पा रही थीं कि उन पर कैसी विपदा टूट पड़ी है। यह भरोसा भी नहीं था कि सरकार कब तक लालाजी को जेल में रखेगी? जिससे भी बात करते, अनिश्चय भरे उत्तर ही मिलते। लाजवंती तो फिर भी किसी-न-किसी प्रकार यशपाल के सहारे अपने आप को व्यस्त रखने का प्रयास कर रही थीं। शकुन के लिए तो कोई आसरा ही नहीं था। इसी प्रकार लक्ष्मीमल बिल्कुल अकेला पड़ गया था। भविष्य जो होगा, सो होगा, उसके पास वर्तमान में भी कुछ करने को नहीं था। यूँ ही इधर-उधर समय व्यतीत करने के अतिरिक्त।

एक दिन लक्ष्मीमल ने लाजवंती और शकुन को सामने बिठाकर अपनी दुविधा व्यक्त करते हुए कहा, “देखिए, मैं जो कहने जा रहा हूँ, आप उसे अन्यथा न लें। मैं ऐसा कोई ठोस कारण नहीं देखता कि हम इस प्रकार लालाजी की अनुपस्थिति में यहाँ इस घर में रहें। अभी हमारे करने लायक कोई काम भी नहीं है यहाँ। यदि आप चाहें तो हम कहीं और रहने का प्रबंध कर लें। जब लालाजी वापस आएँगे, तब देखा जाएगा। मैं नहीं चाहता कि आपके संबंधियों में से अथवा मोहल्लेवाले आप पर कोई उँगली उठाएँ।”

यशपाल के दूर चले जाने की कल्पना मात्र से ही लाजवंती सिहर गई।

वह कुछ कहती, उससे पूर्व ही शकुन बोली, “क्या आप हमें इतना दुर्बल समझते हैं कि कोई भी हमें कुछ भी कह सकता है? संबंधी कितने और कैसे बचे हैं, वह आपने श्राद्ध कर्म के दौरान देखा ही है। देश में कैसा माहौल है, सारा मोहल्ला जानता है। हर एक-दूसरे के सहारे पर टिका हुआ है। फिर भाईसाहब आपको घर का पूरा दायित्व सौंपकर गए हैं। उनकी अनुपस्थिति में आप हमें अकेला छोड़कर जाने का विचार भी कर सकते हैं, यह कभी सोचा नहीं था।”

“हाँ भाईसाहब, यह समय मिल-जुलकर इस संकट की घड़ी का सामना करने का है। भले ही हम कोई नया काम शुरू न करें, परंतु जो चल रहे हैं, उनका क्या? कोई तो उनकी देखरेख करनेवाला चाहिए। लालाजी के आने तक हम भविष्य की योजनाओं का खाका तो तैयार कर ही सकते हैं। यश को स्कूल में प्रवेश दिलवा सकते और दिन-प्रतिदिन के काम करने के लिए हमें आपसी

सहयोग की आवश्यकता तो होगी ही। इसलिए आप किसी प्रकार की चिंता न करें। लालाजी आएँगे तो सब सँभाल लेंगे। वैसे भी आप हमारे मेहमान नहीं, बल्कि परिवार का हिस्सा हैं। जिन पर हमें सँभालने की पूरी जिम्मेदारी भी है। आपके अतिरिक्त घर में कोई पुरुष भी नहीं है।"

लक्ष्मीमल मौन रहने के अतिरिक्त क्या कर सकते थे!

□

22

शकुन

एक दिन जब लक्ष्मीमल और शकुन घर में अकेले बैठे थे, तब रायजादा ने बात चलाई, “यह मई का महीना है। स्कूलों और विश्वविद्यालय में नए सत्र प्रारंभ होने में अधिक समय नहीं बचा। यशपाल की पढ़ाई के विषय में तो हम लोग निर्णय कर ही चुके हैं। मेरा विचार है कि आपको भी आगे पढ़ाई के लिए विश्वविद्यालय में प्रवेश ले लेना चाहिए।”

“अब मैं इस आयु में क्या पढ़ाई करूँगी, वैसे मैं पढ़ना तो बहुत चाहती थी, पर सब गड़बड़ हो गया। भाग्य में यही रहा होगा शायद।” उसने बुझे हुए स्वर में उत्तर दिया।

“इसमें भाग्य की बात कहाँ से आ गई? और पढ़ने की कोई आयु नहीं होती। व्यक्ति जीवन भर पढ़ता रह सकता है। वैसे आपकी रुचि किस विषय में रही है?” लक्ष्मीमल ने पूछा।

“मैं तो साहित्य की विद्यार्थी रही हूँ। उसी में एम.ए. करके पी-एच.डी. भी कर सकती थी। अवसर मिलता और आवश्यकता पड़ती तो कहीं पढ़ाने की नौकरी भी कर सकती थी।” उसने उत्तर दिया।

“साहित्य का क्या है, वह तो अपने आप भी पढ़ा जा सकता है। मेरा सुझाव है कि आप कानून की पढ़ाई करके वकील बन जाएँ। वकालत न भी करें तो भी भविष्य में हम जो भी कार्य करेंगे, उसमें भी उसकी उपयोगिता रहेगी।” लक्ष्मीमल ने सुझाया।

पहली बार शकुन ने कोई प्रतिवाद नहीं किया। समोश सोचती रही। थोड़ी देर बाद बोली, “जब अगली बार लालाजी से जेल में मिलने चलेंगे, तब आप बात

करके देखना। भाईसाहब इस विषय में क्या कहते हैं, यह जानना भी तो आवश्यक है। कौन जाने अब उन्हें मेरा बाहर जाकर पढ़ाई करना ठीक भी लगेगा अथवा नहीं।"

"मुख्य बात यह है कि आप क्या चाहती हैं? यदि आपका ही मन नहीं होगा तो यह पूछना-पुछाना सब बेकार सिद्ध होगा।"

इन दिनों घर का वातावरण बहुत बोझिल रहता था। तीन मास से अधिक समय हो गया था, लालाजी को जेल गए हुए। कोई कार्यकर्ता जेल से लालाजी का कोई समाचार लाता तो कुछ ढाढ़स बँधता था। काम-धंधा तो न के बराबर था। जो थोड़ा-बहुत था, वह नौकरों-चाकरों द्वारा देखा जा रहा था। कभी कोई समस्या आती तो उस पर विचार-विमर्श हो जाता। बहुत से कागजात और चैक इत्यादि पर लालाजी के हस्ताक्षरों की आवश्यकता रहती थी, इसलिए उनसे एक पावर ऑफ अटॉर्नी पहले शकुन के नाम पर बनवा ली गई थी।

□

एक दिन शकुन बोली, "चलो रायजादा साहब, आपको मैं अपना विश्वविद्यालय घुमा लाती हूँ। विटामिन डी की बात कर रहे थे, न उस दिन तो आज ले लेना जी भरकर। चाँदनी चौक में तो मिलने से रहा। वैसे भी बहुत दिन हो गए हैं, घर से बाहर भी नहीं निकले। रास्ते में उस योजना पर भी विचार कर लेंगे, जो आपके मन में आकार लेने का प्रयास कर रही है।"

"ठीक है, परंतु योजना का तब तक कोई भविष्य नहीं, जब तक उसके विषय में लालाजी से विस्तार में विचार-विमर्श न हो जाए। वैसे आपका मन कहीं चलने को है तो मुझे कोई आपत्ति नहीं। पहले आपको मुझे इतना भरोसा तो देना ही होगा कि आप पढ़ाई पुनः प्रारंभ करने पर विचार कर रही हैं।"

"ठीक है, यहाँ से बाहर तो निकलें।" इतना कहकर शकुन ने लक्ष्मीमल का हाथ पकड़ा और उसे खींचती हुई बाहर ले चली। बोली, "आज गाड़ी भी आप ही चलाएँगे। नो मोर ड्राइवर टू डे। वी विल गो ऑन ए लॉन्ग ड्राइव, ओनली टू ऑफ अस।"

"पर मुझे तो दिल्ली के रास्तों का कोई ज्ञान नहीं है। यूँ ही कहीं इधर-उधर भटक गया दिल्ली की सड़कों पर तो क्या होगा?"

"मैं भटकने दूँगी तो न आप भटकेंगे। मुझे एक-एक रास्ता पता है यहाँ का। यहीं इन्हीं रास्तों पर खेल-कूदकर बड़ी हुई हूँ।" आज शकुन की आवाज में कुछ अलग ही खनक भरा चुलबुलापन था।

लक्ष्मीमल चुपचाप उसके पीछे-पीछे चल पड़े। विश्वविद्यालय प्राय: सुनसान ही पड़ा था। लॉ फैकल्टी के सामने एक हॉकी का मैच चल रहा था। दोनों वहाँ जाकर घास पर बैठ गए। एक-दो ओर युवा जोड़े भी वहाँ बैठे थे। लक्ष्मीमल को बहुत अलग-अलग पर अटपटा-सा लग रहा था। उसे समझ नहीं आ रहा था कि शकुन के मन में क्या है और वह उसे यहाँ क्यों लाई है। इस प्रकार यूँ बैठना उसे अपने कॉलेज के दिनों में एलिशिया के साथ बैठने की याद दिला रहा था।

बात शकुन ने ही प्रारंभ की। "तो आप चाहते हैं कि मैं नए सिरे से पढ़ाई प्रारंभ करूँ? वह भी लॉ की?"

"हाँ।"

"और यह भी कि मैं आपके बनाए हुए प्रोजेक्ट का सारा दायित्व भी मैं ही सँभालूँ?"

"सारा नहीं, पर बहुत-कुछ। आखिर वह प्रोजेक्ट तो आपका ही होगा। आपकी प्रॉपर्टी पर काम शुरू होगा। आपका अथवा लालाजी का पैसा निवेश होगा। तो कर्ता-धर्ता कौन होना चाहिए? मैं तो अपना ठेकेदारी का कार्य प्रारंभ करूँगा। आशा है, वह नई मार्केट का ठेका हमें मिल जाएगा। आर.एस.एस. पर प्रतिबंध लगने और लालाजी के जेल जाने से हर काम बाधित हो गया है। जो काम हैं, वे भी आपको ही सँभालने पड़ रहे हैं। मुझे न तो उनके विषय में अधिक जानकारी है और न ही वे मेरे अधिकार क्षेत्र में हैं। मैं तो आपका थोड़ा-बहुत सहयोग ही कर सकता हूँ। वह भी यदि आप चाहें तो।"

"यह क्या इतनी देर से आपने आप आप की रट लगा रखी है। जानते हैं, मैं आपसे कितनी छोटी हूँ। इस छोटी सी जान से आप पढ़ाई भी करवाना चाहते हैं और अपना बनाया प्रोजेक्ट चलवाना भी। घर को तो खैर सँभालना ही है। भाभी की मन:स्थिति अभी इतनी ठीक नहीं है कि वे घर की सार-सँभाल कर सकें। उस पर भैया का अनिश्चित काल के लिए बिना किसी कारण के जेल जाना। उन्हें तो आप यशपाल के साथ ही व्यस्त रहने दें तो उचित होगा।" न जाने वह क्या-क्या कह रही थी और मैं क्या सुन रहा था। उसे पता ही नहीं लगा कि कब शकुन ने उसका हाथ पकड़कर अपनी गोद में रख लिया था और अपना सिर पूरी तरह से उसके कंधे पर टिका दिया था। उसने मुड़कर देखा कि शकुन की आँखों से झर-झर आँसू बह रहे थे।

अभी मैं कुछ समझ पाता कि उसने कहा, "मेरा तो घर बसाने का सपना ही पूरा नहीं हुआ और आप हैं कि मुझे एक नई सपनों की दुनिया में भेजना चाहते हैं।

वह भी अकेले, बिना किसी सहारे, बिना किसी उद्‌देश्य के। आज मैं आपको यहाँ इसलिए लाई हूँ कि आपके साथ दिल खोलकर दो-चार बातें कर सकूँ। दिल में भरा दर्द आपके साथ बाँट सकूँ। इस समय ऐसा दूसरा कोई नहीं है, जो मेरे भीतर के दर्द और द्वंद्व को समझ पाए। समझना तो दूर, उसका अनुमान ही लगा पाए। इसमें कोई संदेह नहीं है कि मैं एक पढ़ी-लिखी नए युग को समझने-बूझनेवाली लड़की हूँ। खुले विचारों की भी हूँ। परंतु किस समाज से हूँ, यह क्या आप नहीं जानते। आप पंजाबी हैं, अंग्रेजों के साथ आपका बचपन से वास्ता पड़ता रहा है। एक मैम के साथ ही आपका विवाह भी हुआ था। कल की बात नहीं कहती, परंतु आज तो पंजाब और दिल्ली के वैश्य समाजों में जमीन-आसमान का अंतर है। हमारे समाज में विधवा होने का क्या अर्थ है, आप कल्पना भी नहीं कर सकते। ठीक है, धन का अभाव नहीं होने के कारण जीवन भौतिक सुख-सुविधाओं के साथ कट जाएगा, परंतु कैसे, यह सोचकर ही मैं काँप उठती हूँ। क्या किसी औरत को मात्र कुछ सुविधाएँ भी चाहिए होती हैं, किसी का साथ नहीं।"

उसके गालों से बहते हुए मोटे-मोटे आँसुओं को अपने हाथ से पोंछते हुए कब मैंने उसके चेहरे को अपनी हथेलियों में भर लिया, मुझे स्वयं ही पता नहीं लगा। उसके गोरे-गोरे गाल लाल भट्‌ठी सरीखे तप रहे थे और उनसे भी अधिक गरम हो गई थीं मेरी हथेलियाँ। परंतु मैं अचानक शकुन के इस रूप को देखकर आश्चर्यचकित था। बोला, "जानता हूँ। सब समझता भी हूँ। कोई बच्चा नहीं हूँ। एक बच्चे का बाप हूँ। मैंने भी अपनी पत्नी को खोया है। वह पत्नी, जिसके साथ मैंने बेहद प्रेम किया था। पूरे समाज से लड़ गया था मैं उसके लिए। अब अकेले जीवन मुझे भी व्यतीत करना है। अभी तो मेरे पास भौतिक सुविधाएँ तो क्या, रहने तक का ठिकाना नहीं है।"

उसने मेरे होंठों पर हाथ रखते हुए कहा, "अकेले कहाँ हैं आप, मैं हूँ न आपके साथ।" इतना कहते ही वह अपना सिर मेरी गोद में रखकर फफक-फफककर रोने लगी। मेरे पास उसे सांत्वना देने के लिए उसकी पीठ को सहलाने और उसके रेशमी बालों में उँगलियाँ फिराने के अतिरिक्त कोई चारा नहीं बचा था। सोचा कि कुछ देर इसे यूँ ही रहने दिया जाए। इसके दर्द का सैलाब बह जाएगा तो स्वयं ही सामान्य हो जाएगी। परंतु ज्यों-ज्यों मेरे हाथ उसकी पीठ और बालों को सहला रहे थे, त्यों-त्यों उसके चेहरे का दबाव मेरी गोद पर बढ़ता जा रहा था। अचानक मेरा शरीर गरम होने लगा। समझ नहीं आ रहा था कि इस स्थिति का मुकाबला कैसे करूँ?

उसे बातों से बहलाने के लिए मैंने कहा, "शेष जीवन कैसे कटेगा, मैं नहीं जानता। अभी तो मैं यही नहीं समझ पाया कि हमारे साथ हुआ क्या है, हमारी सुध लेनेवाला भी कोई नहीं बचा। आप लोग नहीं होते तो न जाने क्या होता। आपके विषय में निरंतर सोचता रहता हूँ। आपकी चिंता करता हूँ। इसलिए चाहता हूँ कि आप अपने आप को भविष्य के प्रोजेक्ट के साथ-साथ पढ़ाई में व्यस्त कर लें तो जीवन सामान्य गति पर आने लगेगा। जहाँ तक मुझसे बन पड़ेगा, मैं तो आपके और लालाजी के साथ जीवनपर्यंत रहने का मन बना ही चुका हूँ। यश भी इस घर में पूरी तरह से रच-बस गया है। भाभी के रूप में उसे माँ मिल गई हैं। लालाजी नहीं भी होंगे तो भी मैं आपका साथ नहीं छोड़ूँगा। अब तो शांत हो जाओ। देखो, ऐसे कोई हमें देखेगा तो क्या कहेगा!"

शकुन ने कोई उत्तर नहीं दिया, बल्कि उसके रोने की गति और तेज हो गई। उसने दोनों हाथों से मेरी कमर को जकड़ लिया था। अब मेरे पास चुपचाप उस सैलाब को बह जाने देने के अतिरिक्त कोई विकल्प नहीं बचा था। मैं अपने शरीर का तनाव कम करने के लिए उसे ढीला छोड़कर चुपचाप प्रतीक्षा करने लगा।

□

अचानक वह एक झटके से उठी, जैसे कोई बहुत बड़ा निर्णय कर लिया हो और बोली, "बस-बस, बहुत है। इतना ही बहुत है मेरे लिए।" उसने मेरे हाथों को अपने चेहरे के ऊपर जोर से दबाते हुए कहा। "आपने कहा कि आप मेरे साथ रहेंगे। मेरा हाथ कभी नहीं छोड़ेंगे। बाकी सब मैं सँभाल लूँगी। आज से आप मुझे आप नहीं, तुम बल्कि तू ही कहेंगे। अब चलते हैं, रास्ते में सब्जी मंडी से चाट खाते हुए चलेंगे। भाभी और यशपाल के लिए भी ले चलेंगे। जल्दी ही अपने प्रोजेक्ट पर विचार-विमर्श करेंगे। आज के लिए इतना ही बहुत है।" उसके चेहरे पर एक अलग सा निखार आ गया था। वह मेरे कंधे का सहारा लेकर उठ खड़ी हुई और मुझे घास पर से उठाने के लिए उसने अपना हाथ बढ़ा दिया। न तो मुझे यहाँ लाने के लिए उसने मेरी सहमति चाही थी और न ही वापस चलने के लिए। एक मोहपाश में बँधा मैं लगभग वही सब करता गया था, जो वह चाह रही थी। परंतु मैं यह समझ नहीं पा रहा था कि वह मुझे जिस ओर ले जाना चाहती है, वह मार्ग कहाँ जाता है। लालाजी की इस पर क्या प्रतिक्रिया होगी? क्या मैं अपने मेहमान होने का अनुचित लाभ उठाने तो नहीं जा रहा? कहीं मैं किसी की आहत भावनाओं से प्रभावित तो नहीं हो रहा? यशपाल पर इसका प्रभाव क्या होगा? भले ही मुझसे पूछताछ करनेवाला कोई नहीं था, परंतु शकुन? उसके भाई-भाभी ही नहीं, शेष जात-बिरादरी भी है। इसी उधेड़बुन

में हम लोग कब घर पहुँचे, पता ही नहीं लगा।

रात भर मैं बिस्तर पर करवटें बदलता रहा। समझ ही नहीं पा रहा था कि आखिर अपने आप ही उसने मुझसे किस बात के लिए सहमति प्राप्त कर ली है और मुझसे किसी बात का आश्वासन ले लिया था। मैं कब और कहाँ उसे कुछ भी मना करने की स्थिति में था।

□

जितना वह शकुन से दूर रहने का प्रयास करता, उतना ही वह निकट आती जाती। बात-बेबात उसे छूना। अकेले में कोई भी बहाना बनाकर उससे लिपट जाना। उसकी पसंद-नापसंद का अतिरिक्त ध्यान रखना और इन सबसे बढ़कर निरंतर उसे उस हॉकी ग्राउंड तक खींचकर लाना। वहाँ घंटों उससे सटकर बैठे रहना उसे अपनी आयु के अनुसार कुछ अटपटा लगता, परंतु शकुन को इससे अधिक खुशी मिलती। इन दिनों वह खिली-खिली सी रहने लगी थी। एक दिन जब वे दोनों बाहर बैठे हॉकी का खेल देख रहे थे, तब गेंद इनके पास आ गिरी। शायद कोई मैच चल रहा था। एक सज्जन गेंद लेने उनके समीप आए। अनायास ही गेंद उसकी ओर उछालते हुए लक्ष्मी ने कहा, "यदि आप स्टिक को थोड़ा नीचे रखकर खेलें तो आपके शॉट परफेक्ट हिट करेंगे। आप जरूरत से ज्यादा स्टिक को ऊपर ले जाते हैं।" उस समय तो वह व्यक्ति धन्यवाद कहकर लौट गया, परंतु मैच समाप्त होने पर उनके पास आया और बोला, "क्या मैं कुछ क्षण के लिए आपके पास यहाँ बैठ सकता हूँ? आपको अधिक डिस्टर्ब्ड नहीं करूँगा।"

उसके लिए बैठने का स्थान बनाते हुए रायजादा ने कहा, "नहीं, ऐसी कोई बात नहीं। आप बैठें।"

"मेरा नाम राजनाथ ढींगरा है।" उसने अपना परिचय देते हुए कहा, "मैं इंग्लैंड से आई.सी.एस. करके यहाँ पोस्टिंग पर आया हूँ। वैसे मेरा परिवार रावलपिंडी में रहता था। विभाजन के बाद वे लोग कहाँ गुम हो गए, पता ही नहीं लग रहा। घर में मेरे माता-पिता और एक छोटी बहन थी। सारी सरकारी मशीनरी भी उनका पता नहीं लगा पाई। अब तो उनसे मिलने की आस छोड़ चुका हूँ। मैं अकसर आपको यहाँ बैठे देखता हूँ। लगता है, आप हॉकी के अच्छे जानकार हैं।"

"हाँ, मैं लाहौर विश्वविद्यालय और पंजाब की टीम में खेलता रहा हूँ। विभाजन में सबकुछ उजड़ गया। मेरे पूरे परिवार को घर-बार सहित मुसलमान आततायियों द्वारा जलाकर मार डाला गया। मैं किसी तरह मैं जिंदा हूँ। यहाँ एक शरणार्थी की तरह रह रहा हूँ। मेरा नाम रायजादा लक्ष्मीमल है। राय बहादुर दौलतमल का बेटा।"

"तो आप पत्तोकी कलां के हैं। मैं जानता हूँ। दादाजी अकसर राय बहादुर का नाम लिया करते थे। मूल रूप से हम लोग भी लाहौर के ही रहनेवाले थे, परंतु पिताजी की सरकारी नौकरी के कारण इन दिनों रावलपिंडी में थे। मैं तीन वर्ष पूर्व ही पढ़ाई करने के लिए लंदन गया था। विभाजन के बाद ही यहाँ पहुँचा हूँ। हम दोनों एक ही नाव में सवार हैं। मैं वायसराय के पर्सनल स्टाफ में तैनात होकर यहाँ आया था। इस समय मैं पुनर्वास मंत्रालय में संयुक्त सचिव के पद पर काम कर रहा हूँ। कभी मेरे योग्य कोई कार्य हो तो बताइएगा। अकसर मैं यहाँ आता हूँ, परंतु हर रविवार को अवश्य यहाँ खेलने आता हूँ। पास में सिविल लाइंस में मेरा निवास है। वहाँ मैं अकेला ही रहता हूँ। यहाँ आने पर कुछ समय गुजर जाता है और कुछ लोगों से मिलना-जुलना भी हो जाता है।" इतना कहते हुए वह खड़ा हो गया।

"आप तो कुछ और बात करने आए थे। वह तो आपने की ही नहीं।" मैंने उसे रोकते हुए कहा।

"छोड़ो, फिर कभी आराम से बैठकर बातें करेंगे। आज नहीं।" उसने उत्तर दिया।

"फिर भी कोई संकोच न करें। जो बात मन में हो, बताएँ। इनके सामने भी बता सकते हैं।"

"नहीं-नहीं, ऐसी कोई बात नहीं है, जो भाभीजी के सामने न बताई जा सके। मैं तो आपसे हॉकी के कुछ गुर सीखने की बात करना चाहता था। बात विभाजन की निकल आई तो मन भारी हो गया। फिर किसी दिन फुरसत में बात करेंगे।" इतना कहकर वह हमें नमस्ते करके चला गया। शायद परिवार की याद में उसकी आँखें नम हो गई थीं।

भाभी शब्द का संबोधन सुनकर शकुन ने अपना सिर घुटनों में छिपा लिया था। मैंने कहा, "इसमें शरमाने की क्या बात है, जिस प्रकार हम यहाँ आकर घंटों एक-दूसरे के साथ यूँ सटकर बैठते हैं, किसी को भी गलतफहमी हो सकती है। आप इसे गंभीरता से न लें, न ही इसकी चिंता करें।"

"फिर आप। मैंने कहा न कि मुझे आप नहीं, तू कहा करें। फिर मैं शरमाऊँगी क्यों? क्या मैं नहीं जानती यह सब? घबरा तो आप रहे थे। उन्होंने तो वह बात कह दी, जो मैं महीनों से कह नहीं पा रही थी। चलो, अब चलते हैं।"

"बैठो थोड़ी देर और। अब जब बात निकल ही आई है तो आज इसे साफ ही कर लें। मैं आपके संकेत बार-बार समझ रहा था, परंतु कुछ कहना मुझे उचित

नहीं लग रहा था। आप भी सीधे तौर पर बात नहीं कर रही थीं। जहाँ तक मैं समझता हूँ, इस रिश्ते का कोई भविष्य नहीं है। अभी मैं अपनी ही चिंता करने योग्य नहीं हूँ। ऊपर से एक बेटा भी मेरे साथ है। इस समय हम शरणार्थी हैं और आपके सहारे पर टिके हुए हैं। अपना कहने को हमारे पास कुछ नहीं है। ठीक है, कभी हमारी हैसियत बराबर की रही होगी, परंतु आज तो नहीं है। फिर समाज अलग-अलग हैं। सोचो, जब लालाजी को पता लगेगा तो वे मेरे विषय में क्या सोचेंगे? यही कि मैंने उनके साथ विश्वासघात किया। इतना बड़ा कलंक मैं अपने ऊपर नहीं ले पाऊँगा।"

"वो सब आप मुझ पर छोड़ दें तो बेहतर होगा। मैं जानती हूँ अपने भाईसाहब को और अपने आप को भी। आप तो अपना मन पक्का रखें।" उसने पूरे आत्मविश्वास के साथ उसका हाथ थामते हुए कहा।

रायजादा लक्ष्मीमल एक विचित्र स्थिति में उलझते जा रहे थे। लाला खुशीराम के जेल में होने के कारण करने को कोई विशेष काम था नहीं। चाहे-अनचाहे वे शकुन के साथ दिन-रात रहने को बाध्य थे। यशपाल ने भले ही स्कूल जाना प्रारंभ कर दिया था, पर उसका अपने पिता से कहीं कोई जुड़ाव ही दिखाई नहीं दे रहा था। वह अपनी हर बात के लिए लाजवंती पर निर्भर रहने लगा था। उसका अधिकांश समय उन्हीं के साथ व्यतीत होता था। लाजवंती भी उसे एक क्षण के लिए अपनी आँखों से ओझल नहीं होने देती थी। सबसे बड़ी उलझन यह थी कि जो प्रोजेक्ट वह बनाना चाहता था, वह बनाए अथवा नहीं। कोई नया काम करने का विचार भी मन में लाना तब तक संभव नहीं था, जब तक लालाजी की ओर से उसके लिए हाँ न हो जाए। लालाजी कब तक जेल में रहेंगे, यह भी निश्चित नहीं था।

□

23
प्रशिक्षण केंद्र

इन सब उलझनों से निजात पाने के लिए उसने अपना सारा ध्यान उस प्रोजेक्ट को कागज पर उतारने पर केंद्रित करना प्रारंभ किया, जिसकी कर्ता-धर्ता शकुन को बनना था, जिसके लिए लालाजी अपनी सहमति दे ही चुके थे, जिसके लिए एक सौ एकड़ का बाग दिल्ली में उनके पास उपलब्ध था। एक अस्पष्ट-सा नक्शा उसके मस्तिष्क में था। अब यह विचार करना आवश्यक था कि उसको आकार किस प्रकार दिया जाए? इसके लिए एक दिन वह शकुन को साथ लेकर उस स्थल पर गया, जहाँ वह भविष्य के सपनों की योजना को आकार देना चाहता था।

"शकुन, जो आप चाहती हैं, जैसा आप चाहती हैं, वह करें। लालाजी के लौटने पर उन व्यक्तिगत बातों का समाधान निकाल लिया जाएगा। इस समय मेरे साथ इस प्रोजेक्ट पर ध्यान दें, ताकि यह सारा समय व्यर्थ ही न निकल जाए और हम हाथ-पर-हाथ रखकर बैठे रह जाएँ। मेरी योजना यह है कि हम लोग एक स्कूल के साथ-साथ आवासीय शिल्प प्रशिक्षण केंद्र पर कार्य करें। इसमें काम-धंधे केवल सिखाएँ ही न जाएँ, बल्कि वस्तुओं का उत्पादन भी हो और उस उत्पादन का विक्रय भी किया जाए। मेरी योजना के अनुसार, जो लगभग एक हजार महिलाएँ हमारे साथ काम करें, उनकी जीविका चल जाए। साथ-ही-साथ भविष्य में काम को आगे ले जाने के लिए कुछ पूँजी भी एकत्र होती रहे। अभी हमें अपने लिए उसमें से कुछ लाभ न भी मिले तो कोई बात नहीं। पर अंत में तो हम जितनी पूँजी का निवेश करेंगे, उसका कुछ प्रतिदान तो मिलना ही चाहिए, ताकि भविष्य में इसका और विकास किया जा सके। हम यह कार्य सेवा भाव से कर रहे हैं, परंतु इस हवन में हमें अपने हाथ नहीं जलाने। मैं सारा कार्य इस प्रकार से करना चाहता हूँ कि बाद में यह प्रोजेक्ट

अपने पैरों पर खड़ा होकर और अधिक लोगों का सहारा बन सके। इस बात को याद रखना चाहिए कि काम कोई भी हो, पग-पग पर उसमें धन व्यय करना पड़ता है। एक सीमा तक घर से धन लगाना संभव होता है। उसके बाद तो पैसा वहीं से जनरेट होना आवश्यक है।" उसने बाग के मानचित्र को मेज पर फैलाते हुए कहा।

"ठीक है, इसके लिए आप बताएँ कि चरणबद्ध तरीके से क्या-क्या और कब-कब करना है? सबसे पहले तो इसके लिए कोई अच्छा सा नाम सोच लिया जाए और यदि उसे पंजीकृत करने की आवश्यकता हो तो वह कागजी काररवाई शुरू की जाए। इसके अतिरिक्त लालाजी के साथ विचार-विमर्श करने से पूर्व कागज पर हर चीज तैयार कर ली जाए। लालाजी कहते हैं कि यदि किसी योजना को पहले कागज पर उतार लिया जाए तो उसे आकार देने में कठिनाई नहीं आती। मैं भी इस बात को स्वीकार करती हूँ।" शकुन ने उससे सहमत होते हुए उत्तर दिया।

"ठीक है, तो क्या इसका नाम राष्ट्रीय शिल्प प्रशिक्षण कला विद्यालय रखा जा सकता है अथवा इसके आसपास कोई दूसरा नाम भी सोचा जा सकता है। इस संदर्भ में लालाजी और भाभीजी से भी परामर्श कर सकते हैं।"

"मैं चाहता हूँ, इसमें आपका नाम भी जुड़ा रहे। जैसे—'शकुन आवासीय शिल्प कला एवं प्रशिक्षण केंद्र।'"

"मेरा नाम जुड़ने से यह कुछ अधिक लंबा नहीं हो जाएगा! थोड़ा भद्दा भी लगेगा!"

"क्यों? आपके नाम में क्या भद्दापन है? इतना सुंदर नाम है। जहाँ तक नाम के लंबा होने की बात है तो एक शब्द हटा सकते हैं।"

"जब नाम निश्चित हो जाए तो उसके लिए आवश्यक स्टेशनरी इत्यादि छपवाकर उन विभागों से पत्र-व्यवहार प्रारंभ किया जाए, जिनसे हमें दिन-प्रतिदिन के काम कराने होंगे। पहले इसके लिए दो कर्मचारियों का चुनाव कर लें, ताकि वे अपना पूरा समय दुकानों पर खाली बैठने की अपेक्षा इस प्रोजेक्ट में लगाएँ।"

"मेरा विचार है कि प्रारंभ में हम लड़कियों के लिए एक मिडिल स्कूल शुरू करें। बाग के प्रारंभ में ही उसके लिए भवन तैयार किया जा सकता है।"

"सबसे पहली आवश्यकता है—सुरक्षा के लिए पूरे सौ एकड़ की पक्की चहारदीवारी बनाना। कुछ बनी हुई है, उसे फिलहाल ठीक किया जा सकता है। फिर उस चहारदीवारी के भीतर एक अच्छा सा स्थान छोड़कर छोटे-छोटे झोंपड़ीनुमा कमरों का निर्माण किया जा सकता है। जिनमें वे बेसहारा महिलाएँ रहें, जिनको हमारे साथ काम करना है अथवा जिनको हम अपने केंद्र में रखना चाहते हैं और जिनके

पास बाहर रहने की कोई सुविधा नहीं है। हर दस-दस कमरों के समूह को ध्यान में रखते हुए आवश्यक जन सुविधाएँ उपलब्ध करवाई जानी चाहिए। जैसीकि आपकी इच्छा है—मध्य में अपने लिए एक आवासीय कोठी का निर्माण किया जाए, जो पूरी तरह से सादगी भरी और सुरुचिपूर्ण हो। उसमें तड़क-भड़क का अभाव रहे। भले ही उसका निर्माण बाद में किया जाए, पर वह स्थान उसके लिए चिह्नित करके खाली छोड़ दिया जाए।"

"इस परिसर में आठ-दस हॉल अथवा शेड बनाए जाएँ, जिनमें विभिन्न प्रकार के कार्य करने के लिए आवश्यक मशीनें लगाई जा सकें और अलग-अलग कार्यशालाएँ काम कर सकें।"

"तो पहले उन कामों की सूची बनाई जाए, जो हम यहाँ करनेवाले हैं। जैसे वहाँ सिलाई-कढ़ाई का काम हो सकता है। खिलौने बनाने अथवा स्टेशनरी की वस्तुओं का निर्माण किया जा सकता है। अचार, मुरब्बे, चटनी और पापड़ तथा बड़ी बनाई जा सकती हैं। इनके लिए कुछ खेती-बाड़ी भी की जा सकती है, ताकि उस उपज का प्रयोग घर में ही किया जा सके। बागों के फल-फूलों से संबंधित कुछ काम भी किए जा सकते हैं। जैसेकि सजावट का कार्य। फल-फूल सीधे भी बेचे जा सकते हैं और उन्हें प्रोसेस भी किया जा सकता है।

"अच्छा, एक काम और जो तुरंत किया जा सकता है, जिसके लिए किसी के परामर्श अथवा अनुमति की आवश्यकता नहीं है, वह है—फूलों और सब्जियों की फसल पैदा करना। इसी के साथ थोड़ा-बहुत काम पशुपालन का किया जा सकता है। यदि गाय-भैंस रखेंगे तो दूध, दही और घी की आपूर्ति सुगमता से इन हाउस हो सकेगी। जो लोग वहाँ रहेंगे और उनके पास अतिरिक्त समय होगा तो कागज के लिफाफे बनाना एक बड़ा काम हो सकता है।"

"मेरे विचार में कामों की कोई कमी नहीं होगी। वहाँ पर रहने आनेवाली महिलाएँ भी कुछ सुझाव दे सकती हैं कि उन्हें क्या करना आता है अथवा वे क्या सीखना चाहती हैं। परंतु इस बात का विशेष ध्यान रखना होगा कि काम इतने अधिक न हो जाएँ अथवा इतने ज्यादा फैल न जाएँ कि उन्हें सँभालना कठिन हो जाए।"

"वैसे भी, काम तो धीरे-धीरे ही बढ़ाने होंगे। एक साथ नहीं। निश्चित यह करना चाहिए कि कार्य अधिक हों अथवा उनका आकार बड़ा हो।"

"मैं समझी नहीं। आप क्या कहना चाह रहे हैं?"

"देखो, दो तरह से काम किया जा सकता है। एक तो हम बीस-पच्चीस तरह के काम करें और प्रत्येक में 40-50 व्यक्ति काम करें। अथवा हम तीन-चार तरह

के काम शुरू करें और प्रत्येक में 200-250 लोग लगें। दोनों के ही अपने-अपने प्लस और माइनस पॉइंट हैं। तय हमें करना है।"

□

रविवार को हॉकी के मैदान पर फिर उनकी भेंट राजनाथ ढींगरा से हुई। दोनों ने उसे जब अपनी यह योजना बताई तो वह खुशी के मारे उछल पड़ा। उसने कहा कि यही कार्य सरकार करना चाहती है, परंतु उसके लिए हर काम करना संभव नहीं होता। फिर कोई भी कार्य करने में सरकार को एक प्रक्रिया का पालन करना पड़ता है और उसमें बहुत समय लगता है, परंतु यदि वही काम आप लोग करेंगे तो कोई समस्या सामने नहीं आएगी, विशेष रूप से जब आप इतनी भूमि के स्वामी हैं और आपके पास पूँजी का भी अभाव नहीं है। इस समय देश की हालत ऐसी है कि जो जितना कर सके, उतना ही कम है। अनेक संस्थाएँ शरणार्थियों के पुनर्वास में अपना सहयोग दे रही हैं। आप भी इस कार्य में लग जाएँ। इस समय कहीं किसी सरकारी अनुमति की आवश्यकता नहीं है। वैसे भी पुनर्वास का विभाग मेरे ही पास है। आप मुझे वह स्थान दिखा दें। मैं देखता हूँ कि तुरंत ही क्या किया जा सकता है अथवा क्या करना चाहिए। उसके लिए तो हम लोग अभी वहाँ चल सकते हैं।" लक्ष्मीमल ने प्रस्ताव दिया।

वहाँ पहुँचकर हरे-भरे फलों से लदे बाग को देखकर राजनाथ ढींगरा तो बहुत प्रसन्न हो गए। बोले, "आप लोगों का सबसे बड़ा काम तो मैं कल से ही कर दूँगा। आप एक आवेदन दे दें कि आप अपनी भूमि पर कुछ रिफ्यूजियों को बसाना चाहते हैं और उसके लिए कुछ कमरे बनाने की आवश्यकता है। उससे भी पहले उस भूमि पर सुरक्षा की दृष्टि से चहारदीवारी बनानी आवश्यक है। तुरंत मैं आपके पास सौ परिवार भिजवाने की व्यवस्था कर दूँगा और चहारदीवारी बनवाने का काम भी शुरू करवा दूँगा।"

जब लक्ष्मीमल ने बताया कि वे तो स्वयं ही ठेकेदार हैं और इस प्रकार का कार्य करने की योजना बना रहे हैं तो उन्होंने सुझाव दिया कि आप उस बात को छोड़ दो, वह सब मैं देख लूँगा। आप यदि कोई बड़ा कार्य करना चाहेंगे तो सरकार कई पुनर्वास कॉलोनियाँ पूरी दिल्ली में बनाने जा रही है। आपको एक-दो जगह के काम दिए जा सकते हैं। फिलहाल आप एक साइन बोर्ड उसी नाम का बनवा लो, जो आपने सोचा है। उसमें समय बरबाद करने की आवश्यकता नहीं है। यदि नाम बदलना होगा तो कभी भी बदल लेंगे। बोर्ड लगने से कुछ लोग स्वयं ही वहाँ आश्रय पाने के लिए आने लगेंगे। इस समय तो लोग दर-दर भटक रहे हैं।

"तो आपका सुझाव है कि युद्ध स्तर पर काम करना शुरू किया जाए और अभी किसी प्रकार की औपचारिकताओं में न पड़ा जाए। जैसे-जैसे आवश्यकता होगी, वैसा-वैसा करते रहेंगे।"

□

दोनों प्रसन्नचित्त घर लौटे और आते ही उन्होंने लाजवंती को सूचित किया कि हम लोग लालाजी के आने की प्रतीक्षा किए बिना कल से शिल्प कला प्रशिक्षण केंद्र और स्कूल पर काम करना प्रारंभ करनेवाले हैं। अगले ही दिन प्रातः लालाजी के सभी कर्मचारियों की बैठक बुला ली गई। सर्वप्रथम बाग के बाहर शकुन आवासीय शिल्प कला प्रशिक्षण केंद्र और विद्यालय का बोर्ड लगाने तथा वहाँ पर अस्थायी रूप से एक छोटा कार्यालय प्रारंभ करने का निर्णय किया गया। उसके लिए आवश्यक सामग्री एकत्र करने का दायित्व संबंधित कर्मचारी को सौंप दिया गया। एक कर्मचारी को खेती के उपयोग में आनेवाले साधारण यंत्रों को क्रय करने का दायित्व दिया गया। बाग में पहले से बने तीनों कमरों की सफाई और आवश्यक मरम्मत करवाने का निश्चय किया गया, ताकि एक में कार्यालय चलाया जा सके और एक का प्रयोग स्टोर के रूप में हो। तीसरे कमरे को बैठक की तरह सजाने का निर्णय हुआ। जहाँ बाहर से आनेवाले आगंतुकों से भेंट की जा सके। इस सारे कार्य के लिए अधिकतम एक सप्ताह की अवधि निश्चित की गई।

□

राजनाथ ढींगरा ने सूचित किया कि अभी सरकार की ओर से ऐसा कोई संकेत नहीं मिला कि कब आर.एस.एस. पर लगे प्रतिंबध को उठा लिया जाएगा। पहले ही दिन उन्होंने 30 लागों को हमारे पास भेज दिया। उनसे कहा गया कि जब तक आठ-दस दिन में उनके रहने की स्थायी व्यवस्था नहीं होती, वे बाग की साफ-सफाई का काम करें और जिन स्थानों पर कुछ उगाया जा सकता है, वहाँ पर उसके लिए जमीन तैयार करें। प्रायः हर महिला को खेतों में कार्य करने का अभ्यास था, क्योंकि वे पाकिस्तान के ग्रामीण क्षेत्रों से आई थीं। राजनाथ ने उद्यान विभाग के दो मालियों को भिजवा दिया। दो माली पहले से ही बाग की देखरेख का कार्य करते थे। दो माली शकुन के दूसरे बाग पर भी देखभाल का कार्य करते थे। इस प्रकार हमारे पास छह मालियों का दल तैयार हो गया। सबने परस्पर विचार-विमर्श करके निश्चित कर लिया कि इन दिनों कौन-कौन सी सब्जियाँ उगाई जा सकती हैं। जहाँ तक फूलों की बात थी तो गुलाब, गेंदा, मोगरा और मोतिया सहित विभिन्न प्रकार की कलियों को उगाने की योजना बनी। चहारदीवारी के भीतर चारों ओर करौंदे और

टिंड की झाड़ियाँ लगाने पर सभी सहमत हो गए। बाग में उन पेड़ों को काटने का निर्णय किया गया, जो सूख गए थे अथवा बहुत पुराने हो गए थे।

जब तक हम लोग भीतर काम प्रारंभ करते, सरकार की ओर से चहारदीवारी और कुछ बैरक बनाने का काम शुरू हो गया। दस दिन के भीतर केंद्र में चहल-पहल दिखाई देने लगी। ज्यों-ज्यों आवासीय व्यवस्था और जन सुविधाएँ तैयार होती जातीं, लोग वहाँ पर रहने लगते। पुराना बाग होने का लाभ यह हुआ कि वहाँ पर बिजली, पानी और सीवर के कनेक्शन तो पहले से ही थे। जो ट्यूबवेल कुछ महीनों से बंद पड़ा था, उसे भी चालू करवा दिया गया। ऐसे में वहाँ बस्ती बसाने, प्रशिक्षण केंद्र चलाने अथवा स्कूल स्थापित करने में न तो कोई असुविधा होनेवाली थी और न ही इनके लिए सरकारी दफ्तरों में चक्कर लगाने की आवश्यकता थी।

एक महिला ने शकुन को बताया कि उसे पुराने अखबार के कागज से लिफाफे बनाने का काम आता है, जो वह किसी को भी सिखा सकती है। इसमें कोई मुश्किल नहीं है। इसके लिए उसे केवल पुराने न्यूज पेपर, उन्हें काटने के लिए दो-तीन बड़ी छुरियों और लेई की आवश्यकता होगी। लिफाफे बाँधने के लिए डोरी। यदि यह काम ठीक लगे तो खाकी कागज के लिफाफे भी इसी विधि से बनाए जा सकते हैं। उसके लिए बाजार से खाकी कागज के रिम खरीदने होंगे।

लक्ष्मीमल को यह कार्य सबसे सुगम लगा। इसमें जितने भी चाहें लोग काम कर सकते थे। लिफाफे तुरंत नकद पैसे पर बिकते थे। उनकी माँग बहुत अधिक थी। यह कार्य खाली समय में अथवा किसी भी समय में किया जा सकता था, इसलिए उसने इसपर अधिक ध्यान देने का निर्णय किया। एक कबाड़ी को साफ-सुथरी रद्दी की निरंतर आपूर्ति करने के लिए कहा गया। छुरियाँ और लेई बनाने का सामान जुटाने में तो कोई कठिनाई ही नहीं थी। इसका सबसे बड़ा लाभ यह हुआ कि जो भी महिला वहाँ आती, उसे पहले ही दिन काम दे दिया जाता। इसके लिए स्थानीय महिलाओं को भी मना नहीं किया गया। जल्दी ही तुलसी माला, रुद्राक्ष की माला और नकली मोतियों की मालाएँ तैयार होने लगीं। अचार, पापड़ और बड़ियाँ बनाने में दक्ष महिलाओं की तो कोई कमी ही नहीं थी। इन सब कामों के लिए बहुत ही कम मशीनरी की आवश्यकता थी। केवल कच्चा माल बाजार से खरीदना था। लालाजी की साख के कारण वह सब भी थोक के बाजार से उधार पर उपलब्ध था, जबकि इसकी बिक्री नकद होनी थी। तीन महीने के अंदर-अंदर उस स्थान पर कितने ही छोटे-छोटे काम बड़े पैमाने पर होने लगे। अब व्यापारी वहाँ से सीधा माल उठाने लगे और माल की आपूर्ति करनेवाले वहीं पर सामान पहुँचाने लगे।

राजनाथ के सुझाव पर हर वस्तु का पृथक् से हिसाब रखा जाने लगा, ताकि प्रतिदिन यह ज्ञात होता रहे कि कहाँ क्या हो रहा है और सारे खर्चे इत्यादि ठीक से हो रहे हैं या नहीं? लालाजी के मुनीम के परामर्श पर किसी भी दशा में किसी को भी उधार माल बेचना निषिद्ध किया गया। जब सब्जियों और फलों की उपज होने लगी तो उनके विक्रय का प्रबंध भी सीधे मंडी में कर दिया गया। अपनी आवश्यकता के योग्य बचाकर सारा सामान बेचा जाने लगा। प्रारंभ से ही एक हजार लोगों की रसोई की व्यवस्था करना भी कोई आसान कार्य नहीं था। यदि किसी को साँझी रसोई का खाना नहीं चाहिए होता तो उसे अपने लिए अलग भोजन पकाने की छूट थी। हर व्यक्ति को उसके काम के आधार पर प्रति सप्ताह पारिश्रमिक दिया जाने लगा था।

शीघ्र ही केंद्र की चर्चा चारों ओर फैल गई। क्योंकि यह कार्य समाज-सेवा को ध्यान में रखकर किया जा रहा था, इसलिए लालाजी के कई मित्र भी इसमें सहयोग देने लगे। वह सहयोग माल बेचने अथवा माल खरीदने के साथ-साथ धन का भी हो सकता था अथवा प्रचार का भी। अधिकांश वस्तुएँ दैनिक उपयोग में आनेवाली थीं, इसलिए लोग अपने घरों के लिए भी सीधे केंद्र से ही सामान खरीदने लगे।

स्कूल के लिए छह कमरे तैयार होते ही पहली कक्षा से पाँचवीं कक्षा तक के लिए प्रवेश प्रारंभ कर दिए गए। परिसर में रहनेवाली पढ़ी-लिखी महिलाओं को स्कूल के काम में भी समय देने के लिए कहा गया। इसी के साथ बच्चों की कॉपियाँ बनाने का कार्य भी शुरू किया गया। खाकी लिफाफे बनाने के लिए पेपर काटने की मशीन से कॉपियों का कागज भी कटने लगा। स्कूल के बैग और बच्चों की वरदियाँ भी तैयार होने लगीं।

□

जब तक संघ पर से प्रतिबंध हटा और लाला खुशीराम घर लौटे, तब तक एक परिसर पूरी तरह से आबाद हो चुका था। उसमें एक हजार महिलाएँ अपने छोटे बच्चों के साथ रहते हुए काम कर रही थीं। दूसरे बाग में भी लोगों के निवास की व्यवस्था की जाने लगी थी। शकुन दिन-रात सारा कामकाज अपनी देखरेख में करवा रही थी। लक्ष्मीमल बाहर के काम देखते थे और किसी भी सरकारी मामले में आनेवाली अड़चन को राजनाथ तुरंत ठीक करवा देते थे। राजनाथ ने यह भी वादा किया था कि लालाजी के लौटने पर यदि आप चाहेंगे तो तिहाड़ और तिलक नगर के आसपास बननेवाली पुनर्वास कॉलोनियों का कुछ-न-कुछ काम आपको देते रहेंगे। उस स्थिति में लक्ष्मीमल को अपना ध्यान इस केंद्र से हटाना पड़ सकता है।

सरसंघचालक गुरुजी ने गृहमंत्री वल्लभभाई पटेल से भेंट कर उन्हें संघ पर

से प्रतिबंध हटाने का अनुरोध किया, जिसे कुछ शर्तों सहित मान लिया गया। सरदार पटेल ने कहा कि संघ अपना लिखित संविधान बनाए और उसे प्रकाशित भी करे। संघ में लोकतांत्रिक ढंग से चुनाव कराए जाएँ। संघ केवल सांस्कृतिक क्षेत्र में कार्य करे और राजनीति में भाग न ले। इन शर्तों सहित 15 नवंबर, 1949 को संघ पर से प्रतिबंध हटा लिया गया। उसी दिन लालाजी अंबाला से घर लौट आए।

□

जब लाला खुशीराम अंबाला जेल से रिहा होकर घर लौटे, तब तक शकुन द्वारा स्थापित पहला केंद्र लगभग 2000 महिलाओं के पुनर्वास का कार्य पूरा कर चुका था। एक हजार महिलाएँ अकेली अथवा अपने छोटे बच्चों सहित उस परिसर में रह भी रही थीं। पाँचवीं तक की कक्षाएँ प्रारंभ हो गई थीं, भले ही अभी बच्चे भी कम थे और सुविधाओं का भी अभाव था। फिर भी गाड़ी पटरी पर आ रही थी। लक्ष्मीमल द्वारा दिन-रात इस प्रोजेक्ट को आगे से आगे ले जाने का कार्य किया जा रहा था। दूसरे प्रस्तावित केंद्र पर भी आवास के प्रबंध किए जा रहे थे। ज्यों ही छोटे-छोटे आवासीय खंड तैयार होते, वहाँ लोगों को रहने के लिए भेज दिया जाता। जिस गति से यह कार्य हुआ था, उसे देखकर लालाजी का सीना गर्व से चौड़ा हो गया था। विशेष तौर पर शकुन की काम के प्रति तल्लीनता देखकर वे बहुत प्रसन्न थे।

□

24

नई शुरुआत

प्रतिदिन की भाँति शकुन और लक्ष्मीमल केंद्र में गए हुए थे। यश स्कूल चला गया था। लाजवंती लालाजी के पास आकर बैठते हुए बोली, "आज मैं आपसे एक बहुत ही महत्त्वपूर्ण बात करने जा रही हूँ। इस संदर्भ में बहुत गंभीरता से सोच-विचार करके उत्तर देना। भले ही मसला बहुत गंभीर है और इसका समाधान भी तुरंत होना चाहिए, फिर भी हड़बड़ी करने की आवश्यकता नहीं है।" इतना कहकर लाजवंती चुपचाप लालाजी के चेहरे पर आनेवाले भावों को निहारने लगी।

"अब चुप क्यों हो गई? कुछ कहोगी, तभी तो मैं कुछ समझ पाऊँगा।" लालाजी के स्वर में खीज कम और उत्कंठा अधिक थी।

"मैं नहीं जानती कि आप इस पर कैसी प्रतिक्रिया व्यक्त करेंगे, फिर भी। क्या, जब से आप जेल से लौटे हैं, आपने शकुन अथवा लक्ष्मीमल के व्यवहार में कोई विशेष परिवर्तन देखा है?" उसने प्रश्न किया।

"हाँ, बिल्कुल। दोनों बहुत ही गंभीरता से प्रशिक्षण केंद्र को सफल बनाने में जुटे हैं। वे अधिक-से-अधिक लोगों को रोजगार देकर उनकी सहायता करना चाहते हैं।"

"और?"

"और दोनों पूरी लगन से वह काम कर रहे हैं, जिसका बीड़ा उन्होंने उठाया है और जिसके विषय में हम सबने मिलकर विचार-विमर्श किया था।"

"और?"

"दोनों एक-दूसरे के विचारों को समझकर बिना किसी भेदभाव के अपनी योजनाओं को जल्दी-से-जल्दी पूरा करने का प्रयास कर रहे हैं।"

"और ?"

"अरे भई, अब और क्या ? बताओ यदि कोई और विशेष बात है तो। मेरी समझ तो इतनी ही है।"

"हाँ, पुरुष हो न। स्त्री होते तो जानते। क्या आपने दोनों की आँखों में एक-दूसरे के प्रति विशेष लगाव एवं आकर्षण नहीं देखा। विशेष रूप से शकुन की आँखों में, एक नई चमक, जो वह अपने पति की हत्या पर खो चुकी थी। कैसे गुमसुम-सी रहने लगी थी।"

"ऐसा तो मुझे कुछ दिखाई नहीं दिया। मैंने तो इतना देखा है कि दोनों घुल-मिलकर केंद्र के काम को आगे बढ़ाने में जुटे हैं। केंद्र के भीतर कोई समस्या होती है तो शकुन लक्ष्मी से परामर्श करती है। यदि बाहर कोई कठिनाई आती है तो लक्ष्मीमल शकुन को बता देता है। जब और कोई तीसरा था ही नहीं तो आपस में ही बात करके आनेवाली समस्याओं को सुलझाते रहे होंगे। रही बात उसके गुमसुम रहने की तो समय के साथ हर घाव भरता है, उसका भी भर रहा होगा। सारी उम्र रोकर तो व्यतीत नहीं की जा सकती। हम लोग भी तो अपने आप को सँभालने का प्रयास कर रहे हैं। वह हादसा था। कब तक उसे सीने से लगाकर रखेंगे।"

"नहीं जी, मैं वह बात नहीं कर रही। क्या आपको शकुन की आँखों में लक्ष्मी के प्रति अतिरिक्त अनुराग अथवा आकर्षण दिखाई नहीं दिया ? ऐसे ही क्या लक्ष्मी का व्यवहार शकुन के प्रति कुछ अधिक ही कोमलता लिये नहीं होता ? उनकी आँखों की चमक भूतकाल को भुलाने की नहीं, बल्कि भविष्य के सपने सँजोने की है।"

"मैंने इस दृष्टि से कभी नहीं देखा। इस ओर ध्यान ही नहीं गया मेरा। पर तुम कहना क्या चाहती हो ? साफ-साफ बताओ।"

"मैं बहुत समय से देख रही हूँ कि हमारी शकुन लक्ष्मीमल को पसंद करने लगी है। लक्ष्मी भी उसे पसंद नहीं करता होगा, ऐसा कह नहीं सकती। परंतु वह शायद आपके लिहाज के कारण ऊपर से कुछ खिंचा-खिंचा सा दिखने का प्रयास करता है। सौ बात की एक बात। यह आग और घी को एक साथ रखने के समान है। आग की तपिश होगी तो घी पिघलेगा ही। मैं कई महीनों से देख रही हूँ कि शकुन अधिक-से-अधिक समय लक्ष्मी के साथ व्यतीत करना चाहती है, वह भी अकेले। और वह उसके लिए अवसर ढूँढ़ती रहती है। लक्ष्मी भी उसे पसंद तो करता है, परंतु अपनी ओर से कोई पहल करना नहीं चाहता। इतने दिन से मैं चुपचाप यह सब देखती रही हूँ। बोली कुछ नहीं, जैसे मैं कुछ जानती ही नहीं। आप नहीं थे तो कुछ

कहना मुझे उचित नहीं लगा। कुछ कहने का उचित समय भी नहीं था। और फिर वे कोई बच्चे तो हैं नहीं, अपना भला-बुरा खूब समझते हैं।"

"तुम क्या चाहती हो? मैं उनसे बात करूँ?"

"एकदम से नहीं। कुछ दिन उन पर ध्यान देते हुए इस विषय में सोच लें। थोड़ी प्रतीक्षा करते हैं। देखते हैं कि उन दोनों की ओर से कोई पहल होती है अथवा नहीं।"

"जैसा ठीक समझो। वैसे मुझे इसमें कोई आपत्ति नहीं है, यदि ऐसा हो जाए तो। वैसे शकुन मुझसे कोई बात नहीं छिपाती। यदि इसमें कुछ भी सच्चाई होगी तो वह आज-कल में मेरे पास आएगी ही।"

"यदि आप इसे मेरा स्वार्थ न समझें। चलो, स्वार्थ ही मान लें। मैं एक बात और कहना चाहती हूँ।" लाजवंती का स्वर अनायास बहुत ही कोमल हो गया। उसका गला भी रुँध गया।

लालाजी ने चौंककर लाजवंती की ओर देखा। उसने गरदन नीचे झुका ली थी और वह सामने उनकी आँखों में देखने से भी बचने का प्रयास कर रही थी।

"अब क्या?" लालाजी ने पूछा, "क्या इससे भी महत्त्वपूर्ण कोई और बात है? है तो वह भी लगे हाथ बता ही दो?"

"हाँ, बहुत महत्त्वपूर्ण है। परंतु वचन दो, यदि आपको उचित न लगे तो आप क्रोध नहीं करेंगे। वैसे आपका हर निर्णय मुझे मान्य होगा। मैं बहुत स्वार्थी हो गई हूँ।"

"अब फिर तुमने पहेलियाँ बुझानी शुरू कर दीं। जो भी कहना है, साफ-साफ कहो। क्या शकुन के विषय में और कुछ कहना चाहती हो?"

"शकुन नहीं, यश के बारे में।"

"अब उस बच्चे ने ऐसा क्या कर दिया, जो..."

"उसने कुछ नहीं किया। वह तो बहुत ही अबोध और प्यारा है।"

लालाजी को मौन देखकर उसका साहस बढ़ा। बोली, "यदि शकुन और लक्ष्मी का विवाह हो जाए तो मैं चाहती हूँ कि यश मेरी गोदी में आ जाए।"

"वह तो तुम्हारी गोदी में ही रहता है। इतना बड़ा हो गया है। मैं तो उसे तुम्हारे पल्लू में ही बँधा हुआ देखता हूँ।"

"यही तो अपना बेटा खोने के बाद मुझे मिला है वह। मुझे उससे बहुत लगाव हो गया है। मैं चाहती हूँ कि हम यश को बाकायदा कानूनी तौर पर गोद ले लें।" उसने जल्दी-जल्दी एक ही साँस में सारी बात कह दी।

"ऐसा कैसे हो सकता है ? इतना बड़ा बच्चा कोई गोद देता है। यश को स्वयं सब समझ है कि वह कौन है, किसका पुत्र है।"

"वह सब आप रहने दें। अभी शकुन और लक्ष्मी की आयु है। वे तो और भी संतान पैदा कर लेंगे। इससे यश को सौतेली माँ के साये में भी नहीं रहना पड़ेगा।"

"क्या समझती हो कि मैं इतना बूढ़ा हो गया हूँ कि अब और संतान पैदा नहीं कर सकता।" लालाजी ने हलकी सी चपत उसके गाल पर लगाते हुए कहा।

"आप तो कुछ भी कर सकते हैं। मेरी बात को मजाक में न उड़ाएँ। वादा करो कि यदि दोनों का विवाह करना निश्चित हो जाए तो उससे पूर्व ही हम यश को गोद ले लें। इससे दोनों घरों का कल्याण हो जाएगा। आखिर हमें भी तो बुढ़ापे में कोई सहारा चाहिए होगा। क्या आप नहीं चाहते कि हमारा अपना कोई वारिस हो ?"

लालाजी को पत्नी की बात में दम लगा। एक प्रकार से बात तो ठीक ही है, यदि बन जाए तो। वे सोच में डूब गए। बोले, "देखते हैं, रामजी की क्या मर्जी है। कुछ तो है, जो वे हमारे यहाँ चले आए। अमृतसर में ही रह सकते थे। कहीं और भी जा सकते थे। देखते हैं।" कहकर वे उठ गए।

लाजवंती ने चैन की साँस ली। इतने महीनों से जो बात दिल में छिपाए बैठी थी, जिसे लेकर उसने कई सपने बुन डाले थे, वह एक पग तो आगे बढ़ी।

□

लाला खुशीराम लाजवंती की बात सुनकर गहरी सोच में डूब गए। यदि जैसा उनकी पत्नी चाहती है तो दो बहुत बड़ी समस्याओं का समाधान एक साथ हो जाएगा। पर क्या लक्ष्मीमल इन बातों को मान जाएगा ? यदि वह शकुन से प्यार करता होगा तो कोई समस्या नहीं। यदि शकुन का प्यार एकतरफा निकला तो मामला और उलझ जाएगा। हो सकता है कि लक्ष्मीमल किसी विवशता अथवा लिहाज में कुछ बोल न पा रहा हो। आखिर मेरी अनुपस्थिति में सारी जिम्मेदारी उसी पर जो आ पड़ी थी। वैसे वह इस दायित्व को निभाने के लिए बाध्य तो नहीं था, फिर भी उसने घर के सदस्य की भाँति सबकुछ सँभाला था। न तो उसने कोई शिकायत की, न ही शकुन अथवा लाजवंती ने। यश तो खैर बच्चा ही था, वह भी उसका बेटा। इस प्रकार सारा-का-सारा दारोमदार लक्ष्मीमल पर ही था। लाजवंती के अनुसार शकुन इस रिश्ते के लिए तैयार ही है। लालाजी को यह बात भी अखर रही थी कि ऐसे मामलों में पहल पुरुष द्वारा की जाती है। यहाँ पहला कदम शकुन ने उठाया लगता है। अभी वे इस गुत्थी को सुलझाने का प्रयास कर ही रहे थे कि शकुन आ गई।

आते ही बोली, "भैया, मुझे आपके साथ एक बहुत ही महत्त्वपूर्ण बात करनी

है। यदि समय हो तो अभी, नहीं तो जब आप कहें।"

"नहीं, मैं व्यस्त नहीं हूँ। यही सोच रहा था कि तुम्हारे काम की क्या प्रगति है ? क्या अब तुम लक्ष्मीमल के बिना वह प्रोजेक्ट अकेली चला सकती हो, ताकि वह अपने ठेकेदारी के काम का कोई सिलसिला बनाए। एक दिन कह रहा था कि श्रीनिवासपुरी के पास बननेवाली शरणार्थी कॉलोनी का ठेका मिल सकता है।"

"भैया, एक केंद्र तो सुचारु रूप से चल रहा है। मिडिल स्कूल चलाने की अनुमति भी आ गई है, परंतु हम अभी प्राइमरी तक की कक्षाएँ ही लगा रहे हैं। केंद्र में एक हजार महिलाएँ अपने छोटे बच्चों के साथ रह रही हैं। दूसरे स्थान पर लगभग एक हजार होंगी। लगभग एक हजार आसपास के क्षेत्रों से प्रशिक्षण लेने अथवा वहाँ काम करने के लिए आती हैं। मेरे विचार में जैसा हमने सोचा था, उससे कहीं अधिक काम हो रहा है। स्थानीय प्रशासन का भी सहयोग मिल रहा है। केंद्र में जितना भी माल तैयार होता है, वह बनने से पहले ही बिक चुका होता है। इतने लोगों के खाने-पीने का प्रबंध भी हम अपने खेतों से ही कर रहे हैं। माल अच्छा बने, इस पर पूरा ध्यान दे रहे हैं। दाम भी बाजार से कम रखते हैं, क्योंकि हम इसे केवल लाभ कमाने के लिए तो चला नहीं रहे। हमारा मुख्य उद्देश्य तो शरणार्थियों के पुनर्वास का है। वे लोग भी वक्त के मारे हुए हैं। दिन-रात ईमानदारी से परिश्रम कर रहे हैं। जो महिलाएँ प्रशिक्षण लेकर जा रही हैं, वे भी ठीक-ठाक घर चला रही हैं। कोई कठिनाई होती है तो हम सहयोग कर देते हैं। एक अच्छी बात यह है कि हर महिला के पास कोई-न-कोई हुनर है और वह दूसरों को अपनी कला सिखाने को तैयार है। इसमें एक गड़बड़ हो सकती है कि हमारे नए-नए विभाग खुलते जा रहे हैं। उनके समन्वय के लिए मुझे आपकी आवश्यकता पड़ सकती है।"

"यह तो बहुत अच्छी बात है। मैंने जिन मित्रों को तुम्हारे साथ जोड़ने का प्रयास किया था, क्या वे लोग निरंतर सहयोग दे रहे हैं ?"

"बिल्कुल। यही तो हमारी जीत है। कच्चा माल हमें उधार मिल जाता है और तैयार माल अधिकतर नकद बिकता है। मेरा कहना यह है कि जब दूसरा आवासीय प्रशिक्षण केंद्र भी शुरू होनेवाला है तो रायजादाजी को ठेकेदारी करने की क्या आवश्यकता है ? हम साथ में ही मिलकर काम करेंगे तो अच्छा रहेगा। वैसे भी केवल धन कमाना तो हमारा लक्ष्य है ही नहीं।"

"परंतु लक्ष्मी का तो हो सकता है। उसे भी अपना घर चलाना होगा। बेटा है, उसकी पढ़ाई-लिखाई का ध्यान करना होगा। फिर वह बहुत स्वाभिमानी है। कब तक हमारे आश्रय पर रहेगा। वह भी स्वतंत्र रूप से कुछ करना चाहेगा ही। केवल

हमारी सहायता करता रहे, यह तो मैं भी नहीं चाहता। हो सकता है, कल को वह विवाह करना चाहे। अपना अलग से घर-परिवार बसाना चाहे। आखिर पूरी उम्र पड़ी है उसके सामने। पाकिस्तान से जिस हालात में आया है, उसके पास तो उतना पैसा नहीं है कि घर बैठे-बैठे खा सके।"

"विवाह तो मैं भी करना चाहती हूँ। यही बात आपके साथ करना चाहती थी।"

"जानती हो, क्या कह रही हो तुम? विधवा हो। कौन करेगा विधवा से विवाह? जानती नहीं हो क्या अपने समाज को?"

"जानती हूँ। और यह भी जानती हूँ कि आप इन सब बातों में विश्वास नहीं करते। न ही समाज से अपने आदर्शों के पालन के लिए डरते हैं।"

"मेरे विश्वास करने, न करने से क्या होता है? हम जिस समाज में रहते हैं, उसकी बात है। और फिर अपने समाज में कोई ऐसा व्यक्ति मिलना भी तो चाहिए, जो विधवा से विवाह करने के लिए राजी हो।"

"क्या जरूरी है कि वह अपने समाज का ही हो? आजकल कौन समाज की परवाह कर रहा है? चारों ओर मार-काट मची है। किसी को अपना होश नहीं, किसी दूसरे का क्या होगा? और क्या परवाह की समाज ने हमारी? जब आप जेल में थे तो कोई झाँकने तक नहीं फटका। सब डरते हैं कि कहीं सरकार की नजर में न आ जाएँ। कहीं सरकार उनसे नाराज न हो जाए या उन पर आर.एस.एस. का ठप्पा न लग जाए।"

"अच्छा, इधर-उधर की बातें छोड़ो और मुद्दे पर आओ। क्या कोई लड़का है तुम्हारे जीवन में?"

"हाँ, है तो, यदि आप सहमत हों तो।"

"कौन है? अपना लक्ष्मी?"

"आपको कैसे पता?" शकुन ने लाज से गरदन नीचे झुका ली।

"देखो, वे पंजाबी हैं। उनका रहन-सहन हमसे अलग है। लक्ष्मी बहुत अच्छा व्यक्ति है। मुझे पसंद भी है। हमारे संबंध भी अच्छे हैं। परंतु देख लो, उसका एक दस-बारह बरस का बेटा भी है। वह मान जाए तो मुझे कोई आपत्ति नहीं। तुम कहो तो मैं बात करके देखता हूँ। डर है तो इस बात का कि हमारे आपसी संबंधों में कोई दरार न आ जाए। कहाँ तो उसके साथ मिलकर व्यवसाय करने की बात है और कहाँ यह रिश्ते की। एक बार फिर सोच लो।"

"इस बारे में मैं बहुत सोच-विचार कर चुकी हूँ। उनके मन को टटोल भी चुकी हूँ। उन्होंने हाँ तो नहीं भरी, परंतु न भी नहीं की है। यदि आप बात करेंगे तो

वे मान जाएँगे, ऐसा मुझे लगता है। एक बरस से ऊपर हो गया, हम लोग एक साथ मिलकर काम कर रहे हैं। एक ही घर में रह रहे हैं। इसलिए एक-दूसरे को अच्छी तरह से जान-पहचान भी गए हैं। यश का भी भाभी के साथ बहुत स्नेह है। यदि यह रिश्ता हो जाए तो हम सबका जीवन सँवर जाएगा। आपको भी बुढ़ापे का सहारा हो जाएगा।"

"अच्छा-अच्छा, देखते हैं। लड़कियाँ अपने ही विवाह की इतनी खुलकर बात नहीं करतीं। पहले तुम्हारी माँ से सलाह कर लूँ, फिर आगे बात बढ़ाते हैं। देखते हैं, रामजी की क्या मर्जी है।"

□

शकुन के दिन बहुत उत्कंठा में कट रहे थे। एकांत में लक्ष्मी से बात करने का अवसर ही नहीं मिल रहा था। आजकल वह दूसरे केंद्र पर अधिक ध्यान दे रहा था, इसलिए दोनों का एक साथ आना-जाना भी नहीं हो रहा था। एक शाम वे दोनों घर पर अकेले थे। अवसर मिलते ही शकुन उसके कमरे में चली आई। आते ही उससे लिपट गई। "आजकल बात ही नहीं करते। क्या नाराज हो ?" शकुन ने पूछा।

"नाराज नहीं, व्यस्त हूँ और अब लालाजी लौट आए हैं। आगे के सब कार्यक्रम बना रहा हूँ। और मैं नहीं चाहता कि लालाजी हमें कभी ऐसी स्थिति में देख लें।" लक्ष्मी ने स्वयं को शकुन से अलग करते हुए कहा।

"यही तो मैं चाहती हूँ कि देख लें। उन्हें भी पता लग जाए कि हम एक-दूसरे को पसंद करते हैं और अब अधिक नखरे मत करो।" शकुन ने उसके गले में बाँहें डालते हुए कहा, "मैंने भैया से बात कर ली है। वे नाराज नहीं हुए। कहा है कि भाभी से बात करने के बाद आपसे बात करेंगे। जब बात करें तो चुपचाप हाँ कह देना। सब ठीक हो जाएगा। मैंने कहा था न कि मैं सब सँभाल लूँगी।"

"तो सब सँभल गया ? अभी भाभी की सहमति बाकी है।"

"उसकी चिंता न करें।" उसने लक्ष्मी के होंठों पर होंठ रखते हुए कहा।

"आप इतनी उतावली क्यों हो रही हैं ? अभी मुझे अपने लिए कोई काम-धंधा प्रारंभ करना है।"

"फिर वही आप," उसने उसे अपनी बाँहों में भरते हुए कहा, "और कोई काम-धंधा नहीं। काम-धंधा है न, मुझे सँभालना। मुझसे प्यार करना। इतना ही बहुत है।" इतना कहती हुई वह बाहर भाग गई।

□

चारों मेज पर भोजन के लिए बैठे ही थे। लालाजी ने लक्ष्मीमल को संबोधित

करते हुए कहा, "सुना है, तुम लोग विवाह करना चाहते हो। हैरान होने की कोई बात नहीं, शकुन हमें सबकुछ बता चुकी है। मैं सबकुछ तुम्हारे मुँह से सुनना चाहता हूँ। तुम कुछ कहो, उससे पहले मैं स्पष्ट कर दूँ कि हमें इसमें कोई आपत्ति नहीं। यदि तुम दोनों ने फैसला कर लिया है तो ठीक ही है। परंतु तुमने यह निर्णय किसी प्रकार के दबाव में अथवा अहसान चुकाने के कारण किया हो तो वह उचित नहीं। तुम्हें अपना जीवन, जैसा तुम चाहो, जीने का पूरा अधिकार है। यदि यह रिश्ता नहीं भी हो तो भी तुम्हारा यहाँ स्वागत है। जैसा हमने सोचा था, वैसे ही कोई व्यवसाय करना होगा तो करेंगे। प्रशिक्षण केंद्र को जिस कुशलता से तुमने चलाया है, उससे लगता है कि कोई और काम करने की अपेक्षा इसी को आगे बढ़ा सकते हैं। अभी तो केवल शकुन की जमीन का प्रयोग हुआ है। मेरे पास इससे कहीं अधिक भूमि है।"

कोई कुछ नहीं बोला। लालाजी ने आगे कहा, "यदि भवन निर्माण का ही काम करना है तो हमें ठेके लेने की आवश्यकता भी नहीं है। हम अपनी कॉलोनी बना सकते हैं। वहाँ फ्लैट बनाकर बेच सकते हैं। मुख्य बात यह है कि निर्णय तुम्हें ही करना है, वह भी बिना किसी दबाव के।"

"मैं भी आप लोगों की तरह अभी तक विभाजन के सदमे से बाहर नहीं निकल पा रहा हूँ। मेरा सौभाग्य है कि आपके परिवार का आसरा मिल गया, नहीं तो और भी मुश्किल होती। फिलहाल यह निर्णय नहीं कर पा रहा कि घर अभी बसा लूँ या कुछ ठहरकर, जब मेरा अपना कोई काम-धंधा जम जाए। विवाह करूँ तो यश पर उसका क्या प्रभाव होगा? मानता हूँ कि शकुन बहुत अच्छी है। यश के साथ इसकी पटरी भी बैठ जाएगी, फिर भी एक सौतेलेपन का अहसास तो होता ही है। आज तो ठीक है। कल को हमारे अपने और बच्चे होंगे तो समस्या होने की आशंका बनी ही रहती है। शकुन की एक बात बहुत अच्छी है। उसने अपने मन की बात मुझे साफ-साफ बता दी थी। मैं ही तय नहीं कर पा रहा था। मैं यह भी चाहता था कि यदि ऐसा कुछ हो तो आपकी अनुमति से हो। आप भी बिना किसी दबाव के निर्णय करें। आप मेरी आर्थिक, सामाजिक और पारिवारिक पृष्ठभूमि जानते हैं। आज मेरे पास कुछ नहीं है। कभी था उसका तो कोई मतलब नहीं है। ऐसी हालत में घर-गृहस्थी कैसे चलेगी, यह सोचना होगा। शकुन के दम पर घर चले, यह मैं नहीं चाहता। शायद यश को भी यह पसंद न हो। वह कोई छोटा बच्चा नहीं है। इतना बड़ा तो है ही कि सबकुछ समझ सके। इन सब बातों पर हम लोग विचार करके कोई निर्णय करेंगे तो शुभ ही होगा। वैसे मुझे शकुन हर तरह से पसंद है। मुझे कोई कारण नहीं दिखता कि मैं इस रिश्ते से इनकार करूँ, परंतु इस समय जो मेरी हालत है, वह आप सब जानते हैं।"

"लगभग दो वर्ष से हम लोग साथ एक ही छत के नीचे रह रहे हैं। एक ही रसोई में खाना पक रहा है। एक वर्ष से तो तुम पूरा घर और केंद्र चला रहे हो, कहीं कोई समस्या खड़ी नहीं हुई। यदि कोई समस्या आती भी तो समाधान ढूँढ़ लिया जाता। देखो, घर–परिवार में समस्याएँ तो आती ही रहती हैं। जीवन चलता रहता है। तुम जानते हो कि शकुन का भी हमारे अतिरिक्त कोई नहीं और हमारा शकुन के बिना। मैं बड़ा नहीं बोल रहा, ईश्वर की कृपा से रुपए–पैसे की कोई कमी नहीं, जो आधी से अधिक समस्याओं की जड़ है। यदि जैसे हम रह रहे हैं, वैसे ही रहते रहें तो उसमें क्या समस्या है। पूरी गृहस्थी जमी–जमाई है। यदि अलग काम करना चाहोगे तो भी कोई समस्या नहीं। एक साथ करेंगे तो भी तुम्हारी कुशलता का लाभ ही मिलेगा। जितने चाहो, केंद्र खोल सकते हैं। देश और समाज की सेवा के साथ समाज में आदर–मान भी मिलेगा। फिर भी अंतिम निर्णय तुम्हारा ही है।"

"वो तो ठीक है, पर यश⋯"

□

25

विरासत

"तो तुम्हारी सारी झिझक यश को लेकर है। मैं कहती हूँ कि तुम अपना नया जीवन प्रारंभ करो, यश का दायित्व मुझ पर छोड़ दो। वैसे भी वह अब मेरे बिना रह नहीं सकता और मैं भी उसके बिना नहीं रह सकती। यदि तुम लोग शकुन की हवेली में अलग जाकर रहना चाहो तो भी मैं यश को यहीं अपने पास रख लूँगी। मुझे विश्वास है कि यश भी मेरे ही साथ यहाँ पर रहना चाहेगा। वैसे इसी हवेली में सब एक साथ रह सकते हैं। अलग रहना तो कभी भी हो सकता है। यहाँ से शुरू तो करो।" लाजवंती ने कहा।

"आपकी बात ठीक है। परंतु नया वैवाहिक जीवन एक बच्चे के साथ शुरू करना मुझे कुछ अटपटा लग रहा है। शायद शकुन को भी ऐसा लगे। यदि यहीं रहते हैं तो कोई समस्या नहीं। वह यहाँ इस वातावरण में घुला-मिला है। नए घर में उसके लिए अकेले रहने में कठिनाई तो होगी ही। फिर भी सोच लेते हैं। जैसी सबकी इच्छा होगी, वैसा ही किया जाएगा।"

"इस समस्या का हमारे पास एक बहुत सरल और हमारी नजर में अच्छा समाधान है। अब हम लोगों की विवाह के लिए सहमति बन गई है।" लालाजी ने तीनों की ओर देखा। कोई नहीं बोला तो कहा, "तुम दोनों के विवाह से पूर्व हम यश को गोद ले लेते हैं। बाकायदा कानूनी तौर पर। यश हमारा वारिस हो जाएगा और हमारे बुढ़ापे का सहारा भी। बड़ा होकर हमारा बिजनेस भी सँभाल लेगा और जमीन-जायदाद भी। तुम दोनों नए जोड़े की तरह नई गृहस्थी जमाओ और अपना परिवार अपनी इच्छानुसार बढ़ाओ। यहाँ रहो तो बहुत बढ़िया, अलग रहना चाहो तो भी कोई समस्या नहीं।"

शकुन और लक्ष्मी दोनों को ही लगा कि सिर से एक बोझ उतर गया हो जैसे। बच्चा कहीं बाहर भी नहीं गया। इससे दोनों परिवारों की कमी पूरी हो जाएगी। लक्ष्मी ने तुरंत हामी भर दी, जैसेकि वह पहले से ही यह सोचकर आया हो। वास्तव में वह पहले ही दिन से भाभी और यश के परस्पर लगाव को ईश्वर की मर्जी ही मान रहा था, इसलिए इस बीच न तो उसने कभी यश की चिंता की थी और न ही यश ने उसकी आवश्यकता का कोई अनुभव किया था। दोनों एक-दूसरे से इतने घुल-मिल गए थे कि अब उन्हें अलग करना भी बहुत कठिन होता।

"तो तय रहा। मैं यश के गोद से संबंधित कागजात तैयार करवा लेता हूँ। मेरे विचार में इस बात की घोषणा करने की कोई आवश्यकता नहीं। जैसा चल रहा है, वैसा ही चलने देते हैं। वैसे भी हमारा यश के अतिरिक्त और है ही कौन? कागजात नहीं भी होंगे तो भी सबकुछ आप लोगों के पास ही आनेवाला है। रही तुम्हारी शादी की बात तो उसकी तिथि निश्चित कर लेते हैं। मेरे विचार से नए वर्ष में यह कार्य संपन्न कर लेंगे। अब काम के संबंध में जैसा लक्ष्मी चाहेगा, वैसा निर्णय कर लिया जाएगा।" लालाजी ने बात का समापन करते हुए कहा।

□

लक्ष्मीमल का विचार कुछ अपना अलग से करने का भी था। भले ही जो काम वे कर रहे थे, वह बहुत ही महत्त्वपूर्ण था, फिर भी···। उसने इस संदर्भ में शकुन से बात की और उसे समझाया। आखिर जिस काम में मेरा अनुभव है, वह क्यों नहीं करना चाहिए? आपके नेतृत्व में जो काम चल रहा है, वह तो चलता ही रहेगा। उसमें मैं पूरा सहयोग कर ही रहा था। आगे भी करूँगा ही। और अब तो सबकुछ मिल-जुलकर एक साथ ही करना है। वैसे भी पति-पत्नी का निरंतर घर और बाहर एक साथ रहना उचित नहीं होता। दोनों को थोड़ी-थोड़ी स्वतंत्रता मिलनी चाहिए। क्या कहते हैं तुम्हारी अंग्रेजी में—एवरी वन शुड हैव सम स्पेस।"

"ठीक है, तो आप सरकारी काम के चक्कर में पड़ने की अपेक्षा अपनी ही कॉलोनी का निर्माण प्रारंभ करो। सरकारी काम करने में सौ लफड़े होते हैं और अंत में बदनामी ही हाथ लगती है। फिर केंद्र में भी कितना निर्माण का कार्य होना है। इस विषय में आप भैया से बात कर लें, मुझे कोई आपत्ति नहीं होगी।"

"10 जनवरी, 1950 को मंगलवार का शुभ दिन है। उसी दिन बिरला मंदिर में विवाह कार्य संपन्न कर लेते हैं। मैं नहीं समझता कि आप लोग बारात चढ़ाने आदि की रस्में करना चाहोगे। आवश्यक समझो तो विवाह को कोर्ट में पंजीकृत भी करा देंगे। जिन लोगों को बुलाना है, उनकी सूची तैयार कर लो, उन्हें सूचना भिजवा दी

जाएगी। आनेवाले रविवार को एक दावत दे देंगे, जिसमें परिचितों और मोहल्लेवालों को निमंत्रित कर लिया जाएगा। फिलहाल लक्ष्मी और शकुन पहले की भाँति हमारे साथ ही रहेंगे। शकुन अपने बाग में कोठी बनवाने की बात कर रही थी, मेरे विचार में तो उसकी अभी आवश्यकता नहीं। वहाँ पहले ही इतने लोग रह रहे हैं। सारे दिन-रात उसी वातावरण में रहना मुझे ठीक नहीं लग रहा।" लालाजी ने सारा कार्यक्रम समझाते हुए कहा।

जैसा तय किया गया था, विवाह संबंधी सब काम हो गया तो लालाजी ने चैन की साँस ली। लालाजी इस बात से भी बहुत प्रसन्न थे, सारा काम न केवल निर्विघ्न संपन्न हुआ। रिश्ते-नातेदारों सहित सबने उनके निर्णय की प्रशंसा की कि वैश्य समाज में विधवा विवाह, वह भी अंतरजातीय करके, उन्होंने समाज का मार्गदर्शन किया है। शकुन का दूसरा केंद्र प्रारंभ करने की तैयारी भी हो गई। लक्ष्मी ने बहादुरगढ़ में लालाजी की 300 एकड़ जमीन पर कॉलोनी बनाने का कार्य शुरू कर दिया। किसी की दिनचर्या में कोई विशेष अंतर नहीं आया, सिवाय लक्ष्मी और शकुन के। लक्ष्मी और शकुन अब एक ही शयनकक्ष में सोने लगे। यश की पढ़ाई वैसे ही चल रही थी। तय किया गया कि अगले साल दसवीं की परीक्षा का प्रवेश-पत्र भरते समय उसमें पिता का नाम लाला खुशीराम भर दिया जाएगा। वैसे उसके गोद लेने से संबंधित सब कागजात तैयार हो ही गए थे। इस विषय में अब यश को भी पूरी जानकारी दे दी गई थी। उसने किसी प्रकार की आपत्ति नहीं की थी। वह तो पहले ही लाजवंती को अपनी माँ का दर्जा दे चुका था और उन्हें दादी माँ कहकर ही बुलाता था। अब शकुन उसकी छोटी माँ बन गई थी।

□

26
चर्चा

शकुन और लक्ष्मीमल के विवाह के उपलक्ष्य में दिल्ली के रोशनआरा बाग क्लब में उसके मित्रों ने एक छोटे से भोज का आयोजन किया। इसमें कुछ नेता, समाजसेवी, लेखक और पत्रकार सम्मिलित हुए। राजनाथ ढींगरा, दिवाकर और गणपत रायजी को विशेष रूप से आमंत्रित किया गया। गणतंत्र दिवस के उपलक्ष्य में देश भर में चारों ओर उमंग और उत्साह का वातावरण था। इस दिन भारत को अपना संविधान मिलनेवाला था। ऐसे लोग भी थे, जिनकी आत्मा अभी तक विभाजन के दौरान हुए भयंकर नरसंहार को स्मरण करके रो रही थी। भोजन के दौरान देश के विभाजन पर गरमागरम चर्चा प्रारंभ हो गई। मुख्य मुद्दा यह था कि क्या विभाजन को टाला जा सकता था? यदि नहीं तो क्या कारण थे कि सन् 1857 से एकजुट हो स्वाधीनता की लड़ाई लड़नेवाले हिंदू और मुसलमान एकदम दो विपरीत ध्रुवों पर चले गए और अपने लिए पृथक्-पृथक् देश की माँग करने लगे। चर्चा के मुख्य बिंदु थे कि यह विभाजन क्योंकर हुआ और क्या इस विभाजन को रोका जा सकता था? क्या कारण था कि अंग्रेज स्वतंत्रता देने की घोषित तिथि से पूर्व ही भारत से बोरिया-बिस्तर बाँधकर निकल गए? क्या देश के स्वाधीनता संग्राम में संघ के स्वयंसेवकों की कोई भूमिका नहीं थी? भले ही इन लोगों में कोई इन विषयों का विशेषज्ञ नहीं था, फिर भी सभी समाज के उस वर्ग से आते थे, जिन्हें ऐसे प्रत्येक विषय की थोड़ी-बहुत जानकारी होती ही है। कुछ स्वयंदृष्टा थे तो कुछ भुक्तभोगी। ऐसे अवसरों पर यह एकत्र जानकारी कैसी भी धुँधली क्यों न हो, एक साफ तसवीर सामने लाने में सफल होती है।

"आमतौर पर मोहम्मद अली जिन्ना की जिद को पाकिस्तान के जन्म का

कारण माना जाता है। जबकि यह पूरी तरह से सही नहीं है। पाकिस्तान का निर्माता और कोई नहीं, बल्कि जवाहरलाल नेहरू और कांग्रेस का दुर्बल नेतृत्व था। वास्तव में 1947 के आते-आते कांग्रेस और उसके नेता वयोवृद्ध हो चुके थे। कांग्रेसी नेतृत्व में वह दमखम ही शेष नहीं रहा था कि वे अंग्रेजों के साथ भारत की अखंड स्वतंत्रता के लिए अधिक संघर्ष कर पाते। कांग्रेसी नेता शारीरिक और मानसिक थकावट का शिकार होकर इतने अधिक टूट चुके थे कि उन्हें जो मिले, जैसा मिले, जिस हाल में मिले, वह स्वीकार्य था। बस कुछ मिल जाए, इस विचार के साथ उन्होंने विखंडित स्वतंत्रता को भी सहज स्वीकार कर लिया। इस समय तक वे सत्ता सुख पाने के लिए अंग्रेजों के सामने गिड़गिड़ाने लगे थे। जबकि आर.एस.एस. का नेतृत्व भारत को विभाजित करने के पक्ष में नहीं था। संघ और हिंदू महासभा के अतिरिक्त कांग्रेस में भी अभी ऐसे नेता थे, जिनमें इतना दमखम शेष था कि वे स्वाधीनता की लड़ाई को अंत तक लड़ सकते थे। वैसे इसकी बहुत अधिक आवश्यकता ही नहीं थी, क्योंकि नेताजी सुभाष चंद्र बोस पहले ही अंग्रेजों से स्वतंत्रता छीन लेने के मार्ग पर अग्रसर हो चुके थे।" एक युवा नेता विजय जौली ने अपना मत व्यक्त किया।

"जिन लोगों के मन में यह विचार है कि अंग्रेज इंडियन नेशनल कांग्रेस और मुसलिम लीग के नेताओं के साथ अच्छे संबंध बना चुके थे, उनका गांधी, नेहरू और जिन्ना के साथ भारत के विभाजन को लेकर विचार-विमर्श पूरा हो चुका था। या कि अंग्रेजों पर महात्मा गांधी का भारत छोड़ो आंदोलन भारी पड़ रहा था, इसलिए वे भारत को निश्चित तिथि से दस माह पूर्व ही स्वाधीनता प्रदान करके चले गए। उन्हें 1946 के संभावित सैनिक विद्रोह का स्मरण करना चाहिए।"

"यह कौन सा सैनिक विद्रोह था, मीनाक्षीजी ? हमने तो कभी सुना ही नहीं कि 1857 के बाद भी कोई ऐसा विद्रोह हुआ था ?" शकुन ने टोका।

"दूसरा विश्वयुद्ध समाप्त हो गया था। ब्रिटेन और अमेरिका की संयुक्त सेनाओं को विजयश्री प्राप्त हुई थी। हिटलर के अधीन जर्मनी की पराजय हुई थी। ब्रिटेन की अर्थव्यवस्था इस युद्ध से पूरी तरह चरमरा गई थी। उसकी स्थिति इतनी शोचनीय थी कि वे भारत में ब्रिटिश सेना को आवश्यक सुविधाएँ देने में भी असमर्थ थे। द्वितीय विश्वयुद्ध के बाद अधिकांश अंग्रेज सैनिक थक और ऊब गए थे। उन्हें घर की याद सता रही थी और वे शीघ्रातिशीघ्र स्वदेश लौट जाना चाहते थे। इस बीच अगस्त 1945 में नेताजी सुभाष चंद्र बोस की मृत्यु का समाचार आया। आजाद हिंद फौज के तीन उच्च पदाधिकारी—जनरल शाहनवाज खान, कर्नल प्रेम सहगल और कर्नल गुरुबक्श सिंह ढिल्लों पर लाल किले में मुकदमा चलाया जा रहा था। नेताजी

एवं आजाद हिंद फौज के प्रति भारतीय जनता में गहरी सहानुभूति थी। अंग्रेजों की आजाद हिंद फौज और नेताजी के प्रति घृणा के विषय में सब जानते थे। नौसैनिकों को ये समाचार वायरलेस द्वारा उस समय मिलने लगे, जब उनके प्रति अंग्रेजों का रवैया ठीक नहीं था। उन्हें ढंग से वेतन और सुविधाएँ भी नहीं मिल पा रही थीं। फलस्वरूप उनके मन में गहरा असंतोष था। यह असंतोष कभी भी विद्रोह का रूप धारण कर सकता था। 1946 में ब्रिटिश सरकार के पास ऐसी गुप्त सूचनाएँ पहुँच रही थीं, जिनमें कहा जा रहा था कि भारत में कार्यरत 40,000 ब्रिटिश सैनिकों में से अधिकांश स्वदेश लौटने के लिए उतावले हैं। किसी भी आपात स्थिति में वे 25 लाख भड़के हुए भारतीय सैनिकों का मुकाबला करने में बिल्कुल भी सक्षम नहीं हैं।" मीनाक्षी ने बताया।

"फिर?"

"उधर ब्रिटिश वायुसेना की दयनीय स्थिति के कारण वहाँ भी असंतोष फैल रहा था। सेना को वे सब सुविधाएँ उपलब्ध करवाने में कठिनाई हो रही थी, जो उसे मिलनी चाहिए थीं। इस कारण रॉयल एयरफोर्स के अधिकारियों ने जनवरी 1946 में हड़ताल कर दी थी। इस समय भारतीय सैनिकों और अंग्रेज सैनिकों के मध्य द्वेष भी पनपने लगा था। सेना के जवान अपने अधिकारियों के आदेशों को अनदेखा करने लगे थे। ब्रिटिश नेवी में कार्यरत भारतीय सैनिकों के विरोध के स्वर ऊँचे होने लगे थे। एक प्रकार से यह विद्रोह की ही स्थिति थी। 60 हवाई अड्डों पर 50,000 सैनिक हड़ताल पर आमादा थे। 11 दिन में एयरफोर्स का विरोध किसी तरह शांत हुआ, तब 18 फरवरी, 1946 को नौसेना के 88 युद्धपोतों में से 78 पर विद्रोह हो गया।"

"अरे!"

"इसमें लगभग 2000 भारतीय नौसैनिकों ने भाग लिया और सुरक्षा बलों द्वारा चलाई गई गोलियों से लगभग 400 लोग मारे गए। सैनिकों ने युद्धपोतों पर 'भारत छोड़ो', 'विद्रोह करो' और 'गोरे हरामियों को मार डालो' जैसे नारे लिख दिए थे। 'तलवार', 'सतलुज' और 'यमुना' जैसे युद्धपोतों पर भूख हड़ताल चल रही थी। इन विद्रोही सैनिकों ने बंबई के आसपास के समुद्र में खड़े पोतों को अपने नियंत्रण में ले लिया था। उन्होंने 'नर्मदा' पोत पर तैनात चार इंच की तोपों का मुँह गेटवे ऑफ इंडिया और ताज होटल की ओर कर दिया था। उन्होंने अंग्रेजों को चेतावनी दी थी कि यदि उन्हें कोई हानि पहुँचाई गई तो वे इन भवनों को ध्वस्त कर देंगे। उधर इंग्लैंड में भी उपनिवेशवाद की नैतिकता पर प्रश्नचिह्न लगाए जाने लगे थे।"

"आपका मतलब लंदन में भी ?"

"हाँ, इस संदर्भ में ब्रिटिश संसद् में भारत को स्वतंत्रता देने के विषय पर होनेवाली चर्चा में हस्तक्षेप करते हुए सर स्टैफोर्ड क्रिप्स ने कहा, 'भारत में भारतीय फौज ब्रिटिश अधिकारियों का आदेश नहीं मान रही। यदि हम भारत पर लंबे समय तक राज करना चाहते हैं तो हमें वहाँ स्थायी रूप से ब्रिटिश सेना को लंबे समय तक तैनात रखना पड़ेगा। भारत 40 करोड़ का देश है और उन पर शासन करने योग्य पर्याप्त सेना हमारे पास नहीं है।'

"सन् 1946 में बंबई समुद्री तट पर नौसैनिकों की हड़ताल और नेताजी सुभाष चंद्र बोस का खौफ अंग्रेजों पर इतना हावी हो चुका था कि वे शीघ्रातिशीघ्र भारत से बाहर निकल जाना चाहते थे। इस हड़ताल में 20,000 सैनिक और एक लाख के लगभग बॉम्बेवासियों ने भाग लिया था। अधिकतर जहाजों पर तिरंगा लहरा दिया गया था। देश भर में दंगे भड़क रहे थे। अंग्रेजों को उनकी कारों से बाहर सड़क पर निकलकर 'जय हिंद' के नारे लगाने के लिए बाध्य किया जा रहा था। गांधी और नेहरू ने इस हड़ताल को अपना समर्थन नहीं दिया। कांग्रेसी नेताओं के प्रयास से यह समस्या कोई भयंकर रूप धारण नहीं कर पाई। परंतु अंग्रेज इतना जान गए थे कि यदि अधिक विलंब हुआ तो एक भी अंग्रेज भारत से जीवित नहीं लौट पाएगा। वे भीतर से बहुत डरे हुए थे। अंग्रेज भारत से पराजित होकर लौटना नहीं चाहते थे। ऐसी स्थिति ब्रिटिश शासकों के लिए बहुत ही अपमानजनक हो सकती थी। इसमें कांग्रेस उन्हें एक सहायक की भूमिका के रूप में दिखाई दे रही थी, जो उन्हें आदरपूर्वक विदाई देने के लिए तैयार हो रही थी। वे मीडिया में ऐसा प्रदर्शित करते थे, जैसेकि भारत को स्वतंत्र करके उस पर दया अथवा उपकार कर रहे हों। 1946 के विद्रोह ने 1857 से भी बड़ी बगावत का डर अंग्रेजों के दिल में बिठा दिया था, क्योंकि यह बगावत 25 लाख भारतीय सैनिकों द्वारा की जा सकती थी। ये वे सैनिक थे, जो द्वितीय विश्वयुद्ध में भाग ले चुके थे। अंग्रेजों में यह भय व्याप्त हो गया था कि यदि अब विद्रोह हुआ तो अंग्रेजों का बुरी तरह से नरसंहार होगा। इस विद्रोह को भी कांग्रेसी इतिहासकारों ने अनदेखा किया और इसे स्वतंत्रता संग्राम के इतिहास में उचित स्थान नहीं मिला। यदि ऐसा होता तो स्वतंत्रता प्राप्ति में कांग्रेस पार्टी की भूमिका का महत्त्व कम हो जाता।" इतिहासकार मीनाक्षी जैन ने सविस्तार समझाया।

"आपके कहने का अभिप्राय है कि यदि कांग्रेस इस समय सैनिकों का साथ दे देती तो देश 1946 में ही बिना विभाजन के ही स्वतंत्र हो जाता ?" दिवाकर ने पूछा।

"इस बात की पूरी संभावना थी। वास्तव में क्या होता, यह तो कोई नहीं बता सकता।"

"फिर तो इतना नरसंहार भी न होता?" लक्ष्मीमल बोले।

"संभव है, तब अंग्रेजों को यहीं मार दिया जाता।" मीनाक्षी ने उतर दिया।

"पर इतिहास में तो ऐसा नहीं पढ़ाया जाता?" शकुन ने जिज्ञासा की।

"नेहरू के सहयोगी रहे वी.पी. मेनन ने स्वीकार करते हुए कहा है कि इतिहास को राजनीति के दृष्टिकोण से लिखा गया है। इसे ईमानदारी से ठीक करने का समय आ गया है। मेरा भी यह मानना है।"

"एक बात मैं अपने अनुभव से जोड़ना चाहता हूँ। मैं नहीं जानता कि अंग्रेजों ने किन तात्कालिक कारणों से भारत को उनके निर्धारित समय से पूर्व स्वाधीन करने का निर्णय किया। परंतु इतना जानता हूँ कि अंग्रेजों ने भारत से अपना बोरिया-बिस्तर सन् 1935 से ही समेटना प्रारंभ कर दिया था। यदि दूसरा विश्वयुद्ध न होता तो शायद कब का हो चुका होता। इसका सबसे बड़ा प्रमाण मैं स्वयं हूँ। शायद आप नहीं जानते होंगे कि 1935 के बाद से ब्रिटेन ने कोई अंग्रेज आई.सी.एस. अधिकारी अथवा सेना के बड़े अफसर को भारत नहीं भेजा। वे या तो मौजूदा अधिकारियों से काम चला रहे थे अथवा मेरे जैसे भारतीयों की यहाँ पोस्टिंग कर रहे थे।" राजनाथ ढींगरा ने रहस्योद्घाटन किया।

"मैं विभाजन के विषय में जब विचार करता हूँ तो मुझे भी लगता है कि कांग्रेसी नेता बुढ़ा गए थे। उन्हें लगने लगा होगा कि अब हम अपने अंतिम दिनों के समीप पहुँच गए हैं। इतना तो निश्चित है कि यदि उन्हें पदों का आराम नहीं मिलता तो वे अधिक दिन तक जीवित नहीं रह पाते। जब वे अपने संघर्ष भरे जीवन के विषय में सोचते होंगे तो उन्हें बहुत निराशा होती होगी। गांधीजी उन्हें बहुत अधिक अवसरवादी होने का मौका भी प्रदान नहीं करनेवाले थे। वे कौन सी दुर्बलताएँ थीं, जिनके वे शिकार होते जा रहे थे, इसका तो केवल अनुमान ही लगाया जा सकता है। और फिर हर एक के लिए अलग-अलग कारण रहे होंगे। कुछ पद के भूखे होंगे, क्योंकि पद के साथ थोड़ा-बहुत अधिकार और आराम तो रहता ही है। कुछ ने सोचा होगा कि कम-से-कम मरने से पहले, जब तक वे सरकार न चलाएँ, तब तक देश में परिवर्तन नहीं लाया जा सकता। इसलिए इतिहास में उनका नाम नहीं आएगा। कितना गलत विश्वास है यह। और कुछ तो यह सोचकर घबरा गए होंगे कि इतिहास उन्हें असफल और महत्त्वहीन मान लेगा।" एक संपादक महोदय ने टिप्पणी की।

"इस बात को अमेरिकी लेखक माइकल ब्रेशर के सामने नेहरू ने स्वीकार भी किया थो। उन्होंने लिखा है—जब मैं पं. नेहरू की बायोग्राफी लिख रहा था तो नेहरू ने स्वयं मेरे सामने स्वीकार किया था कि हिंदुस्तान-पाकिस्तान बँटवारे में आबादी की अदला-बदली में जो कत्लेआम, तबाही, बरबादी हुई थी, इसका उन्हें अनुमान नहीं था। इस अदला-बदली के इतने खौफनाक परिणाम सामने आएँगे, अगर मेरे जेहन में इनका जरा सा भी खयाल आता तो मैं कतई उसको कबूल नहीं करता। मेरे सामने नेहरू ने यह भी स्वीकार किया था कि अहमद नगर किले में हम अंतिम बार कैद हुए थे। वहाँ से जब हम रिहा हुए थे, उस समय हममें से अधिकतर लोग बुढ़ापे की जद में आ गए थे। कुछ लोग बीमार थे। हममें अब आगे लड़ने की कूव्वत रह ही नहीं गई थी।" शकुन ने जानकारी दी।

"यदि ऐसा ही था तो उन्होंने बाद में भी कभी इसके लिए माफी नहीं माँगी?" विजय जौली ने कहा।

दिवाकर ने कहा "अनेक विद्वानों का कहना है कि पं. जवाहरलाल नेहरू बहुत महत्त्वाकांक्षी थे और वे जल्दी-से-जल्दी देश का नेतृत्व अपने हाथों में लेने के लिए उतावले थे। सन् 1890 में मोतीलाल नेहरू अपने सुपुत्र को कांग्रेस में लाए थे। 1934 से महात्मा गांधी का महत्त्व कम होने लगा था और वे नेपथ्य में जाने लगे थे। 1945 आते-आते उनका युग समाप्त हो गया था। एक प्रकार से नेहरू महात्मा गांधी को हाशिए पर ले आए थे। गांधी नेहरू पर बहुत विश्वास करते थे और नेहरू अपने आप को सबसे श्रेष्ठ मानने लगे थे। इसी कारण वे पंजाब और बंगाल के विभाजन तक के लिए तैयार हो गए। उन्हें यह भी लगने लगा था कि अब उनकी आयु ढलने लगी है। स्वयं नेहरू ने 1960 में प्रसिद्ध ब्रिटिश पत्रकार लियोनार्ड मोस्ले के साथ हुई बातचीत में यह स्वीकारा भी था। उन्होंने कहा था—'सच्चाई यह है कि हम थक चुके थे और हम लोगों की आयु भी अधिक हो चुकी थी। हममें से कुछ ही लोग फिर से कारावास में जाने की बात कर सकते थे, यदि हम अखंड भारत पर डटे रहते, जैसाकि हम चाहते थे तो स्पष्ट है कि हमें कारागार में जाना ही पड़ता। हमने देखा कि बँटवारे की आग भड़क रही है और सुना कि प्रतिदिन मार-काट हो रही है, तब बँटवारे की योजना से एक मार्ग निकालना हमने स्वीकार कर लिया।' यहाँ पंडितजी ने यह स्पष्ट नहीं किया कि इस बँटवारे की आग को माचिस किसने लगाई और उसे हवा कौन दे रहा था।" राजनाथ ढींगरा ने जोड़ा।

"प्रारंभ में राष्ट्रीय स्वयंसेवक संघ को लगता था कि गांधीजी के विरोध

करने के कारण कांग्रेस इस विभाजन को स्वीकार नहीं करेगी, परंतु पुरुषोत्तम दास टंडन को छोड़कर किसी अन्य ने विरोध नहीं किया। 14-15 जून, 1947 को कांग्रेस कमेटी ने विभाजन को स्वीकार कर लिया। निश्चित ही कांग्रेस के थके हुए, पदलोलुप नेतृत्व के द्वारा विभाजन स्वीकार कर लेने पर राष्ट्र की एकता के समर्थक राष्ट्रीय स्वयंसेवक संघ और हिंदू महासभा आदि ने इसे रोकने के प्रयास प्रारंभ कर दिए थे। इन प्रयासों के फलस्वरूप विभाजन विरोधी शक्तियाँ संगठित होने लगीं तो अंग्रेजों का माथा ठनका। उन्हें लगा कि इससे उनका भारत को तोड़ने का मंतव्य पूरा नहीं होगा। इस बात से घबराकर उन्होंने भारत छोड़ने की निर्धारित तिथि, जोकि जून 1948 थी, बढ़ाकर 10 माह पूर्व अगस्त 1947 कर दी। हमारी ही भाँति हिंदू महासभा मानती थी कि यदि यह विभाजन होगा तो वह केवल भूखंड का ही नहीं होगा, बल्कि पूजित भारत माता का भी खंडन होगा, जिससे असंख्य हुतात्माओं के बलिदान ध्वस्त हो जाएँगे। करोड़ों लोगों को अपने पुरखों की भूमि छोड़नी पड़ेगी। क्योंकि उनका एकमात्र लक्ष्य प्रधानमंत्री का पद पाना बन चुका था, इसलिए वे मुसलमानों को भी अपने साथ रखना चाहते थे। उनकी एकाधिकारवाली मनोवृत्ति भी प्रबल होती जा रही थी। डॉ. आंबेडकर तो उन्हें खुलकर एकाधिकारवादी बताते थे।" आर.एस.एस. के प्रचारक रहे नरेंद्र सहगल ने जानकारी दी।

"इन्हीं दिनों प्रसिद्ध अमेरिकी पत्रकार लुई फिशर भारत आए हुए थे और वे विभिन्न नेताओं से बातचीत भी कर रहे थे। उन्हें बताया गया कि विभाजन पर कांग्रेस पार्टी प्रायः सहमत हो चुकी है, जबकि वीर दामोदर सावरकर तथा आर.एस.एस. इसके विरोध में अभियान चला रहे हैं। मोहम्मद अली जिन्ना से मुलाकात करने के बाद लुई फिशर सावरकर से भेंट करने आए। आते ही फिशर ने प्रश्न किया, 'आपको अलग देश बनाने में क्या आपत्ति है?'

"सावरकरजी ने प्रति प्रश्न किया, 'भारी माँग के बावजूद आप लोग नीग्रो लोगों को नीग्रोस्तान क्यों नहीं दे रहे?'

'क्योंकि देश का विभाजन राष्ट्रीय अपराध होगा। कोई भी देशभक्त अपने देश को खंडित होता देखना नहीं चाहता।' लुई फिशर ने कहा।

"बाद में लुई फिशर ने अपने एक लेख में लिखा—'मैंने सावरकरजी के हृदय में राष्ट्रभक्ति की बहुत प्रबल भावना देखी है, वहीं जिन्ना के हृदय में भारत व भारतीय संस्कृति के प्रति घोर घृणा के भाव दिखाई दिए। 1945-46 में केंद्रीय असेंबली के चुनावों के दौरान जब जनता में इस बात का प्रचार होने लगा कि कांग्रेस

को वोट करने का अर्थ पाकिस्तान के लिए वोट करने के समान है तो हिंदू मतों का ध्रुवीकरण होने लगा। तब नेहरू को कलकत्ता में यह घोषणा करनी पड़ी कि हम भारत के टुकड़े नहीं होने देंगे।' बाद में 3 जून, 1947 को कहा कि भारत में विद्यमान हिंदू-मुसलिम समस्या का सदैव के लिए समाधान करने के लिए ही हम भारत का विभाजन स्वीकार कर रहे हैं। इस अवसर पर सावरकर ने यह भविष्यवाणी की थी कि हिंदू-मुसलिम समस्या के समाधान के रूप में देश को खंड-खंड करनेवालों को मैं चेतावनी देता हूँ कि देश के बँटवारे से यह समस्या और भी उग्र रूप धारण करेगी। मैंने वह लेख पढ़ा है।" दिवाकर ने जानकारी दी।

"वीर सावरकर और आर.एस.एस. का मानना था कि राष्ट्र का विभाजन कांग्रेस की कायर व तुष्टीकरण की आत्मघाती नीति का ही दुष्परिणाम है। यदि हिंदू कांग्रेस पार्टी के अहिंसा और हिंदू-मुसलिम भाई-भाई के भ्रामक नारों में न फँसते तो भारत अखंड रूप से स्वतंत्र हो जाता। इतिहास साक्षी है कि भारत के बाद भी कुछ कॉमनवेल्थ देश बिना किसी गांधी-नेहरू के अंग्रेजों से स्वतंत्र हुए। न तो वहाँ कत्लेआम हुआ और न ही देश का बँटवारा।" लालाजी ने जोड़ा।

"इसे क्या कहा जा सकता है कि गांधी की नजरों में जिन्ना तो कायद-ए-आजम थे और सावरकर तथा सुभाष चंद्र बोस तथा राष्ट्रीय स्वयंसेवक संघ घृणा के पात्र। यही कारण है कि कांग्रेस ने इनसे दूरी बनाए रखी। स्पष्ट है कि जानबूझकर वीर सावरकर को स्वतंत्रता आंदोलन का खलनायक बनाने का प्रयास किया गया था। एक प्रश्न बार-बार पूछा जाता रहा है कि जब गांधीजी कह रहे थे कि देश का विभाजन करने से पूर्व मेरे शरीर के टुकड़े कर दो। यदि सारे भारत में आग लग जाए तो भी पाकिस्तान का निर्माण नहीं हो सकेगा। सरदार वल्लभभाई पटेल भी विभाजन स्वीकार करनेवाले नहीं थे, फिर गांधीजी कैसे मान गए?" शकुन ने जानना चाहा।

"इसका उत्तर फिलिप जिग्लर ने अपनी पुस्तक में लिखा है—'1 जून, 1947 को अंग्रेजों ने इस बात पर विचार-विमर्श किया कि जवाहरलाल नेहरू को कैसे मनाया जाए। इसके लिए 2 जून, 1947 को एडविना माउंटबेटन को इस काम के लिए नेहरू के पास भेजा गया, जो तीन घंटे तक नेहरू के साथ अकेली रहीं और उन्हें विभाजन के लिए सहमत करवाने के बाद ही कमरे से बाहर निकलीं और 4 जून को सत्ता के हस्तांतरण की घोषणा कर दी गई। इस प्रकार उन्होंने जवाहरलाल नेहरू को इस विभाजन के लिए राजी करवाने में अपनी पत्नी का इस्तेमाल भी किया था। लॉर्ड माउंटबेटन ने इसे स्वीकार करते हुए कहा था कि हमने देखा, आर.एस.एस.

कोई प्रभावी विरोध खड़ा करे, उससे पहले हमने समस्या का झटपट निपटारा कर डाला। इसलिए कांग्रेस की स्वीकृति के 60 दिन के अंदर-ही-अंदर हमने बँटवारे की सारी औपचारिकताएँ पूरी कर दीं। हमें लगा था कि यदि संघ को दस माह का समय मिल गया तो संघ द्वारा समाज को देश-विभाजन के विरुद्ध तैयार कर लिया जाएगा।'" दिवाकर ने बताया।

"इसमें तो किसी को संदेह ही नहीं है कि इस विषय में कांग्रेस की अधोगति हुई थी और वे लालच के फंदे में फँस गए। यदि यह न भी कहा जाए तो इसे कांग्रेस की हताशा और दृढ़ इच्छाशक्ति का अभाव तो कहा ही जा सकता है। जिस कुकर्म के लिए कांग्रेस की भर्त्सना की जानी चाहिए थी, लोगों ने स्वतंत्रता के उत्साह में उसे सिर-माथे पर बिठा लिया।" राय साहब ने जैसे समापन टिप्पणी कर दी।

□

27
सहयोग

महाशय धर्मपाल गुलाटी अपने कारखाने के निर्मित मसालों का बड़ा सा टोकरा एक मजदूर से सिर पर उठाए रायजादा लक्ष्मीमल की हवेली पर बिना सूचना दिए आ धमके। सुबह-सुबह आए थे, इसलिए घर पर सब मिल गए। बाद में पता चला कि यह महाशयजी का अपना अंदाज था। उन्हें दूसरों को आश्चर्यचकित करने में बहुत मजा आता था। महाशयजी का दिल खोलकर स्वागत किया गया। उन्होंने बताया कि उस दिन यशपाल करोल बागवाली दुकान 'रूपक स्टोर' पर मिल गया था। उसने ही यहाँ का पता दिया था। मैं अकसर चाँदनी चौकवाली दुकान पर आता हूँ और हर बार सोचता हूँ कि आज तो आपसे मिलने के लिए आऊँगा, परंतु हर बार कोई-न-कोई काम निकल आता। इसलिए आज सोचा कि दुकान पर जाने से पहले आपके घर होकर चलते हैं, सो चला आया। यश ने सबका महाशयजी से परिचय करवाया। महाशयजी यह जानकर बहुत प्रसन्न हुए कि लक्ष्मी ने पुनः विवाह कर लिया है। यह विवाह एक विधवा से किया है, यह सुनकर तो वे नतमस्तक भी हो गए। उन्होंने बताया कि मैं प्रतिवर्ष कुछ विधवाओं के विवाह का प्रबंध करता हूँ। मैं जिस आर्य समाज से जुड़ा हूँ, वहाँ इसके लिए विशेष रूप से प्रबंध किए जाते हैं।

लक्ष्मीमल ने कहा, "महाशयजी, हम तो वैसे भी आपके बनाए हुए मसाले ही खाते हैं। आपने इतनी तकलीफ क्यों की?"

"भई, यह तो मेरी ओर से भेंट है। जब सुबह कीर्ति नगर के कारखाने से चला तो यह टोकरा तैयार करवा लिया। अब घर देख लिया है तो निरंतर भिजवा दिया करूँगा। उन्होंने बताया कि हम लोग तो बचपन से यही काम करते आए हैं। पहले अमृतसर से साबुत मसाले ले जाते थे और सियालकोट में हाथ से कूट-पीसकर

पुड़िया बनाकर बेचते थे। अब मशीनों से पीसकर पैक करते हैं। इतनी तरक्की तो होनी ही चाहिए न। उन्होंने बताया कि मैं तो यहाँ भी मसालों को हाथ से ही कुटवाता था और कुछ पहाड़गंज की एक चक्की से पिसवाता था। एक दिन वहाँ पहुँचा तो देखा कि उसमें मिलावट की जा रही है। यह तो मुझे किसी भी स्थिति में मंजूर नहीं था, इसलिए कीर्ति नगर में जमीन लेकर अपना ही कारखाना लगा लिया। अब मेरे को इतनी तो तसल्ली है कि बाजार में मेरे नाम से जो मसाला जा रहा है, पूरी तरह से शुद्ध है। शुद्धता की गारंटी ही हमारी जीत है। हमारा ध्येय वाक्य ही है—असली मसाले सच-सच।"

महाशयजी ने बताया कि गत दस वर्षों में उन्होंने क्या-क्या किया और कहाँ-से-कहाँ पहुँच गए हैं। आगे देखते हैं कि क्या होता है ?

लक्ष्मीमल ने बताया कि हम लोग अमृतसर से सीधे लाला खुशीरामजी के पास दिल्ली आ गए थे। हमारी ही भाँति खुशीरामजी भी विभाजन की त्रासदी के शिकार हो गए थे। इनके पूरे परिवार की हत्या इनके ही एक मुसलिम मैनेजर ने करवा दी थी। भाग्यवश हमें आपकी तरह किसी तरह की आर्थिक कठिनाई का सामना नहीं करना पड़ा। किसी भी काम के लिए ऐसा परिश्रम नहीं करना पड़ा, जो हम नहीं चाहते थे। लालाजी पर ईश्वर की असीम कृपा है और लालाजी की हम पर। फलतः हर काम सुगमता से बनता गया।

महाशयजी ने कहा, "यशपाल दो-दो माँओं की बात कर रहा था। वह क्या माजरा है ?"

"यश ने तो हमें यह तक नहीं बताया कि वह आपको मिल चुका है। जैसेकि अभी आपको बताया कि मैंने लालाजी की सुपुत्री शकुन से विवाह किया है। विवाह के एक वर्ष बाद ही उसने जुड़वाँ बच्चों को जन्म दिया था। यह भी शायद उसने नहीं बताया होगा। इस समय मेरे तीन बच्चे हैं—दो जुड़वाँ बेटे और एक उनसे तीन साल छोटी बेटी। विवाह से पहले ही हमने तय कर लिया था कि लालाजी यशपाल को गोद लेंगे, क्योंकि विभाजन में शकुन के पति के अतिरिक्त इनके बेटे की भी हत्या कर दी गई थी। इस प्रकार यशपाल कानूनी रूप से अब इनका बेटा है और लाजवंतीजी उसकी माँ हैं।"

शकुन ने बताया कि किस प्रकार हम तीन स्कूल, एक हाई स्कूल, एक मिडिल और एक प्राइमरी और दो प्रशिक्षण केंद्र चला रहे हैं। और कितनी ही महिलाओं को प्रशिक्षित करने के साथ-साथ उन्हें काम भी देते हैं। केंद्रों में विभिन्न प्रकार की

शिल्प कलाओं का प्रशिक्षण दिया जाता है। वहाँ पर तैयार की जानेवाली वस्तुओं को बाजार में बेचा भी जाता है। लगभग 2,000 महिलाएँ हमारे आवासीय परिसर में रहती भी हैं। हम उनके बच्चों की नि:शुल्क शिक्षा का प्रबंध भी करते हैं। भले ही वे हमारे स्कूलों में पढ़ते हों अथवा वे बाहर के स्कूलों में जाते हों। इन सबका भोजन भी परिसर की रसोई में ही तैयार होता है। एक अच्छी बात यह है कि हम इन लोगों के खाने योग्य अनाज और सब्जियाँ भी स्वयं ही उगाते हैं। केवल अतिरिक्त अनाज, दूध, फूल, फल और सब्जियाँ भी बाजार में बिक्री के लिए भेजी जाती हैं।

"इससे भी बढ़िया बात मैं बताता हूँ।" यशपाल ने कहा, "हमारे खेतों में बहुत ही उत्तम किस्म की मिर्ची उगाई जाती है। बाजार में उसकी खूब माँग भी है।"

"अरे वाह। तुम तो मेरे काम के आदमी निकले। वह सारी मिर्च तो मैं अकेला ही खरीद सकता हूँ। आप लोग मेरे साथ सौदा कर लें। वैसे मैं आपकी मिर्च की क्वालिटी भी देख लूँगा। यदि उस मिर्च से भी बेहतर होगी, जो मैं खरीदता हूँ तो मैं आपसे खरीद लूँगा और यदि नहीं हुई तो मैं आपको बीज दे दूँगा। आप उसे उगाएँ और सारी उपज मुझे बेच दें। विश्वास करें, अच्छी चीज के मैं अच्छे ही दाम देता हूँ। बाजार से कुछ अधिक ही।"

"एक बात और मैंने आज यहाँ आकर सीखी है। मेरे पिताजी ने बहुत प्रयास किया, परंतु मैंने पढ़ाई नहीं की। आज मैं सोचता हूँ कि काश, मैं थोड़ा-बहुत पढ़ा-लिखा होता। यदि आप लोग गाइड करेंगे तो मैं भी कोई स्कूल खोलने का प्रयास करूँगा। जब तक अपना स्कूल न खोलूँ, मैं आपके स्कूलों को सहयोग देना चाहूँगा।"

"जब व्यवसाय की ही बात होने लगी है तो मैं आपसे एक फेवर और चाहती हूँ। वास्तव में हमारे इस काम में बहुत बड़ी संख्या में महिलाएँ लगी हुई हैं। हम लोग बड़े पैमाने पर पुराने अखबारों के और खाकी कागज के लिफाफे बनाते हैं। आप अपने मसाले पैक करने में खाकी कागज की थैली का प्रयोग करते हैं। वह यदि हमसे खरीदेंगे तो हम और भी अधिक महिलाओं को रोजगार दे सकेंगे। यहाँ मैं आपको विश्वास दिलाती हूँ कि हम आपको बाजार से कम दाम पर ही माल देंगे, क्योंकि मुनाफा कमाना ही हमारा ध्येय नहीं है। हमारा उद्देश्य है—अधिक-से-अधिक लोगों को रोजगार देना। यह एक ऐसा काम है, जिसे कोई भी महिला आसानी से सीख लेती है और हलका काम होने के कारण देर तक कर भी लेती है।" शकुन ने एक चतुर व्यवसायी की भाँति अवसर का लाभ उठाने का प्रयास किया।

"ठीक है, इसमें भी मुझे कोई आपत्ति नहीं। मैं अपने मैनेजर को कह दूँगा। भविष्य में यह सामान आपसे ही खरीदा जाएगा। वह भी दस प्रतिशत अधिक दामों पर। इस पुण्य के काम में मेरा भी योगदान होना चाहिए।" फिर हलकी सी चुटकी लेते हुए महाशयजी बोले, "इसे मेरी तरफ से मुँह दिखाई ही समझ लेना, शकुनजी!"

यह अनायास हुई छोटी सी पारिवारिक भेंट समाप्त होने से पूर्व एक अच्छी-खासी बड़ी बिजनेस डील अथवा सहयोग में बदल गई।

□

28
कश्मीर

भारतीय स्वाधीनता अधिनियम–1947 के अंतर्गत 565 रियासतों का भारत में विलय किया गया था। इस सत्ता हस्तांतरण के साथ ब्रिटेन के अंतरराष्ट्रीय शक्ति संतुलन के दूरगामी परिणाम जुड़े हुए थे। भारत का यह विभाजन 18वीं शताब्दी में यूरोप, एशिया, अफ्रीका और मध्य–पूर्व में किए गए अनेक विभाजनों में से एक था। प्राय: अधिकांश विभाजनों में जिस तरह विभिन्न धार्मिक समुदायों के मध्य जितनी हिंसा हुई, उससे कई गुना अधिक हिंसा भारत के विभाजन में हुई। साम्राज्यवादी ब्रिटेन द्वारा किया गया यह बँटवारा उसके द्वारा किए गए चार विभाजनों में से एक था। उसने आयरलैंड, फिलिस्तीन और साइप्रस को भी विभाजित किया। सभी के लिए कारण यही बताया गया कि पृथक्–पृथक् समुदायों के लोग एक साथ मिलकर नहीं रह सकते। जबकि इन विभाजनों के पीछे मात्र धार्मिक और नस्ली कारण ही नहीं थे, बल्कि ब्रिटेन के सामरिक और राजनीतिक हित भी उनमें सम्मिलित थे। जिनके आधार पर समझौतों के समय उसने अपनी रणनीति बनाई और कई प्रकार की चालें चलकर विभाजन कराए।

ब्रिटिश संसद् ने बहुत से भारतीय राजाओं के साथ द्विपक्षीय समझौते किए हुए थे। इस कारण 565 रियासतों को यह स्वतंत्रता दी गई कि वे अपनी इच्छानुसार भारत अथवा पाकिस्तान, किसी एक देश में सम्मिलित हो सकते हैं। यदि वे चाहें तो अपना अलग अस्तित्व भी बनाए रख सकते हैं। जिन रियासतों को स्वतंत्र करने की बात की गई, उनमें जम्मू–कश्मीर भी एक रियासत थी। अंग्रेजों की फैलाई हुई धर्मांधता के विष का प्रभाव यह हुआ कि अधिकतर राजाओं ने अपने निर्णय धर्म के आधार पर किए और किसी प्रकार के आर्थिक अथवा भौगोलिक कारणों की ओर

ध्यान देना आवश्यक ही नहीं समझा। दो रियासतों कश्मीर और हैदराबाद ने तत्काल कोई निर्णय नहीं लिया। प्रारंभ में कश्मीर के महाराजा हरि सिंह भारत के साथ कश्मीर के विलय को लेकर हिचकिचा रहे थे। इधर हरि सिंह निर्णय नहीं कर पा रहे थे, उधर कबायलियों के भेष में पाकिस्तानी सेना सीमा के अंदर घुसती जा रही थी। ऐसे समय में नेहरू सरकार भी क्या करे और क्या न करे की मुद्रा में मुँह बिचकाए बैठी थी। इस संकट की घड़ी में सरदार पटेल ने संघ के सरसंघचालक माधवराव सदाशिवराव गोलवलकर गुरुजी से सहायता की गुहार लगाई। मेहरचंद महाजन को गुरुजी से संपर्क करने के लिए भेजा गया। तत्काल गुरुजी महाराजा हरि सिंह से मिलने के लिए श्रीनगर पहुँचे और महाराजा को तत्काल विलय की आवश्यकता और महत्त्व का ज्ञान करवाया। गुरुजी मानते थे कि मुसलमानों और ईसाइयों को देश की मुख्यधारा के साथ चलना चाहिए। गुरुजी के समझाने पर महाराजा ने कश्मीर के भारत में विलय-पत्र का प्रस्ताव दिल्ली भेज दिया। संघ की इस महती उपलब्धि की नेहरू ने कभी कोई प्रशंसा नहीं की, बल्कि इसे अपना अपमान मानकर राजा हरि सिंह से नफरत ठान ली।

महाराजा हरि सिंह की प्रारंभिक हिचकिचाहट के कारण ही पाकिस्तान ने बलपूर्वक कश्मीर पर अधिकार करने के लिए सेना को भेजकर युद्ध प्रारंभ कर दिया और कश्मीर के उत्तरी भाग पर कब्जा जमाए रखा। इस संदर्भ में जनरल मानेकशॉ ने लिखा है कि कश्मीर को लेकर नेहरू की नीति बहुत ही दुर्बल रही थी। यदि सरदार पटेल न होते तो इतना कश्मीर भी हमारे नियंत्रण में न होता। जिस भूभाग पर से हम पाकिस्तानी नियंत्रण नहीं हटा पाए, वह आज तक आजाद कश्मीर के नाम से जाना जाता है। भले ही इस संदर्भ में कुछ विद्वानों का यह मत हो कि 1947 में अभी-अभी हमें आजादी मिली थी और हमारी सेनाओं पर अभी भी अंग्रेजों का प्रभुत्व था। लॉर्ड माउंटबेटन गवर्नर जनरल थे और अंग्रेजी मूल के जनरल सर फ्रांसिस रॉबर्ट बुचर हमारे थल सेनाध्यक्ष थे। एयर मार्शल थे एल्म हर्स्ट और एडमिरल थे एडवर्ड पैरी। सेना माउंटबेटन को रिपोर्ट करती थी। महात्मा गांधी तो पाकिस्तान को धन दिलवाने के लिए आमरण अनशन करने बैठ गए थे। ऐसी स्थिति में नेहरू को जैसा कठोर निर्णय लेना चाहिए था, वैसा फैसला करने में वे असफल रहे। कश्मीर के साथ अपने भावनात्मक संबंधों के कारण वे कश्मीर का मामला सरदार पटेल सहित किसी भी अन्य नेता के हाथों में सौंपना नहीं चाहते थे। यही कारण था कि जब संविधान सभा में धारा-370 पर चर्चा होनी थी तो नेहरू अपने मित्र शेख अब्दुल्ला के कहने

पर विदेश चले गए थे। बताते हैं कि कश्मीर पर जब सरदार पटेल ने कुछ कहना चाहा तो नेहरू ने उनका अपमान किया, जिस कारण सरदार पटेल ने अपना त्याग-पत्र तक लिख दिया था।

स्वतंत्र होते ही भारत के प्रधानमंत्री पं. जवाहरलाल नेहरू ने अपनी विदेश नीति के मामले में पहली गलती यह की कि वे कश्मीर के मामले को संयुक्त राष्ट्र संघ में ले गए। वास्तव में, वे ऐसा करना नहीं चाहते थे, परंतु उन्हें अंग्रेजों की कूटनीति समझ में नहीं आई। अंग्रेज कश्मीर को दो भागों में विभाजित कर चुके थे। और वे जानते थे कि भारतीय सेना को तब तक ही रोकना संभव है, जब तक सेना अंग्रेज अधिकारियों के अधीन है और गवर्नर जनरल माउंटबेटन हैं। एक बार भारत गणतंत्र बन गया तो यह संभव नहीं होगा। इसी कारण नेहरू को संयुक्त राष्ट्र संघ में भेजने के लिए विवश कर दिया गया। इस संदर्भ में भी पामेला माउंटबेटन ने एक साक्षात्कार में यह स्वीकार किया है कि कश्मीर की समस्या को संयुक्त राष्ट्र संघ में ले जाने के मामले में भी नेहरू ने लेडी माउंटबेटन के प्रभाव का इस्तेमाल किया था। वैसे यदि नेहरू ऐसा न भी करते तो भी यह मामला तो संयुक्त राष्ट्र संघ में जाना ही था। भारत न ले जाता तो पाकिस्तान इसे वहाँ ले जाता। पामेला ने तो यह दावा भी किया कि यदि ये दोनों न भी ले जाते तो वे शक्तियाँ ले जातीं, जिनका स्वार्थ इन दोनों देशों को परस्पर लड़ाने में था। यहाँ प्रश्न यह है कि नेहरू किस सीमा तक लेडी माउंटबेटन पर निर्भर हो गए थे? और क्या वे अब तक यह नहीं समझ पाए थे कि कौन सी शक्तियाँ उन्हें भ्रम में डाल रही थीं? नेहरू भलीभाँति जानते थे कि संयुक्त राष्ट्र संघ की स्थापना हुए मात्र दो वर्ष ही हुए हैं और उसके पास कुछ शक्तियाँ नहीं हैं, परंतु माउंटबेटन उन्हें वहाँ भेजकर कश्मीर में यथास्थिति बनाए रखने में सफल हो गए। यहाँ नेहरू ने एडविना का नहीं, बल्कि एडविना ने नेहरू का इस्तेमाल किया था।

संयुक्त राष्ट्र संघ ने जिस क्षेत्र पर जिसका नियंत्रण था, उसी के आधार पर युद्ध विराम कर दिया, जिसका परिणाम पूरा देश आज भी भुगत रहा है। यह तो अच्छा हुआ अक्तूबर 1947 में कश्मीर के महाराजा ने गुरुजी के समझाने पर भारत के साथ विलय की घोषणा कर दी थी और सरदार पटेल की सूझबूझ से भारतीय सेनाओं को वायुयानों से भेजकर श्रीनगर सहित कश्मीर घाटी तक जम्मू को बचा लिया गया। इस समय श्रीनगर के हवाई अड्डे की स्थिति इतनी खराब थी कि वहाँ पर वायुयान उतर ही नहीं सकते थे। संघ के स्वयंसेवकों ने रातोरात लगकर श्रीनगर के हवाई अड्डे की मरम्मत करके उसे इस योग्य बनाया कि वहाँ विमान उतर सकें।

अपनी जान पर खेलकर निडर स्वयंसेवकों ने शत्रु की सीमा से गिरे गोला-बारूद लाकर भारतीय सेना को दिए। संघ के कार्यकर्ताओं के अदम्य साहस के कारण पाकिस्तान के मनसूबे पूरे नहीं हुए। भारतीय सेना की टुकड़ियों के साथ मार्गदर्शन के लिए बड़ी संख्या में आर.एस.एस. के स्वयंसेवक भी गए थे। पाकिस्तानी सेना की टुकड़ियों ने जब कश्मीर की सीमा पार करने का प्रयास किया तो उन्हें रोकने और मातृभूमि की रक्षा करते हुए संघ के अनेक स्वयंसेवक शहीद हुए थे। संघ ने यहाँ बड़ी संख्या में राहत शिविर भी लगाए थे। इस तथ्य को कहीं भी प्रमुखता से सामने नहीं आने दिया गया।

अक्तूबर 1947 से ही कश्मीर पर पाकिस्तानी सेना की गतिविधियों पर संघ के स्वयंसेवक पैनी नजर रखे हुए थे। बलराज मधोक, हरि भनोट और जगदीश अब्रोल इत्यादि शेख अब्दुल्ला और नेहरू की नीयत को पहचान चुके थे। इसलिए 1947 तक जम्मू-कश्मीर में संघ कार्य का पर्याप्त विस्तार किया जा चुका था। यह कार्य स्वयंसेवक बिना किसी प्रशिक्षण के कर रहे थे। वास्तव में यह कार्य न तो भारत की सरकार कर रही थी, न ही महाराजा हरि सिंह की सरकार। बाद में जनसंघ के संस्थापक डॉ. श्यामाप्रसाद मुकर्जी ने श्रीनगर जाकर अपनी कुरबानी दी। डॉ. मुकर्जी जम्मू-कश्मीर को भारत का पूर्ण और अभिन्न अंग बनाना चाहते थे। उस समय जम्मू-कश्मीर का पृथक् झंडा और पृथक् संविधान था। वहाँ का मुख्यमंत्री प्रधानमंत्री कहलाता था।

डॉ. मुकर्जी कहते थे कि एक देश में दो निशान, दो विधान और दो प्रधान नहीं चलेंगे। संसद् में अपने भाषण में डॉ. मुकर्जी ने धारा-370 को समाप्त करने की जोरदार वकालत की थी। अगस्त 1952 में जम्मू की विशाल रैली में उन्होंने अपना संकल्प व्यक्त किया था कि या तो मैं आपको भारतीय संविधान प्राप्त कराऊँगा या फिर उस उद्देश्य की पूर्ति के लिए अपना जीवन बलिदान कर दूँगा। अपने संकल्प को पूरा करने के लिए वे 1953 में बिना परमिट लिये जम्मू-कश्मीर की यात्रा पर निकल पड़े। वहाँ पहुँचते ही उन्हें पं. नेहरू के मित्र शेख अब्दुल्ला द्वारा गिरफ्तार करके नजरबंद कर लिया गया। 23 जून, 1953 को रहस्यमयी परिस्थितियों में उनकी मृत्यु हो गई। दुर्भाग्यवश डॉ. मुकर्जी गुरुजी से बिना परामर्श किए ही कश्मीर गए, जो कि घातक सिद्ध हुआ। अब 23 जून को भारतीय जनता पार्टी बलिदान दिवस के रूप में मनाती है।

राष्ट्रीय स्वयंसेवक संघ के पदाधिकारियों की ही भाँति डॉ. भीमराव आंबेडकर

भारत के विभाजन की कल्पना से भी दु:खी हो उठते थे। उनका मत था कि प्रकृति ने भारत को अखंड स्वरूप प्रदान किया है। उनके अनुसार, "हमें इस मौलिक तथ्य को विस्मृत नहीं करना चाहिए कि प्रकृति द्वारा भारत को एक एकल भौगोलिक इकाई के रूप में निर्मित किया गया है।" आर.एस.एस. की भाँति वे भी मानते थे कि इसकी एकता उतनी ही प्राचीन है, जितनी स्वयं प्रकृति। भौगोलिक एकता के अतिरिक्त, यहाँ अत्यंत प्राचीन काल से ही सांस्कृतिक एकता भी रही है। इसी सांस्कृतिक एकता के कारण हम राजनीतिक और जातीय अलगाव का सामना करते रहे हैं। गत 150 वर्षों से तो सांस्कृतिक, राजनीतिक, आर्थिक, वैधानिक और प्रशासनिक संस्थाएँ एक साँझे उद्गम स्थल से कार्य कर रही हैं। पाकिस्तान को लेकर किसी भी विवाद के संदर्भ में इस तथ्य को विस्मृत नहीं किया जाना चाहिए कि मूलत: भारत में आधारभूत एकता विद्यमान है।"

ऐसी सांस्कृतिक और भौगोलिक दृष्टि से अखंड भारत को विभाजित किए जाने के संदर्भ में डॉ. आंबेडकर इसके व्यावहारिक पक्ष पर अधिक ध्यान देने की बात कहते थे। वे मुसलमानों की भारत के प्रति निष्ठा पर ही प्रश्नचिह्न लगाते थे। उनके अनुसार, मुसलमानों की यह सोच रही है कि अंग्रेजों ने भारत की सत्ता मुसलमानों से छीनी थी, इसलिए वापस जाते समय अंग्रेजों को वह सत्ता उन्हें ही लौटानी चाहिए। यहाँ पर भी इस बात को विस्मृत किया जाता रहा है कि मुसलमान तो स्वयं आक्रांता थे। यहाँ के भूमिपुत्र नहीं। दूसरे लाख प्रयास करने के पश्चात् भी मुसलमान पूरे भारत को अपने अधीन करने में कभी सफल नहीं हुए थे। कितने ही राजा उन्हें समय-समय पर पराजित करते रहे थे।

जिस समय कांग्रेस ने भारत में मुसलमानों के लिए खिलाफत आंदोलन चलाया था, तब भी मुसलिम समुदाय के एक वर्ग का यह विचार था कि इसलामी वर्चस्व को स्थापित करने के लिए बाहर के मुसलिम देशों से सहायता लेने में कोई हर्ज नहीं है। उन्होंने अफगानिस्तान के बादशाह को भारत पर आक्रमण करने के लिए निमंत्रित करने में भी कोई झिझक नहीं दिखाई थी। वास्तव में डॉ. आंबेडकर इस बात से चिंतित थे कि यदि अंग्रेजों की सत्ता समाप्त होने के बाद भी मुसलमान अपने आप को इस देश की धरती से नहीं जोड़ पाए और भारत में मुसलिम साम्राज्य स्थापित करने के लिए विदेशी मुसलमान देशों की ओर सहायता के लिए देखने लगे तो भारत की स्वतंत्रता पुन: खतरे में पड़ जाएगी। इस प्रकार डॉ. आंबेडकर यथार्थ के धरातल पर खड़े हुए दिखाई देते हैं।

डॉ. भीमराव आंबेडकर का मत था कि स्वतंत्रता प्राप्त कर लेना उतना महत्त्वपूर्ण नहीं है, जितना कि उसे अक्षुण्ण बनाए रखना। स्वतंत्रता को अक्षुण्ण रखने के लिए एक भरोसेमंद सेना का होना अनिवार्य होता है। ऐसी सेना, जो हर हालत में देश के लिए लड़ने-मरने को तैयार रहे। यदि विभाजन नहीं होगा तो देश की सेना भी संयुक्त ही होगी, जिसमें हिंदू और मुसलमान दोनों ही होंगे। किसी विदेशी आक्रमण के समय, विशेष रूप से किसी मुसलिम देश द्वारा हमले के वक्त क्या मुसलमान भारत की रक्षा के लिए युद्ध करेंगे या फिर वे 'हम महजब' आक्रमणकारी का साथ देने लगेंगे। उनका मत था कि यदि मुसलमानों में मुसलिम राष्ट्रवाद जड़ जमा लेगा तो यह भारत के लिए बहुत ही घातक सिद्ध होगा। यह विभाजन द्विराष्ट्र के सिद्धांत पर ही हो रहा था। इसी एक आशंका के कारण वे भारत-विभाजन के पक्षधर बने थे।

कश्मीर के संदर्भ में उनकी यह सोच सोलह आने सच प्रमाणित हुई। जैसा उन्होंने अनुमान लगाया था, वैसी ही गलतियाँ डोगरा राजा हरि सिंह के सेनापतियों ने सन् 1948 में कीं। स्वतंत्रता के तुरंत बाद कश्मीर पर पाकिस्तान की सेना ने कबायलियों के भेष में मजहबी नारों के साथ आक्रमण कर दिया। उसका सामना करने के लिए रियासती सैन्य कमांडर लेफ्टिनेंट कर्नल नारायण सिंह ने कश्मीरी मुसलमान सैनिकों पर भरोसा करते हुए उन्हें शत्रु का सामना करने के लिए युद्ध के मैदान में भेजने की मूर्खता कर डाली। उन्होंने इस बात पर कोई ध्यान नहीं दिया कि पाकिस्तान जैसे मुसलिम देश के सामने कश्मीरी मुसलमानों को लड़ने के लिए भेजा जाना घातक सिद्ध होगा। मुसलमानों के विरुद्ध लड़ने में उनकी स्वामिभक्ति और राष्ट्रभक्ति संदिग्ध हो सकती है। उन्होंने परामर्श देनेवालों से भी कहा, "तुम नहीं जानते, "हमारी सेना के मुसलमान पहले कश्मीरी हैं, बाद में मुसलमान।" यहाँ उन्होंने मुसलमानों की धर्म के प्रति अंधी और प्रगाढ़ आस्थावाली फितरत को पूरी तरह से अनदेखा कर दिया। कितना बड़ा भ्रम उन्होंने पाल रखा था। वह भ्रम आज तक पाला जा रहा है और उसका दंड भी देश और समाज को भुगतना पड़ रहा है। उनके उस अंधविश्वास का परिणाम क्या हुआ? लेफ्टिनेंट कर्नल असलम खान के नेतृत्व में सभी मुसलमान कश्मीरी सैनिक शत्रु से जा मिले और रात में उन्होंने सोते हुए नारायण सिंह और उनके साथ आए हजारों हिंदू सैनिकों की निर्मम हत्या कर दी। मीरपुर के मोर्चे पर भी यही गलती दोहराई गई और वहाँ पर भी 20,000 हिंदू सैनिक कश्मीरी मुसलमान सैनिकों द्वारा निर्ममता से मार दिए गए। इसी सेना के साथ आए सभी गोरखा सैनिकों को भी मौत के घाट उतार दिया गया, क्योंकि वे सभी हिंदू थे।

□

उपरोक्त अधिनियम के अंतर्गत विलय होने के बाद किसी रियासत के पास यह अधिकार शेष नहीं रहता कि वे इसके विरोध में आवाज उठाए। सन् 1951 में जम्मू-कश्मीर की संविधान सभा का निर्वाचन हुआ। उसने 6 फरवरी, 1954 को इस विलय की पुष्टि कर दी। इसी संविधान सभा ने 1956 में पृथक् संविधान बनाने की अपनी प्रक्रिया पूरी की। जम्मू-कश्मीर की विधानसभा की मंजूरी के पश्चात् संविधान के अनुच्छेद-370 के अंतर्गत 26 जनवरी, 1957 को इसे विधिवत् लागू कर दिया गया। इसी संविधान की धारा-3 में इस बात का उल्लेख है कि जम्मू-कश्मीर राज्य भारत का अभिन्न अंग है और रहेगा। धारा-4 में यह उल्लिखित है कि 15 अगस्त, 1947 तक महाराजा हरि सिंह के आधिपत्य में जितना भाग था, वह पूरा भाग जम्मू-कश्मीर और भारत का हिस्सा है। धारा-147 के अनुसार धारा-3 और 4 को अपरिवर्तनीय बनाया गया है।

इससे यह स्पष्ट होता है कि महाराजा हरि सिंह सहित वहाँ की पूरी प्रजा एवं बाद में राज्य की निर्वाचित सरकार ने भी जम्मू-कश्मीर के भारत में विधिवत् विलय की मंजूरी प्रसन्नतापूर्वक दी थी। इसे एक विडंबना ही कहा जा सकता है कि कुछ राजनेताओं की गलतियों के कारण उस स्वीकृति को एक लंबे समय तक व्यवहार में परिवर्तित नहीं किया जा सका।

अब धारा-370 को पूरी तरह से निरस्त कर दिया गया है। कश्मीर से लद्दाख के क्षेत्र को पृथक् करके उसे संघशासित प्रदेश घोषित किया जा चुका है। परंतु अभी पाकिस्तान अधिकृत कश्मीर को मुक्त करवाना शेष है। जम्मू-कश्मीर भारत का अविभाज्य अंग था, है और रहेगा। यह बात सर्वविदित है। इसलिए आम धारणा है कि जम्मू-कश्मीर को अपनी बपौती समझनेवाले राजनेताओं को अपनी हठधर्मिता त्यागकर राज्य के विकास में योगदान देना चाहिए।

अब भारत के सभी कानून जम्मू-कश्मीर में भी उसी प्रकार से लागू किए गए हैं, जैसे अन्य प्रांतों में। जिस प्रकार उस राज्य का प्रत्येक नागरिक भारत का नागरिक है, उसी प्रकार भारत के नागरिक जम्मू-कश्मीर के नागरिक भी हैं। कहीं किसी प्रकार का भेदभाव नहीं रहा है। पर इसके लिए देश को कितना भारी मूल्य चुकाना पड़ा।

□

29
हैदराबाद

विलय होनेवाली तीन रियासतें क्षेत्रफल के आधार पर बड़ी मानी जा सकती थीं। कश्मीर, मैसूर और हैदराबाद। कश्मीर से एक कदम आगे बढ़कर हैदराबाद के निजाम ने अपनी रियासत को स्वतंत्र रखने का प्रयास किया, परंतु भारत सरकार की पुलिस कारवाई के कारण वह 1948 में अपनी रियासत को भारत में मिलाने के लिए बाध्य हो गया। केंद्रीय गृहमंत्री सरदार वल्लभभाई पटेल के नीति कौशल के कारण हैदराबाद, कश्मीर और जूनागढ़ के अतिरिक्त समस्त रियासतें शांतिपूर्वक भारतीय संघ में मिल गईं। जूनागढ़ के नवाब ने पाकिस्तान में सम्मिलित होने की घोषणा की तो वहाँ विद्रोह हो गया। उसका अंतिम नवाब मोहम्मद महाबत खान तृतीय पाकिस्तान भाग गया और प्रजा के हितों को ध्यान में रखते हुए उसे भारत में मिला लिया गया।

देश के एकीकरण में सरदार वल्लभभाई पटेल ने बहुत ही महत्त्वपूर्ण भूमिका निभाई थी। 1947 में भारत स्वतंत्र हो गया और जूनागढ़ की ही तरह हैदराबाद की जनता भी भारत में विलय के लिए उत्सुक थी। हैदराबाद के निजाम मीर ओसमान अली खान बहादुर इस जनभावना को कुचलते हुए अपना स्वतंत्र अस्तित्व बनाए रखने के पक्ष में थे। उनका कहना था कि यदि ऐसा होना संभव नहीं हुआ तो वे अपनी रियासत का विलय पाकिस्तान में करेंगे। अपनी इच्छा की पूर्ति के लिए उन्होंने अपनी निजी सेना रजाकार को मैदान में उतार दिया था। यह सेना विशेष रूप से नव स्वतंत्र भारत में विलय का विरोध करने के लिए ही गठित की गई थी। रजाकारों का सीधा संबंध मजलिस-ए-इत्तेहाद-उल मुसलमीन (एम.आई.एम.) नामक राजनीति दल के साथ था। इस समय हैदराबाद की जनसंख्या लगभग एक

करोड़ साठ लाख थी। इस राज्य में 85 प्रतिशत जनसंख्या हिंदुओं की थी। समस्या यह थी कि पं. जवाहरलाल नेहरू ने अपनी स्थिति को मजबूत करने के लिए 29 नवंबर, 1947 को हैदराबाद के निजाम के साथ एक समझौता कर लिया था। इस समझौते के अनुसार एक वर्ष तक हैदराबाद की यथास्थिति आजादी से पहलेवाली ही रहनेवाली थी। इसे नेहरू की मुसलिमपरस्ती मानते हुए बहुत से लोग इस बात का विरोध कर रहे थे। सरदार पटेल को भी निजाम के साथ ऐसा कोई समझौता मंजूर नहीं था। इस समझौते का उल्लंघन करते हुए निजाम ने हिंदू जनता का उत्पीड़न करवाना प्रारंभ कर दिया। रजाकारों को जनता पर हर प्रकार का अत्याचार करने की खुली छूट दे दी गई। सरदार पटेल के लिए यह स्थिति असहनीय थी, इसलिए उन्होंने पं. नेहरू को बार-बार समझाने का प्रयास किया कि हैदराबाद को बलपूर्वक भारत में मिलाने के अतिरिक्त दूसरा कोई रास्ता शेष नहीं बचा। परंतु पं. नेहरू इस बात पर ध्यान देने की अपेक्षा इस विषय पर आँखें चुराने लगते थे।

कुछ समय के लिए पं. नेहरू को देश से बाहर जाना पड़ा। इस समय सरदार पटेल भारत के गृहमंत्री के साथ-साथ उप-प्रधानमंत्री भी थे। उनकी अनुपस्थिति में देश की बागडोर पूरी तरह से सरदार के हाथों में आ गई। इस विकट स्थिति में उन्होंने सेना को हर स्थिति का सामना करने के लिए तैयार रहने को कहा और विलय के लिए आवश्यक कागजात तैयार करवाकर हैदराबाद के निजाम के पास पहुँचा दिए। निजाम ने ऐसे किसी कागज पर हस्ताक्षर करने से इनकार करते हुए पं. नेहरू के साथ हुए अपने समझौते की बात की, परंतु सरदार पटेल ने उन्हें बताया कि इस समय मैं ही देश का प्रधान हूँ और मेरा फैसला ही अंतिम फैसला है।

इस बीच पं. नेहरू के स्वदेश लौटने का समय भी हो रहा था। पटेल जानते थे कि यदि पं. नेहरू लौट आए तो यह विलय संभव नहीं हो पाएगा। इस स्थिति को ध्यान में रखते हुए उन्होंने संबंधित अधिकारियों को आदेश दिया कि जब तक मैं न कहूँ, पं. नेहरू के विमान को जमीन पर उतरने ही न दिया जाए। इस समय भारतीय वायुसेना के विमान निजाम के महल के ऊपर मँडरा रहे थे। दूसरा कोई चारा न देखते हुए निजाम ने विलय के कागजों पर हस्ताक्षर कर दिए और रातोरात हैदराबाद भारत का अभिन्न अंग बन गया।

इस विलय के बाद पं. नेहरू के विमान को नीचे उतरने की आज्ञा मिली। हवाई अड्डे पर ही सरदार पटेल ने पं. नेहरू को सूचित किया कि विलय की प्रक्रिया पूरी हो चुकी है और अब हैदराबाद भारत का अभिन्न अंग बन चुका है। इतना सुनते ही नेहरू आगबबूला हो गए, परंतु अब कुछ भी नहीं किया जा सकता था।

वास्तव में, सरदार पटेल यह जान चुके थे कि निजाम हैदराबाद को एक स्वतंत्र देश रखना चाहता है। इसलिए वह अपनी रियासत की भारत में विलय की स्वीकृति नहीं दे रहा। निजाम भारत में विलय के कितना विरुद्ध था, इसका अनुमान इस एक बात से लगाया जा सकता है। उसने मोहम्मद अली जिन्ना को संदेश भेजकर यह जानने का प्रयास किया था कि क्या पाकिस्तान भारत के विरुद्ध युद्ध में हैदराबाद का साथ देगा, ताकि हैदराबाद में मुसलमानों का शासन कायम रखा जा सके। निजाम की आशा के विपरीत जिन्ना ने उसे टका-सा जवाब देते हुए कहा था कि मुट्ठी भर मुसलमानों के लिए वे अपने पाकिस्तान के अस्तित्व को खतरे में डालने के लिए कतई तैयार नहीं। निजाम को सबक सिखाने के लिए सरदार पटेल ने 13 सितंबर, 1948 को सैन्य काररवाई, जिसे पुलिस काररवाई कहा गया, की थी। उस समय यदि पाकिस्तान हैदराबाद जैसी किसी रियासत को सहायता देने की कोई हिमाकत करता तो वास्तव में कुछ और ही इतिहास लिखा गया होता।

इस पुलिस काररवाई का नाम 'ऑपरेशन पोलो' रखा गया था, क्योंकि उस समय हैदराबाद में विश्व में सर्वाधिक 17 पोलो मैदान हुआ करते थे। इस ऑपरेशन से पूर्व निजाम ने अपने प्रतिनिधि के रूप में कासिम रिजवी को सरदार पटेल के साथ बातचीत करने के लिए भेजा था। वह मजलिस-ए-इत्तेहाद-उल मुसलमीन नामक पार्टी का मुखिया था। हिंदुओं का उत्पीड़न करने के लिए उसने हैदराबाद में दो लाख कट्टर मुसलमानों की एक सेना तैयार की हुई थी। इस सेना को 'रजाकार' नाम दिया गया था।

उस समय सरदार पटेल की एक अत्यंत दिलचस्प मुलाकात कासिम रिजवी के साथ हुई थी। जब वह सरदार पटेल से मिलने आया तो कासिम रिजवी को वार्त्तालाप प्रारंभ करते ही यह बता दिया गया था कि हैदराबाद का इतिहास साक्षी है कि यह सदैव भारत की रियासत रहा है। अब चूँकि अंग्रेज भारत छोड़कर जा चुके हैं, इसलिए आपको हैदराबाद का शासन वहाँ की जनता को सौंप देना चाहिए। वहाँ की जनता भारत के साथ विलय के पक्ष में है।

कासिम रिजवी ने उत्तर दिया—"आप सरदार होंगे दिल्ली के, हमारे सरदार आप नहीं, निजाम हैं। हैदराबाद पर गत कई वर्षों से मुसलमानों का राज रहा है तो अब भी वही रहेगा। वह दिन दूर नहीं, जब हैदराबाद की सीमाओं को अरब सागर की लहरें छुएँगी और यदि आप अपने रुख पर अड़े रहे तो वह दिन दूर नहीं, जब हमें मुसलमानों का झंडा दिल्ली के लाल किले के ऊपर भी फहराने के लिए विवश

होना पड़ेगा। इसलिए आपकी और आपके भारत की भलाई इसी में है कि हैदराबाद को कोई छोटी-मोटी रियासत न मानकर एक पृथक् देश के रूप में स्वीकार किया जाए।"

सरदार पटेल ने रिजवी को उत्तर देते हुए कहा था कि हम बस आपको समझा सकते हैं कि इस प्रकार का रवैया आपके और आपके निजाम के हित में नहीं है। हाँ, यदि आप लोग आत्महत्या करने पर तुले हुए हैं तो कोई कर भी क्या सकता है।

कासिम रिजवी ने कहा, "पटेल साहब, आपकी इन धमकियों से और लोग डरते होंगे, हम नहीं डरते और आप हमारी चिंता न करें। आपको चिंता होनी चाहिए हैदराबाद में रहनेवाले डेढ़ करोड़ हिंदुओं की। यदि आप अपनी जिद पर अड़े रहे तो उनका सफाया करने के लिए हमें विवश होना पड़ेगा।"

कासिम रिजवी की यह धमकी सुनकर तो सरदार पटेल की आँखों में खून उतर आया था। फिर भी उन्होंने अपने ऊपर नियंत्रण रखते हुए कहा, "अच्छा तो बात यहाँ तक पहुँच चुकी है। तो बस एक बात और बताते जाइए कि आपको क्या लगता है कि जब आप हैदराबाद में हिंदुओं का सफाया कर रहे होंगे, तब हम क्या कर रहे होंगे?" इतना सुनते ही रिजवी के होश फाख्ता हो गए, फिर भी अनजान बनते हुए बोला, "हमें क्या मालूम?"

सरदार ने एक हलकी सी हुंकार भरते हुए कहा था, "बस तो फिर जिस बात के बारे में मालूम न हो, वह बोलनी भी नहीं चाहिए। ऐसी बात कई बार बहुत महँगी पड़ सकती है।" इसी के साथ वह मुलाकात समाप्त हो गई। इतिहास गवाह है कि वास्तव में कासिम रिजवी को वह धमकी बहुत महँगी पड़ी।

सरदार पटेल से इस बातचीत के बाद कासिम रिजवी की रजाकार सेना ने हैदराबाद में हिंदुओं का नरसंहार करना प्रारंभ कर दिया। हिंदुओं के गाँव-के-गाँव जला दिए गए और सड़कों पर लाशों के ढेर लग गए। भारतीय सेना के पूर्व उपसेनाध्यक्ष लेफ्टिनेंट जनरल एस.के. सिन्हा ने अपनी आत्मकथा 'स्ट्रेट फ्रॉम द हार्ट' में लिखा है—"मैं जनरल करियप्पा के साथ कश्मीर में था कि उन्हें संदेश मिला कि सरदार पटेल उनसे तुरंत मिलना चाहते हैं। दिल्ली पहुँचने पर हम पालम हवाई अड्डे से सीधे सरदार वल्लभभाई पटेल के निवास स्थान पर पहुँचे। मैं बरामदे में ही रहा, जबकि जनरल करियप्पा उनसे मिलने के लिए अंदर गए और पाँच मिनट में ही बाहर आ गए। उन्होंने मुझे बताया कि सरदार पटेल ने उनसे केवल एक प्रश्न पूछा है कि यदि हैदराबाद के मामले पर पाकिस्तान की ओर से कोई सैनिक

प्रतिक्रिया होती है तो क्या वे बिना किसी अतिरिक्त सहायता के उन हालात से निपट पाएँगे ? जनरल करियप्पा ने उत्तर दिया था हाँ और उनके केवल हाँ कहते ही सरदार पटेल ने वह बैठक समाप्त कर दी थी।"

इस संदर्भ में 12 सितंबर, 1948 को मंत्रिमंडल की एक बड़ी बैठक हुई थी। इसमें पं. नेहरू और सरदार पटेल के साथ-साथ भारतीय सेना के समस्त बड़े अधिकारी उपस्थित थे। इस बैठक में हैदराबाद के विलय के संबंध में अंतिम निर्णय किया गया था। इसमें बताया गया कि किस प्रकार हैदराबाद में भारत विरोधी गतिविधियाँ चल रही हैं। पाकिस्तान द्वारा भारी मात्रा में बारूद वहाँ भेजा जा रहा है। वहाँ की हिंदू जनता का, जोकि भारत के साथ विलय चाहती है, कासिम रिजवी और उसकी रजाकार सेना के द्वारा उत्पीड़न किया जा रहा है। वहाँ पर हो रहे अत्याचार को रोकने के लिए सेना को भेजना अनिवार्य हो गया है। इस अवसर पर सरदार पटेल ने कहा था कि हैदराबाद भारत के पेट में मौजूद एक कैंसर का रूप लेता जा रहा है, जिसका इलाज शल्य-क्रिया द्वारा ही संभव है। वहाँ उपस्थित सभी अधिकारियों ने इसके लिए अपनी सहमति व्यक्त की, लेकिन जनरल रॉबर्ट बुचर ने इस निर्णय का विरोध किया था। उसका कहना था कि अभी कश्मीर का मामला सुलझा नहीं है और अब हैदराबाद में सेना भेजने पर हमें दोहरी लड़ाई लड़नी पड़ेगी, जिसके लिए हम अभी तैयार नहीं हैं। उसने कहा कि यदि मेरी बात नहीं मानी गई तो मैं कल ही अपना त्याग-पत्र दे दूँगा। उसके त्याग-पत्र की बात सुनकर पूरी बैठक में सन्नाटा छा गया। भयभीत नेहरू ने पटेल की ओर देखा। सरदार ने मुसकराते हुए कहा, "जनरल बुचर, आप यदि चाहें तो आज से ही अपना त्याग-पत्र दे दें, लेकिन हैदराबाद में ऑपरेशन कल से हर हाल में शुरू होगा।" सरदार पटेल से इतना सुनते ही जनरल बुचर क्रोध में पैर पटकता हुआ उस बैठक से बाहर चला गया।

भारतीय सेना और रजाकार सेना के मध्य 5 दिन तक युद्ध चला। इसमें 2000 से अधिक रजाकार मारे गए, शेष मैदान छोड़कर भाग खड़े हुए। निजाम की सेना, जिसने रजाकारों का साथ दिया था, को भी इस युद्ध में भारी क्षति उठानी पड़ी। भारतीय सेना के 66 जवान शहीद हुए और 97 जवान घायल हुए। कासिम रिजवी को जीवित गिरफ्तार करके भारतीय जेल में डाल दिया गया। 9 वर्ष बाद जेल से रिहा होकर वह पाकिस्तान चला गया। जहाँ 15 जनवरी, 1970 को कराची में उसकी मृत्यु हो गई।

हैदराबाद के निजाम उस्मान अली खान को ज्यों ही अपनी इस पतली और दयनीय हालत के बारे में जानकारी मिली, उसने पाला बदलते हुए इस युद्ध का

सारा दोष कासिम रिजवी पर डाल दिया। उसने अपने रेडियो संदेश में कहा कि यह सबकुछ कासिम रिजवी का ही किया-धरा था। मेरा इससे कुछ लेना-देना नहीं है। उसी ने हिंदुओं पर अत्याचार किए और रियासत में इतना आतंक मचाया हुआ था। मैं उसके सामने विवश था। मेरा इस लड़ाई में कोई हाथ नहीं था। इसी के साथ ही निजाम ने भारत के समक्ष अपना और अपनी रियासत हैदराबाद का आत्मसमर्पण कर दिया। पं. नेहरू और सरदार पटेल ने दया दिखाते हुए निजाम को हिरासत में नहीं लिया। इतना ही नहीं, उसे कुछ समय तक हैदराबाद का निजाम बने रहने की आज्ञा भी प्रदान कर दी। अब उसके पास किसी प्रकार की शक्तियाँ शेष नहीं रही थीं, क्योंकि हैदराबाद का विलय भारत में हो चुका था।

बाद में जब सरदार पटेल हैदराबाद पहुँचे तो निजाम उस्मान अली खान को मजबूर होकर उनके स्वागत के लिए हैदराबाद के हवाई अड्डे पर उपस्थित रहना पड़ा। अब तक वह सरदार पटेल की ताकत देख चुका था। इसलिए सरदार के नीचे उतरते ही उसने सिर झुकाकर उनका अभिवादन किया। उसने क्षमा माँगते हुए कहा कि कभी-कभी इनसान से गलतियाँ हो जाती हैं। इस पर सरदार पटेल ने मुसकराते हुए कहा, "बिल्कुल सही, लेकिन फिर उन गलतियों का एक परिणाम भी निकलता है, जोकि गलती करनेवाले को भोगना पड़ता है। ऐसी गलतियों से बचा नहीं जा सकता।"

यदि उस समय सरदार पटेल ने अपनी दृढ़ राजनीतिक इच्छाशक्ति का परिचय देते हुए सैन्य काररवाई न की होती तो आज हैदराबाद भी कश्मीर की ही भाँति भारत के लिए एक समस्या बना हुआ होता। स्वतंत्रता के पश्चात् जहाँ सरदार पटेल की सूझबूझ से हैदराबाद की समस्या का समाधान स्थायी रूप से हो गया, वहीं पं. नेहरू के हस्तक्षेप के कारण कश्मीर समस्या स्वतंत्र भारत के लिए एक सिरदर्द बनकर रह गई।

□

30

दिवाकर गणपत राय

एक दिन जब मैं संसद् के केंद्रीय कक्ष में गुमसुम बैठा था, तब संसद् ने पूछा, "देश के विभाजन के संदर्भ में क्या तुम्हें कुछ नहीं कहना दिवाकर? भले ही उस समय तुम बच्चे रहे होंगे, परंतु पत्रकार होने के नाते बाद में विभाजन की इस त्रासदी पर कुछ तो अध्ययन किया ही होगा तुमने। मैंने देखा है कि विभाजन का कोई प्रसंग छिड़ते ही तुम बहुत उदास हो जाते हो। ऐसी क्या बात है? क्या मुझसे भी साझा नहीं करना चाहोगे?"

"यह एक लंबी कहानी है। कौन सुनना चाहेगा मेरे दर्द के दरिया की दास्तान? किसके पास इतना समय है कि वह दूसरों के दुःख को सुने और समझे?"

"इस समय तो हम दोनों ही हैं यहाँ। तुम कहो, मैं सुनती हूँ। तुम भी तो मेरी कहानियाँ गाहे-बगाहे सुनते ही रहते हो।" संसद् ने कहा।

"विभाजन की त्रासदी का मुझसे अधिक भुक्तभोगी यहाँ पर और कौन हो सकता है। विभाजन मेरे जीवन पर एक ऐसा ग्रहण है, जिसने मेरे पूरे बचपन को ही ग्रस लिया था। मैं आज यहाँ आपके सामने एक सफल पत्रकार और लेखक के रूप में उपस्थित हूँ, परंतु स्वयं नहीं जानता कि मैं हूँ कौन? मेरी पहचान क्या है? न माँ-बाप का पता है, न भाई-बहन का। नहीं जानता कि दुनिया में मेरा सगा-संबंधी कोई है भी या नहीं। यदि कोई होगा तो भी मैं कुछ नहीं जानता। और न ही उसे पता होगा कि मैं जीवित हूँ भी या नहीं। और यदि जिंदा हूँ तो कहाँ हूँ। जिस परिवार ने मेरा लालन-पालन किया, वे पालक माता-पिता भी अब इस दुनिया में नहीं रहे।" दिवाकर रुँधे गले से बोला—

"जब देश के विभाजन से विस्थापित हुए जत्थे सैकड़ों-हजारों की संख्या

में लाहौर से अमृतसर की ओर कूच कर रहे थे, किसी एक जत्थे के साथ रेंगता और सुबकता हुआ मैं भी अन्य हजारों लोगों की तरह जीवन की डोर थामे किसी प्रकार अपने आप को जीवित रखे हुए था। मेरे स्वर्गवासी पालक पिता बाबू गणपत रायजी अपने भरे-पूरे परिवार के साथ मुसलिम आक्रमणकारियों से बचते-बचाते हुए राष्ट्रीय स्वयंसेवक संघ के कार्यकताओं की सहायता और डोगरा रेजिमेंट की सुरक्षा में अमृतसर की ओर बढ़ रहे थे। अचानक उन्होंने महसूस किया कि कोई बच्चा उनकी उँगली थामे अपने नन्हे-नन्हे कदमों से उनके साथ चलने का असफल प्रयास कर रहा है। पहले तो उन्हें लगा कि उनके छह बच्चों में से किसी एक बच्चे ने थक जाने के कारण उनका हाथ थाम लिया होगा। परंतु जब उन्हें लगा कि बच्चे की चाल में कुछ लड़खड़ाहट है तो चलते-चलते ही उसे गोद में उठा लिया। गोद में उठाने पर उन्हें ज्ञात हुआ कि यह तो उनका बच्चा ही नहीं है। किसका बच्चा हो सकता है। इसके लिए उन्होंने चारों ओर देखा। आसपास ऐसा कोई दिखाई नहीं दिया, जो अपने बच्चे की खोज में व्याकुल हो।

"उन्होंने मुझसे पूछा 'बेटे, तुम्हारे माता-पिता कहाँ हैं?' मेरे चुप रहने पर उन्होंने फिर पूछा, 'क्या तुम अपने माता-पिता से बिछुड़ गए हो?' मैं फिर भी खामोश ही रहा तो उन्होंने कहा, 'क्या तुम जानते हो कि वे कहाँ हैं?' मैं चुपचाप उन्हें टुकुर-टुकुर निहारता रहा था। एक भोले-भाले प्यारे बच्चे को यूँ ही गोद से उतारकर उस बदहवास पागल हुई भीड़ के मध्य छोड़ देना उन्हें स्वीकार्य नहीं था। उनका मन ही नहीं माना होगा इसके लिए। राय साहब ने आसपास दृष्टि दौड़ाई और साथ में निढाल-सी घिसटती हुई अपनी पत्नी से पूछा कि क्या तुम इस बच्चे को पहचानती हो? उनके 'न' कहने पर अन्य कुछ लोगों से पूछा कि क्या तुमने इस बच्चे के माता-पिता को आसपास कहीं देखा है? उस अनियंत्रित और उन्मादी भीड़ में इन सब बेकार के प्रश्नों का उत्तर देने का न तो सामर्थ्य था और न ही किसी के पास समय। सबको अपनी और अपने परिवार की सुरक्षा की चिंता थी। भयंकर भीड़ निरंतर सबको धकेलते हुए आगे बढ़ने को बाध्य कर रही थी। उस बदहवासी में हरेक कोई किसी दूसरे से टकरा रहा था अथवा कुचला जा रहा था। कौन गिरा, कौन पीछे छूट गया अथवा कौन गिरकर पैरों तले रौंद दिया गया, इसकी किसी को चिंता नहीं थी।

"मैं उन्हें केवल अपना नाम दिवाकर ही बता सका था। मुझे अपने माता-पिता का नाम अथवा घर के विषय में कुछ भी ज्ञात नहीं था। इससे उन्होंने मान लिया होगा कि मैं हिंदू हूँ। मैं या तो अपने माँ-बाप से बिछुड़ गया हूँ अथवा उन्हें मुसलमानों

द्वारा मार दिया गया है। शरणार्थियों के कुछ कैंप यहाँ-वहाँ लगे दिखाई देने लगे थे। न जाने क्यों, मेरे पालक माता-पिता का मन मुझे किसी कैंप में छोड़ने का नहीं हुआ। न जाने क्यों, अन्य अनेक विस्थापितों की भाँति राय साहब को अमृतसर में रुकने की अपेक्षा दिल्ली तक यात्रा करना ही बेहतर लगा। अनिश्चितता से भरे इस वातावरण में उन्हें राजधानी में सुरक्षा की भी अधिक संभावना लगी होगी। वे मुझे अपने साथ दिल्ली लेते आए। लाहौर के कुछ परिचित मित्रों और संबंधियों से उन्होंने मेरे विषय में कुछ जानना चाहा तो निराशा ही हाथ लगी। अंत में भाग्य का लेखा और ईश्वर का उपहार मानकर उन्होंने मुझे अपने सातवें बच्चे के रूप में परिवार का सदस्य स्वीकार कर लिया। फिर भी यदा-कदा वे सरकारी कैंपों में मेरे विषय में जानकारी प्राप्त करने पहुँच जाते, परंतु कुछ भी सूत्र हाथ नहीं लगता था। जहाँ लाखों लोग मौत के घाट उतार दिए गए हों, जहाँ दिन-रात मार-काट मची हो, चारों तरफ लूटपाट का बाजार गरम हो, वहाँ मुझ जैसे मासूम बच्चे के विषय में किसी को क्या चिंता हो सकती थी। संतोष की बात यह थी कि इतने विषैले वातावरण में भी राय साहब ने अपने पैर ठीक से इस धरती पर जमाने में कोई कसर नहीं छोड़ी। इतने बड़े परिवार का पालन-पोषण कोई आसान काम नहीं था। जो काम मिला, जहाँ मिला, उन्होंने पूरे उत्साह के साथ उसे करते हुए आगे कदम बढ़ाया।

“घूम-घामकर छोटे-मोटे काम करने के बाद राय साहब ने कनॉट प्लेस की एक पटरी पर कुछ फल बेचने प्रारंभ किए और जल्दी ही वे फलों की चाट बनाने लगे। फलों की बिक्री की अपेक्षा चाट से अधिक कमाई होती थी। जिसे आज हम लोग ‘एडेड वैल्यू’ कहते हैं, इसका ज्ञान था उन्हें। सौभाग्य से एक दिन उनके पास एक सज्जन पुरुष मुंशीराम चाट खाने आ पहुँचे। उनका प्रकाशन और पुस्तक वितरण का बड़ा काम था। विभाजन की त्रासदी पर बात करते-करते उन्होंने सुझाया कि आप फलों के बजाय यहीं पर पुस्तकें बेचने का काम क्यों नहीं करते! फल बेचने की अपेक्षा वह काम आप अधिक आराम से कर सकते हैं। अच्छा काम है और पढ़े-लिखे लोगों से ही वास्ता पड़ता है। इसके लिए आपको किसी प्रकार की पूँजी की आवश्यकता नहीं पड़ेगी। जितनी आवश्यकता होगी, उतनी पुस्तकें हम आपको दे देंगे। आपको यह भी बता देंगे कि कौन सी पुस्तकों और पत्रिकाओं की अधिक माँग रहती है। इस कार्य में बहुत अधिक शारीरिक श्रम करने की भी आवश्यकता नहीं होगी। फलों के न बिकने की दशा में खराब होने से होनेवाली हानि की चिंता भी नहीं रहेगी। पुस्तकों के दाम फलों की अपेक्षा बहुत अधिक होते हैं और उसमें कमीशन भी अधिक मिलता है। वह काम आप यहीं पर भी शुरू कर सकते हैं।

'परंतु पुस्तकें खरीदने के लिए मेरे पास इतने पैसे कहाँ हैं? पुस्तक विक्रय तो अपने आप में एक पूरा व्यवसाय है। आपने कहा कि पूँजी की आवश्यकता नहीं होगी। भला कोई व्यापार बिना निवेश के चल सकता है।' राय साहब ने प्रश्न किया।

'हाँ, आप ठीक कह रहे हैं। परंतु हम तो आपको उधार दे देंगे। हर महीने जितनी पुस्तकें बिक जाएँ, उनका कमीशन काटकर हमारी राशि का भुगतान कर देना। और आगे जो पुस्तकें चाहिए हों, वे लेते जाना।' उन्होंने जटिल समस्या का सरल समाधान निकाल दिया।

"राय साहब ने तुरंत इसके लिए सहमति दे दी। मुंशी रामजी के एक मित्र की दुकान कनॉट प्लेस में थी। उन्होंने उस दुकान के सामने पटरी पर बैठकर पुस्तकें एवं पत्रिकाएँ बेचने का प्रबंध करवा दिया। राय साहब ने वहाँ डेरा जमा लिया। दुकान तो जल्दी बंद हो जाती थी, परंतु उन्होंने एक चाबी राय साहब को दे दी। इससे उन किताबों को ढोकर लाने-ले जाने की समस्या नहीं रही थी। दुकान खुलने से पूर्व ही वे वहाँ पहुँचकर पुस्तकें निकालकर पटरी पर जमा लेते थे। साथ ही दुकान में झाड़ू भी लगा देते थे। जब दुकान का मालिक आता, उसे चारों ओर सफाई दिखाई देती। धूप-बत्ती के कारण वातावरण सुगंधित और खुशनुमा मिलता। इससे दुकान का मालिक बहुत प्रभावित हुआ और उनकी हरसंभव सहायता करने के लिए तत्पर रहने लगा। वे दुकान बंद होने के बाद पुस्तकों को भीतर रख देते। इस प्रकार दुकान के काम में भी कोई व्यवधान नहीं पड़ता था। सभी पुस्तकें उधार मिल जाती थीं और पत्रिकाओं की राशि अगला अंक आने पर चुकानी होती थी। इस प्रकार यह कार्य आराम से जम गया। भले ही अभी हम बच्चे थे, परंतु अंततः घर में हम आठ पुरुष थे। जो धीरे-धीरे बड़े होकर उनका सहयोग करने और बाहर निकलकर काम करनेवाले बनते गए। कुछ वर्षों बाद कनॉट प्लेस में ही एक छोटी सी दुकान किराए पर ले ली गई। फिर बड़ी ली गई और बाद में अपनी खरीद ली गई। इस कार्य में घाटे का प्रश्न ही नहीं था। क्योंकि कोई पुस्तक नहीं बिकती तो वह मुंशीरामजी को हिसाब करते समय लौटा दी जाती। फलों की तरह कुछ सड़ने-गलने की चिंता भी नहीं रहती थी। न ही सुबह-सुबह उठकर मंडी जाकर फल ढोकर लाने पड़ते थे।

"ज्यों-ज्यों राय साहब व्यवस्थित होते गए, त्यों-त्यों बच्चों की आयु के अनुसार उनकी शिक्षा-दीक्षा की व्यवस्था होने लगी। अन्य बच्चों के साथ-साथ ही मुझे भी स्कूल में दाखिल करवा दिया गया। स्कूल में मेरे पिता का नाम बाबू गणपत राय ही लिखवा दिया गया। वैसे दूसरा कोई उपाय भी नहीं था। ज्यों-ज्यों बड़े भाई शिक्षा पूरी करते गए, हमारी दुकानों की संख्या में बढ़ोतरी होती गई। राय

साहब बिना मतलब उच्च शिक्षा प्राप्त करने के पक्ष में नहीं थे। उनका मत था कि यदि डॉक्टर, वकील, वैज्ञानिक, इंजीनियर अथवा अध्यापक इत्यादि बनना है तो ही विश्वविद्यालय में उच्च शिक्षा के लिए जाना चाहिए, अन्यथा व्यावहारिक और साधारण जीवन के लिए दसवीं तक की पढ़ाई पर्याप्त है। राय साहब सरकार द्वारा सर्वव्यापी उच्च शिक्षा दी जाए, इसके विरुद्ध थे। उनका कहना था कि कॉलेज में प्रवेश उसी छात्र को दिया जाना चाहिए, जो वास्तव में शिक्षा के क्षेत्र में योगदान देना चाहता है। वे बी.ए. और एम.ए. की ऊँची पढ़ाई करके बेरोजगारों की लाइन में खड़ा होना सबसे घटिया निर्णय मानते थे। यही कारण था कि जो बच्चा दसवीं पास कर लेता, दुकान पर चला आता। पढ़ाई के दौरान भी समय मिलते ही हम लोग दुकानों पर अवश्य जाते थे। मेरी लिखने-पढ़ने में अतिरिक्त रुचि थी, इसलिए मुझे कभी पढ़ाई रोकने के लिए नहीं कहा गया। मैंने जितना चाहा, पढ़ाई की। राय साहब ने कभी नहीं रोका। कनॉट प्लेस के बाद अंसारी रोड और नई सड़क में दुकानें ले ली गईं। लाल किले के पीछे प्रत्येक रविवार को पुस्तक बाजार लगता था। वहाँ हमारे पाँच-छह स्टॉल लगने लगे। पुस्तक विक्रेता के साथ-साथ अब हम प्रकाशक और प्रिंटर भी बन गए। सारा जीवन पुस्तकों के मध्य व्यतीत करने के कारण ही मैं पत्रकार और लेखक हो गया। परंतु कभी पटरी पर पुस्तकें बेचने में कोई शर्म महसूस नहीं की।

"राय साहब के एक परिचित के सहयोग से विस्थापितों के लिए बनाई गई कॉलोनी राजेंद्र नगर में जो मकान मिल गया था, उसे हमने चार मंजिल का कर लिया है। राय साहब के स्वर्गवासी होने के बाद भी सारा परिवार एक साथ रहता है और राय साहब की शिक्षाओं और परवरिश के कारण एक ही रसोई में भरा-पूरा परिवार आनंदपूर्वक गुजारा करता है। परिवार के वृक्ष से कुछ फल पककर गिरते गए तो कुछ नए अंकुर भी फूटते रहे। एक सहज जीवन चक्र चल रहा है।

"अपने भाइयों की अपेक्षा मैं अधिक कुशाग्र बुद्धि का था। उन सबके शांत स्वभाव के प्रतिकूल मैं एक चंचल और विद्रोही किशोर के रूप में बड़ा होने लगा। शायद बचपन की कुछ कड़वी यादों का मुझ पर गहरा प्रभाव हुआ था। मैं सदैव भारत-विभाजन के बारे में लिखता-पढ़ता रहता था और प्रतिदिन कोई नई जानकारी प्राप्त करके उसके विस्तार में जाना चाहता था। राय साहब और मैं जब भी समय मिलता, विभाजन के बारे में विस्तार से चर्चा करते थे। वे विभाजन की इतनी लोमहर्षक घटनाओं के बारे में बताते थे कि मेरे रोंगटे खड़े हो जाते थे और मन में कांग्रेसी नेताओं के प्रति घृणा बढ़ती जाती थी।

"मेरा उनके साथ अनेक बातों पर मतभेद रहता था, परंतु दोनों में एक बात पूरी तरह से समान थी। दोनों ही पानी पी-पीकर महात्मा गांधी और पं. नेहरू को कोसा करते थे। दोनों को पक्का विश्वास था कि भारत का दुर्भाग्यपूर्ण विभाजन पं. जवाहरलाल नेहरू की अति महत्त्वाकांक्षा और गांधीजी की अदूरदर्शिता और नेहरू के प्रति उनके असीम प्रेम के कारण हुआ। महात्मा गांधी के बूढ़े और डरे हुए नेतृत्व का अंग्रेजों ने जमकर लाभ उठाया था। विधुर नेहरू की कोमल भावनाओं का दोहन करने के लिए उन्होंने लेडी एडविना माउंटबेटन का हरसंभव प्रयोग किया था, जिसे कांग्रेस के अनेक नेताओं द्वारा समझाने पर भी दोनों ने अनदेखा किया था। पंजाब से उजड़कर आए अधिकांश सिख धर्मावलंबियों का मत था कि नेहरू की इसी काम पिपासा के कारण उनके घर-परिवार हमेशा के लिए उजड़ गए।

"मैं बचपन से ही राय साहब द्वारा सुनाए गए अनेक घटनाओं के किस्से, कहानियाँ और उनके राजनीतिक विश्लेषण को सुन-सुनकर युवा हुआ था। हो सकता है कि उन पर राष्ट्रीय स्वयंसेवक संघ का गहरा प्रभाव हुआ हो, परंतु वे बहुत ही जागरूक नागरिक भी थे। वे विश्व राजनीति के उतार-चढ़ाव को अच्छी तरह से समझते थे और उस पर पैनी नजर रखते थे। उनका कहना था कि महात्मा गांधी को पूरा विश्व लोकतंत्र का पुरोधा मानता आया है, जबकि यह बात एक सिरे से ही झूठी और निराधार है। भारतीय राजनीति में गांधी पहले ऐसे व्यक्ति थे, जिन्होंने जानबूझकर अपनी तानाशाही स्थापित की। उन्होंने 'वीटो' के प्रयोग के रूप में एक ऐसे कैंसर का बीज बोया था, जो निरंतर आज भी फलता-फूलता जा रहा है। कांग्रेस पार्टी पर पूरी तरह से ग्रहण लगाने के बाद अब वह भारत के प्रत्येक राजनीतिक दल की जड़ें खोखली करने में सफल होता जा रहा है। दुर्भाग्यपूर्ण स्थिति यह है कि इस घुन से छुटकारा पाने की अपेक्षा सभी राजनीतिक दल जानते-बूझते उसे पालने-पोसने में लगे हैं। सारी-की-सारी राजनीति परिवारवाद की बंधक बनती जा रही है।

"कांग्रेस के नेताओं से उनकी और मेरी नाराजगी सर्वथा उचित और तर्कसंगत थी। राय साहब की इसलिए कि उनका जमा-जमाया घर-परिवार और व्यापार उनसे छिन गया था। उनके कितने ही संबंधी काल-कवलित हुए थे। पाकिस्तान में बाबू गणपत राय के नाम से प्रसिद्ध व्यक्तित्व नए भारत में रिफ्यूजी कहलाने के लिए विवश हो गया था। मेरा इससे अधिक बुरा क्या हो सकता था? मैं तो अनाथ ही हो गया। आज भी यह सोच-सोचकर काँप जाता हूँ कि न जाने मेरे परिवार की क्या दुर्दशा हुई होगी? यदि राय परिवार ने मुझे न अपनाया और पढ़ाया होता तो मेरा क्या होता? शायद गलियों में कहीं भीख माँग रहा होता अथवा किसी अनाथालय

के टुकड़ों पर पला-बढ़ा हुआ होता अथवा उस अनियंत्रित भीड़ के पैरों तले कुचल दिया गया होता। ज्यों-ज्यों मैं भारत-विभाजन के विषय में अधिक-से-अधिक अध्ययन करता हूँ, मेरी घृणा में वृद्धि होती जाती है।

"हम दोनों को इस बात पर भी आपत्ति थी कि जिस स्वतंत्रता के लिए लाखों लोगों को मौत के घाट उतरवा दिया गया, हजारों नौजवान फाँसी पर लटककर बलिदान हो गए, करोड़ों लोग विस्थापित हो गए, उसी को गौरवान्वित करते हुए पूरे विश्व को यह समझाया जा रहा है कि गांधी ने एक बूँद रक्त बहाए बिना आजादी प्राप्त कर ली। गांधी द्वारा विश्व के सामने अहिंसा का व्यावहारिक रूप प्रस्तुत किया गया है। इसे आधार बनाकर उन्हें शांति के लिए नोबेल पुरस्कार दिलवाने की माँग की जाती रही है। राय साहब जब कभी यह गीत सुनते 'दे दी हमें आजादी बिना खड्ग बिना ढाल, साबरमती के संत तूने कर दिया कमाल' तो उनका खून खौलने लगता था। परंतु जो होना था, हुआ, अब कुछ किया नहीं जा सकता था। जब वे गांधीजी के साथ राष्ट्रपिता लगे होने का विशेषण देखते तो उन्हें बहुत अधिक कोफ्त होती थी। वे कहते, जब भारत के संविधान में ऐसी किसी उपाधि का प्रावधान ही नहीं है तो दिन-रात संविधान की पवित्रता की माला जपनेवाले स्वयं उसके साथ ऐसा घटिया खिलवाड़ कैसे कर सकते हैं! इसी संदर्भ में वे अपने परिवार के जीवन की रक्षा के लिए राष्ट्रीय स्वयंसेवक संघ के स्वयंसेवकों और सेना के डोगरा रेजिमेंट के प्रति नतमस्तक हो जाते थे।"

मैंने अपनी डबडबाई आँखों को रुमाल से पोंछा और खामोश हो गया।

वातावरण बहुत भारी हो गया था। संसद् को भी यह समझ नहीं आ रहा था कि मुझे किस प्रकार सांत्वना दी जाए। इस समय उसने भी मौन रहना ही उचित समझा।

कुछ क्षण मौन रहने के बाद मैं बोला, "अच्छा, आप मुझे यह बताएँ कि क्या राय साहब जो सोचते थे, उसमें गलत क्या है। उन्होंने बिना किसी से विचार-विमर्श किए अपने स्वार्थ के लिए अखंड भारत का विभाजन धर्म के आधार पर कैसे स्वीकार कर लिया? फिर यह अधिकार उनको किसने दिया था कि पाकिस्तान जानेवाले मुसलमानों को भारत में ही रख लिया जाए? यहाँ मेरा एक और प्रश्न है। हमने बिना सोचे-विचारे खुला निमंत्रण दे दिया था कि जो भी मुसलमान भारत में रहना चाहे, रह सकता है, यदि पाकिस्तान जानेवालों में से और 50 प्रतिशत यहीं रुके रहने का निर्णय कर लेते तो क्या होता? भूमि और संसाधन तो बँट ही गए थे और आबादी यहीं रह जाती। उनके हिस्से की भूमि और आना-पाई पाकिस्तान को पहले ही दी जा चुकी थी। हम लोग वहाँ जो संपत्ति, मकान, दुकानें और मंदिर इत्यादि छोड़

आए थे, सब उनके हो गए। इधर भारत में आनेवाले शरणार्थियों के लिए सिर छिपाने तक का स्थान नहीं था। भरी सर्दी के दिन थे। सरकार किसी प्रकार का प्रबंध करने में असमर्थ थी, क्योंकि कांग्रेस नेतृत्व ने इस विषय पर विचार ही नहीं किया था। ऐसी भयंकर स्थिति में जब वीरान पड़ी मसजिदों में कुछ रिफ्यूजियों ने शरण ले ली तो वह गांधीजी को नागवार गुजरा और वे तुरंत उन्हें खाली करवाने के लिए अनशन पर बैठ गए। किस बात के वशीभूत गांधीजी निरंतर पाकिस्तान एवं मुसलमानों के पक्ष में ही अपना निर्णय सुनाते रहे थे? उन्हीं के कारण आज कश्मीर हिंदू मुक्त प्रदेश बन चुका है। केवल कश्मीर ही क्यों, आठ अन्य राज्यों में भी हिंदू अल्पसंख्यक हो गए हैं और उन्हीं की कृपा से संविधान में संशोधन करके धर्मनिरपेक्ष शब्द घुसा दिया गया है। और धर्मनिरपेक्ष भी केवल हिंदुओं को होना है, अन्य किसी दूसरे धर्म के माननेवालों को नहीं। कहने को भले ही आप कुछ भी कहें, उन्हें सिर–माथे पर बिठाएँ, परंतु इस बात से कोई इनकार नहीं कर सकता कि गांधीजी के पास दूरदृष्टि नहीं थी। वे इस बात को समझ नहीं पाए कि जो जहर का पौधा उन्होंने बोया है, उसके घातक परिणाम आगे आनेवाले पचास–सौ वर्ष बाद क्या होंगे।"

□

31

समन्वय

मेरे इन प्रश्नों का उत्तर संसद् तो क्या किसी के पास नहीं था। मैंने बात को आगे बढ़ाते हुए कहा, "राय साहब का लंबा-चौड़ा परिवार था। प्रारंभ में उन्हें अपनी गृहस्थी सँभालने और परिवार का पेट पालने के लिए क्या-क्या नहीं करना पड़ा। उन्होंने अनेक ऐसे कार्य किए, जिनके विषय में उन्होंने कभी सपने में भी सोचा नहीं होगा। मैं यह नहीं कहता कि पंजाब से शरणार्थी के रूप में आनेवाले सभी लोग वहाँ पर बहुत अमीर थे। लाखों मध्यमवर्गीय और गरीब भी वहाँ से उजड़कर यहाँ आए थे। परंतु वे जैसे भी थे, जहाँ भी थे, अपनी जड़ों के साथ जुड़े हुए और व्यवस्थित थे। यहाँ पर वे अपनी जड़ों से कटकर आए थे। और वे अपनी मर्जी से नहीं आए थे। देश की राजनीति ने उन्हें ऐसी स्थिति में ला खड़ा किया था, जहाँ से उन्हें अपनी जीवन-यात्रा नए सिरे से प्रारंभ करनी थी। इसलिए यह सरकार का दायित्व था कि उन्हें सम्मानजनक जीवन जीने के लिए आवश्यक वातावरण उपलब्ध कराया जाता। सरकार ने उन्हें नियति के सहारे छोड़ दिया। उन्हें अनिश्चितता के एक गहरे समुद्र में फेंक दिया गया था। कुछ तैर पाए और शेष डूब गए। सरकार किनारे पर खड़ी तमाशा देखती रही। प्रशासनिक कर्मचारी रिश्वत से जेबें भरते रहे।

कई बार कुछ लोग आलोचना करते हैं कि सभी पंजाबी यह कहते हैं कि हम वहाँ बहुत अमीर थे और यहाँ निर्धनता का सामना करना पड़ा। ऐसा लगता है, जैसे पंजाब में सभी लखपति ही निवास करते थे। वास्तव में जो लोग पाकिस्तान में संपन्न जीवन व्यतीत करते थे, उन्हें यहाँ अनेक कठिनाइयों का सामना करना

पड़ा, क्योंकि उनको साधारण कामकाज करने का अभ्यास नहीं था। परिश्रमवाले और शारीरिक श्रमवाले कार्य करने की उन्हें वहाँ आवश्यकता नहीं थी। यहाँ उनकी रुचि और अनुभव का काम मिलना असंभव नहीं तो कठिन अवश्य था। इसलिए वे अपनी वर्तमान स्थिति की शिकायत करते थे। जो लोग वहाँ साधारण जीवन व्यतीत करते थे, उन्हें अधिक श्रम और हर प्रकार का काम करने की आदत थी, इसलिए उन्हें अधिक कठिनाई नहीं हुई। पहली श्रेणी के लोग काम के चुनाव में लगे रहते, जबकि दूसरों ने वह सब किया, जो मिला। जब मिला, जैसा मिला। इससे वे अपेक्षाकृत जल्दी ही धनवान भी बन गए। धनवान बनने के बाद कोई क्यों कहेगा कि वह वहाँ पाकिस्तान में बहुत गरीब था।

प्रारंभ में पंजाब और सिंध से आनेवाले लोगों को यहाँ के समाज में समाहित होने में कई कठिनाइयों का सामना करना पड़ा। पाकिस्तान में तो अब तक उत्तर प्रदेश, बिहार और दिल्ली से जानेवाले मुसलमानों को वहाँ के पंजाबी समाज ने नहीं अपनाया। दिल्ली और उसके आसपास के नगरवासियों का रहन-सहन, खानपान पाकिस्तान से आनेवाले पंजाबियों और सिंधियों से बिल्कुल अलग था। उनकी वेशभूषा, भाषा और बोलचाल भी पृथक् थी। उनके रीति-रिवाज जुदा-जुदा थे। यहाँ की महिलाएँ साड़ी ही पहनती थीं, जबकि पंजाब की औरतें सलवार-सूट। यहाँ के पुरुष लाँगवाली धोती बाँधते थे तो पंजाब के कुरता-पाजामा अथवा लाचा बाँधते थे। मुलतान और झंग की तो औरतें भी लाचा ही बाँधती थीं। दोनों एक-दूसरे को अजनबी निगाहों से देखते थे। उन्हें काम देने अथवा उनके साथ व्यापार करने में झिझकते भी थे। समाज में समरसता स्थापित करने में भी सरकार द्वारा कोई विशेष प्रयास नहीं किए गए। एक लंबे समय तक स्थानीय लोग उन्हें अविश्वसनीय समझते रहे। यहाँ के बहुत से लोग उन्हें नीची और घृणा भरी नजरों से भी देखते थे और रिफ्यूजी कहकर उनका अपमान भी करते थे। पंजाब से आनेवाले लोग अपने आप को रिफ्यूजी कहलवाना पसंद नहीं करते थे। और जब कभी उनके आत्मसम्मान को ठेस लगती, झगड़े होने लगते। शुरू में पंजाबियों और सिंधियों का खून जल्दी उबलने लगता था। शारीरिक दृष्टि से वे अधिक मजबूत और गरम स्वभाव के थे, इसलिए जल्दी हाथ उठा देते थे। पंजाब से आए लोगों को यहाँ के समाज में घुल-मिल जाने में लगभग दस-पंद्रह वर्ष लग गए। उन्हें इस आलोचना का शिकार भी होना पड़ा कि पंजाबियों ने हमारी संस्कृति को ही बिगाड़ दिया। हमारे बच्चों और महिलाओं पर उनका विपरीत प्रभाव हुआ है। आज पूरे भारतवर्ष

में महिलाओं को पंजाबी सलवार-सूट पहने हुए देखा जा सकता है, जबकि उस समय इसे बुरा माना जाता था। आज पूरा उत्तरी भारत पंजाबी संस्कृति से प्रभावित है। ऐसी स्थिति का सामना करते हुए हम लोग बड़े हुए। जल्दी ही हमारे परिवार ने समाज में अपने लिए जगह बना ली, फिर भी एक लंबे समय तक दिल्ली की राजनीति स्थानीय लोगों और पंजाबियों के खेमों में बँटी रही।

□

32
हिंदी साहित्य

यहाँ पर अन्य एक बात की ओर आपका ध्यान आकृष्ट करना चाहूँगा। क्योंकि प्रकाशन की दुनिया से जुड़ा हुआ हूँ, इसलिए यह बात मुझे अधिक सालती है। भारत-विभाजन, विश्व विशेष तौर पर एशिया की एक बहुत बड़ी त्रासदीपूर्ण दुर्घटना थी। इसे मैं दुर्भाग्यपूर्ण स्थिति ही कहूँगा कि हिंदी साहित्य इससे सर्वदा उदासीन रहा। सारा घटनाक्रम हिंदी क्षेत्र के आसपास घटित हुआ, फिर भी हिंदी लेखकों की संवेदना झंकृत नहीं हुई। इस हैवानियत से जनमानस क्षुब्ध था, परंतु वामपंथी लेखक या तो इसे समझे नहीं अथवा जानबूझकर अपनी आँखें मूँदे रहे। लगता है, उन्होंने इसका योजनाबद्ध तरीके से बहिष्कार किया था। इसी कारण इस विभीषिका को मार्क्सवादी लेखन में तनिक भी स्थान नहीं मिला। सितंबर 1947 में बँटवारे के मात्र एक माह बाद प्रयागराज में प्रगतिशील लेखक संघ की एक बैठक हुई। उसमें तमाम बड़े और छोटे लेखक सम्मिलित हुए। यहाँ लेखक संघ द्वारा 22 प्रस्ताव पारित किए गए, परंतु उनमें विभाजन की चर्चा तक नहीं की गई। एक-दो पंक्तियों में सांप्रदायिकता की बात भी इसलिए की गई, क्योंकि वहाँ एक दिन पूर्व मुसलिम बहुल क्षेत्र में छुरेबाजी की घटना हुई थी। इसी लेखक संघ ने 1975 में आपातकाल का बहुत जोर-शोर से समर्थन किया था। इस सामाजिक और मानवीय मसले पर किसी की कलम नहीं चली। मानवता की हत्या हुई और हिंदी लेखकों को कोई दर्द नहीं हुआ। स्पष्ट है कि हिंदी लेखकों की सोच का दायरा बहुत ही छोटा निकला। उनकी संवेदना में विभाजन का दर्द आया ही नहीं।

70 वर्ष में विभाजन को लेकर 7 उल्लेखनीय साहित्यिक कृतियों की भी रचना नहीं हुई। जबकि इस विषय पर 700 पुस्तकें भी लिखी जातीं तो कम ही होतीं। ऐसा

लगता है कि भारत-विभाजन के कारण जिस त्रासदी का सामना पंजाबियों और बंगालियों को करना पड़ा, उसका दर्द देश के अन्य भागों में अनुभव नहीं किया गया। हैदराबाद और कश्मीर में हुए कत्लेआम की तो गणना तक भी नहीं की जा रही। इसलिए इस विषय पर अधिकतर पंजाबी और बाँग्ला में ही लिखा गया। हिंदी से अधिक तो अंग्रेजी में लिखा गया। जबकि इस विभाजन से पूरे देश के करोड़ों लोग प्रत्यक्ष अथवा अप्रत्यक्ष रूप से प्रभावित हुए थे और आज तक हो रहे हैं।

बँटवारे के परिणामस्वरूप पाकिस्तान नामक जो नासूर बना, क्या वह आज भी पूरे देश की नींद हराम किए हुए नहीं है। उस समय धार्मिक घृणा का जो पौधा रोपा गया था, आज वह एक विशाल वृक्ष बनकर अपना विष घर-घर में फैला रहा है। साहित्यकारों का यह धर्म था कि वे इस घृणा के विषाक्त पौधे की जड़ों में मट्ठा डालने में तनिक भी विलंब न करते। निस्संदेह बँटवारे को लेकर कई सशक्त कहानियाँ लिखी गईं, परंतु उपन्यास दो-चार ही सामने आए। यशपाल का पहला उपन्यास 'झूठा सच' ही दस वर्ष बाद सामने आया। कमलेश्वर का 'कितने पाकिस्तान' सन् 2000 में छपा और स्वयं विभाजन की त्रासदी झेलनेवाली कृष्णा सोबती ने हॉल ही में 'गुजरात पाकिस्तान से गुजरात हिंदुस्तान' तक की रचना की है।

गली के कुत्ते तक को चोट लगने से द्रवित हो उठनेवाला हिंदीभाषी कवि समाज विभाजन के इस भयानक दर्द से संवेदनहीन ही बना रहा। सड़क पर पत्थर तोड़ती नारी जिस कवि को द्रवित कर गई, उसे विभाजन के दर्द का दरिया दिखाई ही नहीं दिया। सच्चिदानंद हीरानंद वात्स्यायन अज्ञेय के अतिरिक्त शायद ही किसी बड़े स्थापित हिंदी कवि ने इस विषय पर अपनी लेखनी चलाई हो। 20वीं सदी की यह सबसे विध्वंसकारी घटनाओं में से एक थी। अज्ञेय ने लिखा कि देश मानो मिर्गी के दौरे सरीखी पीड़ा से जूझ रहा था। अज्ञेय की कविता 'शरणार्थी' को भी आलोचकों ने अनदेखा ही कर दिया। इसी प्रकार गुरुदत्त के लेखन को प्रगतिशील लेखकों ने साहित्य के परिदृश्य से ही ओझल कर दिया। परंतु हिंदी जगत् में कोई हलचल आज तक दिखाई नहीं दे रही।

□

33
जनसंघ

महात्मा गांधी की हत्या के आरोप में राष्ट्रीय स्वयंसेवक संघ को भी संदेह के घेरे में ले लिया गया और 3 फरवरी, 1948 को भारत सरकार ने संघ पर प्रतिबंध लगा दिया। बिना किसी दोष के संघ के हजारों स्वयंसेवकों को जेल में ठूँस दिया गया। वास्तव में देश में एक ऐसे वातावरण का निर्माण होने लगा था कि हिंदुओं की बात करनेवाला कोई दिखाई नहीं देता था। संघ की अखंड भारत की माँग को ठुकराते हुए कांग्रेस ने देश का विभाजन स्वीकार किया था, यह पीड़ा भी संघ के नेतृत्व को बहुत सालती थी।

राष्ट्रीय स्वयंसेवक संघ पर प्रतिबंध लगने के बाद लालाजी ने लगभग एक वर्ष अंबाला जेल में व्यतीत किया था। जेल में उनका संपर्क संघ के अनेक कार्यकर्ताओं और पदाधिकारियों के साथ हुआ था। प्राय: इस बात की चर्चा होती थी कि संघ जैसे सामाजिक एवं सांस्कृतिक संगठन पर बिना किसी ठोस आधार पर प्रतिबंध लगा दिया गया है। यह निश्चित था कि महात्मा गांधी की हत्या में संघ की किसी प्रकार की भूमिका नहीं थी। यदि किसी समय नाथूराम गोडसे संघ की शाखा में आता भी रहा हो तो भी उसके किसी आपराधिक कृत्य के लिए पूरे संगठन को न तो दोषी ठहराया जा सकता था, न ही दंडित किया जा सकता था। फिर गोडसे ने स्वयं भी स्वीकार कर लिया था कि इस हत्या से संघ का कोई लेना-देना नहीं। उसने न्यायालय में कह दिया था कि जहाँ तक मेरा प्रश्न है, मैं संघ का स्वयंसेवक नहीं हूँ। इतना ही नहीं, स्वयं सरदार पटेल यह मानते थे कि महात्मा गांधी की हत्या में संघ का कोई हाथ नहीं था। भले ही प्रधानमंत्री नेहरू के दबाव में आकर उन्होंने संघ पर प्रतिबंध लगा दिया था। इन सब बातों पर होनेवाली चर्चाओं से जो बात

उभरकर सामने आती थी, वह यह कि जनता में राजनीतिक स्तर पर संघ का पक्ष प्रस्तुत करनेवाली कोई राजनीतिक पार्टी नहीं है। कांग्रेस और साम्यवादी तो वैसे ही संघ के प्रबल शत्रु हैं। हिंदू महासभा और राम राज्य परिषद् जैसे दल महत्त्वहीन होते जा रहे हैं। ऐसी अवस्था में एक ऐसे दल की अनिवार्यता अनुभव की जा रही थी, जो समय आने पर आगे बढ़कर संघ का पक्ष प्रस्तुत करे। भले ही अभी संघ के गठन को मात्र 25 वर्ष ही हुए थे, परंतु भविष्य में ऐसे कई अवसर आएँगे, जब संघ को ऐसी समस्याओं का सामना करना पड़ सकता है। इसलिए सब लोग इस बात पर सहमत होते थे कि इसके लिए किसी राष्ट्रीय विचारधारावाले राजनीतिक दल का गठन किया जाए।

संघ के स्तर पर गहन विचार मंथन चल रहा था। इस समय पश्चिमी और पूर्वी पाकिस्तान में हिंदुओं पर अमानुषिक अत्याचार हो रहे थे। पूर्वी पाकिस्तान में हिंदुओं को सांप्रदायिक हिंसा का निशाना बनाया जा रहा था। नेहरू के मंत्रिमंडल के सदस्य डॉ. श्यामाप्रसाद मुकर्जी निरंतर उनके हितों की रक्षा के लिए कुछ करने का अनुरोध पं. नेहरू से करते रहे, परंतु उन्होंने कोई ठोस कदम नहीं उठाया। उलटे लियाकत अली से नेहरू पैक्ट में भारत में रहनेवाले मुसलमानों के हितों का वादा किया, परंतु पाकिस्तान में रहनेवाले हिंदुओं को अधर में ही छोड़ दिया। इस बात से रुष्ट वरिष्ठ राष्ट्रवादी नेता डॉ. श्यामाप्रसाद मुकर्जी ने नेहरू-लियाकत समझौते के विरोध में नेहरू मंत्रिमंडल से त्याग-पत्र दे दिया। डॉ. मुकर्जी ने पं. नेहरू पर बंगाली हिंदुओं से विश्वासघात करने का आरोप लगाते हुए यह कदम उठाया था। उनके त्याग-पत्र का मुख्य कारण ही उनकी राष्ट्रीय सोच थी। डॉ. मुकर्जी के देशभक्ति के विचार पं. नेहरू की सोच के साथ मेल नहीं खाते थे।

□

डॉ. मुकर्जी का संघ के साथ हाथ मिलाने का मुख्य कारण था—ब्रिटिश सरकार की भारत-विभाजन की गुप्त योजना और षड्यंत्र को कांग्रेसी नेताओं द्वारा अपने स्वार्थों के वशीभूत होकर स्वीकार करना। इससे अखंड भारत की माँग निरंतर उठानेवाले डॉ. श्यामाप्रसाद मुकर्जी बहुत आहत हुए। वे इस बात के प्रबल समर्थक थे कि सांस्कृतिक दृष्टि से हिंदू और मुसलमान एक ही हैं। उनके अनुसार आधारभूत सत्य यह है कि मूल रूप से हम सब एक हैं। हमारी नसों में एक ही रक्त प्रवाहित हो रहा है। एक ही भाषा, एक ही संस्कृति और विरासत एक ही है। परंतु कांग्रेस नेतृत्व ने उनकी बात नहीं सुनी, जबकि आम जनता उन्हें अथाह प्यार करती थी। इस विभाजन को रोकने का अनुरोध करने के लिए वे गांधीजी से भी मिले। गांधीजी

ने कहा कि कांग्रेस के लोग उनकी सुनते ही नहीं। अगस्त 1946 में मुसलिम लीग ने संघर्ष का रास्ता अपनाते हुए कत्लेआम करवा डाला। कांग्रेसी नेतृत्व भयभीत होकर बिल में जा छिपा। ऐसी स्थिति में डॉ. मुकर्जी ने ही पंजाब और बंगाल के विभाजन का प्रश्न उठाकर आधे पंजाब और आधे बंगाल को पाकिस्तान में जाने से बचाया। यदि डॉ. मुकर्जी नहीं होते तो आज पूरा बंगाल और पूरा पंजाब पाकिस्तान का हिस्सा होते। इस प्रकार उन्होंने देश के सबसे बड़े शहर कलकत्ता और वहाँ के बंदरगाह को भी बचा लिया।

डॉ. मुकर्जी धर्म के आधार पर भारत के विभाजन के कट्टर विरोधी थे। वे मानते थे कि विभाजन संबंधी उत्पन्न हुई परिस्थितियाँ ऐतिहासिक और सामाजिक कारणों से थीं। वे महात्मा गांधी और सरदार पटेल के अनुरोध पर ही भारत के पहले मंत्रिमंडल में शामिल हुए थे। संविधान सभा और भारतीय संसद् के सदस्य और केंद्रीय मंत्री के नाते उन्होंने देश की राजनीति में शीघ्र ही अपना विशिष्ट स्थान बना लिया। परंतु उनके राष्ट्रवादी चिंतन के कारण उनके मतभेद अन्य नेताओं से बराबर बने रहे। राष्ट्रीय हितों की प्रतिबद्धता को अपनी प्रथम एवं सर्वोच्च प्राथमिकता मानने के कारण उन्होंने मंत्रिमंडल से त्याग-पत्र दे दिया।

वसंत राव ओक और बलराज मधोक के अनुरोध पर डॉ. मुकर्जी ने इस संदर्भ में सरसंघचालक गुरु गोलवलकर से भेंट की और राजनीतिक दल के गठन का विचार आगे बढ़ाया। इसके लिए डॉ. मुकर्जी सर्वप्रथम 1951 के प्रारंभ में ही नागपुर पहुँचे। संघचालक बाबासाहेब घटाटे के निवासस्थान पर गुरुजी, बालासाहेब देवरस और भाऊराव देवरस के साथ बैठक की। देश की राजनीतिक परिस्थितियाँ ऐसी बन रही थीं कि संघ के लिए भी अपने को अलग रखना असंभव लग रहा था। गुरुजी ने उन्हें एक नई राजनीतिक पार्टी बनाने का सुझाव दिया। गुरुजी ने संघ के सहयोग हेतु शर्त रखी कि संघ प्रत्यक्ष राजनीति से पूर्णतः अलिप्त रहेगा और हिंदू राष्ट्र भाव को नया दल स्वीकार करेगा। डॉ. मुकर्जी ने सहर्ष इन दोनों बातों को स्वीकार किया। जैसाकि निर्णय किया गया, पार्टी के लिए आवश्यक कार्यकर्ताओं का सहयोग संघ द्वारा दिया गया। गुरुजी ने नए राजनीतिक दल के लिए अपने प्रमुख प्रचारकों को संघ कार्य से मुक्त करके डॉ. मुकर्जी के साथ कार्य करने के लिए भेजा। नानाजी देशमुख, बलराज मधोक, भाई महावीर, सुंदर सिंह भंडारी, जगन्नाथ राव जोशी, लालकृष्ण आडवाणी, कुशाभाऊ ठाकरे, रामभाऊ गोडबोले, गोपाल राव ठाकुर और पं. दीनदयाल उपाध्याय के सहयोग से उन्होंने 21 अक्तूबर, 1951 को दिल्ली

में अखिल भारतीय जनसंघ की स्थापना की। बाद में अटल बिहारी वाजपेयी को भी जनसंघ में भेजा गया, जिन्होंने डॉ. मुकर्जी के सचिव के रूप में कार्यभार सँभाला।

भारत की राजनीति में यह एक अभिनव प्रयोग था। आमतौर पर जब राजनीतिक दल का गठन होता है तो पहले राष्ट्रीय इकाई स्थापित की जाती है और बाद में राज्य और जिला इकाई गठित की जाती है। लेकिन जनसंघ के मामले में औपचारिक तौर पर राष्ट्रीय स्तर पर अस्तित्व में आने से पूर्व कुछ राज्य स्तरीय इकाइयाँ स्थापित हो चुकी थीं। जम्मू, पंजाब, पेप्सू तथा दिल्ली में जनसंघ का गठन मई 1951 में ही हो गया था। आगामी छह मास में पश्चिम बंगाल, उत्तर प्रदेश, राजस्थान और मध्य प्रदेश में भी प्रांतीय इकइयों का गठन हो गया था। उसके बाद 21 अक्तूबर, 1951 को डॉ. श्यामाप्रसाद मुकर्जी द्वारा विधिवत् औपचारिक रूप से अखिल भारतीय जनसंघ की दिल्ली में स्थापना की गई। प्रो. बलराज मधोक को पार्टी का संस्थापक सचिव बनाया गया।

जनसंघ की स्थापना अधिवेशन में देश भर से आए 250 प्रतिनिधियों ने भाग लिया। अधिवेशन कनॉट प्लेस स्थित रघुमल आर्य कन्या विद्यालय में आयोजित हुआ। इस स्कूल की स्थापना दिल्ली में जनसंघ के पहले मेयर लाला हंसराज ने की थी। अधिवेशन की तैयारी में विजय कुमार मल्होत्रा और बलराज मधोक के साथ लाला खुशीराम ने दिन-रात एक कर दिया था। इसी दिन से लालाजी जनसंघ के केंद्रीय नेतृत्व की नजरों में आ गए थे। लालाजी को 1952 और 1957 के आम चुनावों में महत्त्वपूर्ण दायित्व दिया गया। इन चुनावों में भाग लेने के लिए जल्दी ही देश के सभी प्रांतों में भी जनसंघ की स्थानीय शाखाएँ खुलनी प्रारंभ हो गई थीं।

□

34
एडविना और नेहरू

आम धारणा है कि भारत-विभाजन में सबसे महत्त्वपूर्ण भूमिका लेडी माउंटबेटन ने ही निभाई थी। इसमें कितनी सच्चाई है, कोई नहीं जानता। सहसा इस बात पर विश्वास करना बहुत कठिन है कि भारत के इतने बड़े नेता किसी महिला के प्रभाव में आकर कुछ महत्त्वपूर्ण निर्णय करते होंगे अथवा गोपनीय सरकारी निर्णय उसे बताते होंगे। पर लोग तो कहते हैं कि वे एडविना से परामर्श किए बिना कोई फैसला लेते ही नहीं थे। इस विषय में अनेक बातें उभरकर सामने आ रही हैं। कई पत्र, दस्तावेज और डायरियाँ सार्वजनिक हो चुके हैं। कुछ के बारे में माँग की जा रही है कि उन्हें सार्वजनिक किया जाए।

कोई केवल तर्क के लिए तर्क करनेवाला व्यक्ति यह तर्क दे सकता है कि विभाजन के समय इतना खून-खराबा अंग्रेजों की कुटिलता भरी चाल के कारण हुआ। उन्होंने ही फूट डालो और राज करो की नीति को अंतिम रूप देते हुए यह विभाजन करवाया था। भले ही यह विभाजन लॉर्ड माउंटबेटन की योजना, जिसे भारतीय स्वतंत्रता अधिनियम-1947 कहा गया, के अनुसार हुआ था, परंतु इसके लिए सबसे महत्त्वपूर्ण भूमिका उनकी पत्नी लेडी एडविना माउंटबेटन ने निभाई थी। अब तक कई ऐसे प्रमाण मिल चुके हैं, जिनसे यह सिद्ध हो गया है कि पं. जवाहरलाल नेहरू लेडी माउंटबेटन पर बुरी तरह से आसक्त थे। उस दौर के सबसे शक्तिशाली कांग्रेसी नेता पं. नेहरू की इस दुर्बलता का लाभ उठाकर ही लेडी माउंटबेटन ने उन्हें भारत-विभाजन स्वीकार करने के लिए सहमत करवाया था। कुछ लोगों का मत है कि इस कठिन, परंतु बहुत महत्त्वपूर्ण कार्य को पूरा करने

के लिए ही लॉर्ड माउंटबेटन की नियुक्ति योजनाबद्ध तरीके से भारत में की गई थी। यदि लेडी एडविना माउंटबेटन नेहरू की कमजोरी थी तो महात्मा गांधी की कमजोरी थे जवाहरलाल नेहरू। और जिन्ना को तो खैर थाली में सजा हुआ एक देश मिल रहा था। विभाजन से पहले उनका इसलाम अथवा मुसलमानों के हितों से कुछ लेना-देना नहीं था और वे पूरी तरह से नास्तिक माने जाते थे।

□

पं. जवाहरलाल नेहरू, लॉर्ड माउंटबेटन, एडविना माउंटबेटन और मोहम्मद अली जिन्ना के बीच भारत के विभाजन को लेकर कोई गुप्त समझौता भी हुआ था, ऐसे संकेत मिलने लगे हैं। ब्रिटेन के प्रसिद्ध इतिहासकार एंड्रयू लॉनी ने लॉर्ड माउंटबेटन और उनकी पत्नी पर एक पुस्तक लिखी है। सूचना के अधिकार के अंतर्गत उन्होंने विभाजन से संबंधित दस्तावेज देखने के लिए आवेदन किया। आप लोगों को ध्यान होगा कि कुछ वर्ष पूर्व लोगों को पत्र और डायरी लिखने की आदत होती थी। माउंटबेटन और उसकी पत्नी प्रतिदिन डायरी लिखते थे। डायरी में दिन भर क्या हुआ, उन्होंने क्या किया, इत्यादि सामान्य घटनाक्रम का भी उल्लेख करते थे। ब्रिटिश सरकार ने एंड्रयू लॉनी को 99.8 प्रतिशत दस्तावेज तो उपलब्ध करवा दिए हैं, परंतु शेष दशमलव .2 प्रतिशत के लिए कहा गया है कि यदि इन्हें सार्वजनिक किया गया तो ब्रिटेन से भारत और पाकिस्तान के संबंध खराब हो जाएँगे। इनमें अवश्य ही कुछ इतना गोपनीय है कि सरकार उनके आवेदन का न्यायालय में विरोध कर रही है। इस समय तक लगभग छह करोड़ रुपए इस बात के लिए व्यय किए जा चुके हैं कि न्यायालय शेष दस्तावेजों को भी सार्वजनिक करने का आदेश न दे। लॉर्ड माउंटबेटन इंग्लैंड के शाही परिवार से हैं और शाही परिवार नहीं चाहता कि ऐसा हो। इसके लिए इन तीनों लोगों के निजी जीवन के विषय में थोड़ी-बहुत जानकारी होना आवश्यक है।

लॉर्ड माउंटबेटन बैटनबर्ग के राजकुमार लुइस और हेस्सी की रानी विक्टोरिया की संतान थे। अपने पति लॉर्ड लुईस माउंटबेटन के साथ जब लेडी एडविना माउंटबेटन ने 24 मार्च, 1947 को भारत की धरती पर कदम रखा तो उन्हें इस बात का अनुमान नहीं था कि जिस उद्देश्य की प्राप्ति के लिए वे लोग आए हैं, वह उन्हें आठ माह पहले ही प्राप्त हो जाएगा। ब्रिटेन के तत्कालीन प्रधानमंत्री क्लिमेंट रिचर्ड एटली ने यह निर्णय कर लिया था कि जून 1948 तक अंग्रेज भारत से लौट आएँगे। इसी निर्णय को लागू करने के लिए भारत के अंतिम वायसराय के रूप में

लॉर्ड लुईस माउंटबेटन को भेजा गया था, ताकि वे भारत को स्वतंत्रता प्रदान करने के साथ-साथ भारत-विभाजन का एक नासूर भी देकर आएँ। यह विभाजन अंग्रेजों की योजना के अनुसार पूरा हो सके, इसके लिए एडविना को भी साथ भेजा गया था। वैसे उनकी 17 वर्षीय कन्या पामेला भी साथ में थी। जब यह परिवार भारत पहुँचा, तब तक ब्रिटिश शासन ने हिंदुओं और मुसलिमों के मध्य सांप्रदायिकता की गहरी खाई खोद दी थी। क्या इसे एक संयोग माना जाए कि एडविना की पं. जवाहरलाल नेहरू से पहली मुलाकात भारत के भाग्य को एक नया मोड़ देनेवाली सिद्ध हुई, जिसने भारत के भूगोल को ही बदलकर रख दिया?

लॉर्ड माउंटबेटन को भारत भेजने का एक कारण था—उनका शाही परिवार से संबंध। ब्रिटिश सरकार द्वारा यह सोचा गया कि शाही परिवार का होने के कारण लुईस भारतीय रजवाड़ों के साथ अच्छे संबंध बना पाने में सफल होंगे। इसके अतिरिक्त लॉर्ड माउंटबेटन मित्र फौजों के कमांडर थे, जिन्होंने जापान को सिंगापुर में आत्मसमर्पण करने को बाध्य किया था।

भारत-विभाजन के संदर्भ में लेडी एडविना माउंटबेटन और पं. जवाहरलाल नेहरू के व्यक्तिगत अतरंग संबंधों का उल्लेख बार-बार होता रहा है। अनेक लोगों का कहना है कि यदि इनके परस्पर संबंधों का उल्लेख किसी उपन्यास के पात्रों के रूप में होता तो भी शायद लोग इस पर विश्वास नहीं करते। जबकि यह तो एक ऐसी वास्तविकता थी, जिसने हमेशा के लिए भारत और पाकिस्तान के भाग्य का निर्णय कर दिया था। स्वयं लॉर्ड माउंटबेटन की सुपुत्री पामेला हिक्स ने अपनी पुस्तक 'इंडिया रिमेंबर्ड : ए पर्सनल एकांउट ऑफ द माउंटबेटन ड्यूरिंग द ट्रांसफर ऑफ पावर' में इस बात का खुलासा किया है कि उनकी माँ एडविना और पं. जवाहरलाल नेहरू में परस्पर प्रेम-संबंध थे। उन्होंने यह लिखा है कि इस प्रेम-संबंध से उनके पिता आहत थे। वे दोनों घंटों तक कमरे में अकेले बंद रहते थे। उन्हें मेरी मौजूदगी भी अखरती थी और वह असहज हो जाती थी। कुछ सिख विद्वानों ने यह प्रश्न उठाया था कि क्या यह मान लिया जाए कि हमें ननकाना साहिब गुरुद्वारे जैसे अत्यंत पवित्र तीर्थस्थल से इसलिए वंचित होना पड़ा, क्योंकि हमारा शीर्षस्थ नेतृत्व एक विदेशी महिला पर बुरी तरह से आसक्त था।

नेहरू अथवा कांग्रेस के किसी भी नेता द्वारा इस प्रश्न का कभी भी संतोषजनक उत्तर नहीं दिया गया। आज तक भी कांग्रेस का कोई नेता जवाहरलाल नेहरू के विरुद्ध एक शब्द नहीं बोल पाता और आज तो नेहरू द्वारा सुभाष चंद्र बोस की

जासूसी करवाने की बातें भी सार्वजनिक हो रही हैं। यदि उस समय के दस्तावेजों को सार्वजनिक किया गया तो कांग्रेस का असली और घिनौना चेहरा लोगों के सामने आ जाएगा। हो सकता है कि शेष दस्तावेजों में लिखा हो कि आजादी का आधार क्या था और बँटवारा कैसे हुआ। इसके लिए नेहरू, जिन्ना, माउंटबेटन और एडविना की कई मुलाकातें भारत-विभाजन की सीमा-रेखा खींचनेवाले सिरिल रैडक्लिफ के साथ हुईं। इन मुलाकातों का ब्योरा अभी तक उपलब्ध नहीं हुआ। इनका एजेंडा क्या था, यह भी ज्ञात नहीं। 1940 तक जिन्ना स्वयं नहीं जानते थे कि पाकिस्तान बनेगा ही, जबकि नेहरू इस बारे में आश्वस्त थे। इतने आश्वस्त थे कि जब पूरा देश तनावग्रस्त था और आसन्न स्वतंत्रता अगस्त मास में मिलनेवाली थी, प्रधानमंत्री नेहरू 1 मई, 1947 को माउंटबेटन परिवार के साथ शिमला में छुट्टियाँ मना रहे थे। कश्मीर की समस्या पर भी एडविना ने महत्त्वपूर्ण भूमिका का निर्वाह किया। इसके लिए वह नेहरू को मशोरबा ले गई। मॉर्गन जेनेट ने अपनी पुस्तक 'एडविना माउंटबेटन : अ लाइफ ऑफ हर ओन' में यह लिखा है। इस बात को एडविना ने भी एक पत्र में स्वीकार किया है, "तुम्हें (जवाहर) मशोरबा ले जाकर तुमसे बात करना मेरा जुनून बन गया है..."

इस विषय में ब्रिटिश लेखक ने अपनी पुस्तक 'द माउंटबेटन्स' के पृष्ठ 207 पर लिखा है कि नेहरू माउंटबेटन परिवार को पहाड़ पर उलटा चढ़ने और सिर के बल खड़ा होना सिखा रहे थे। वास्तव में लॉर्ड माउंटबेटन चाहते थे कि स्वतंत्रता के पश्चात् भारत कॉमनवेल्थ का सदस्य बना रहे। इस बात को मानने के लिए नेहरू ने इनकार कर दिया था। तब लॉर्ड ने अपनी पत्नी को नेहरू को मनाने के लिए कहा। जब एडविना ने इसके लिए नेहरू को कहा तो वे तुरंत मान गए और भारत आज तक कॉमनवेल्थ का सदस्य देश है। लेखक ने लिखा है कि इस प्रकार एडविना ने अपने पति का कॅरियर बचा लिया। इस विषय में इन दोनों के बारे में कुछ अधिक जान लेना आवश्यक होगा।

पं. जवाहरलाल नेहरू का विवाह कमला कौल नामक अत्यंत सुंदर कन्या से हुआ, परंतु उनकी निरंतर बीमारी के कारण उनका 20 वर्षीय दांपत्य जीवन कभी भी सुखी नहीं रहा। कमला नेहरू के क्षय रोग से पीड़ित होने के कारण उन्हें एक-दूसरे से अलग ही रहना पड़ता था। इसके अतिरिक्त राजनीतिक कारणों से नेहरू निरंतर जेल यात्राएँ भी करते रहते थे। एडविना से भेंट के समय वे ग्यारह वर्ष से विधुर का जीवन व्यतीत कर रहे थे। बहुत ही खूबसूरत और आकर्षक

व्यक्तित्ववाले पं. जवाहरलाल नेहरू पर पाश्चात्य सभ्यता की मूर्ति ब्रिटिश सुंदरी एडविना का बुरी तरह से आसक्त हो जाना कोई अस्वाभाविक बात नहीं थी। नेहरू भी पहली ही मुलाकात से एडविना को चाहने लगे थे। कुछ विद्वानों का मत है कि नेहरू उसके सम्मोहनपाश में बँधे-बँधे वे सब करते जाते थे, जो भी वह उनसे करवाना चाहती थी। एक प्रकार से वह भारत के इस सबसे सफल राजनेता को अपनी उँगलियों पर नचाती रही थी। क्या इसे मात्र एक संयोग मान लिया जाए कि दोनों के मध्य एक गहरा रिश्ता 1947 में उनकी प्रथम भेंट के साथ ही विकसित होने लगा था ? वह रिश्ता 13 वर्ष बाद एडविना के देहांत तक निरंतर चलता रहा। अपने जीवन की अंतिम यात्रा पर जाते समय भी एडविना के बिस्तर के नीचे पं. नेहरू के प्रेम-पत्रों का पुलिंदा रखा हुआ मिला था।

एडविना की मृत्यु 21 फरवरी, 1960 को हुई। उनकी इच्छा के अनुसार एडविना को समुद्र में दफनाया गया। इस अवसर पर अपने प्यार को अंतिम सलामी देने के लिए नेहरू द्वारा गेंदे के फूलों के एक पुष्पचक्र के साथ भारतीय नौसेना का समुद्री लड़ाकू जहाज आई.एन.एस. त्रिशूल इंग्लैंड भेजा गया। आश्चर्य का विषय है कि अपने व्यक्तिगत कार्य के लिए प्रधानमंत्री ने भारतीय नौसेना का प्रयोग किया। फूल वायुयान से भी भेजे जा सकते थे। फूल उनकी बहन विजयलक्ष्मी पंडित भी ले जा सकती थीं, जो उस समय इंग्लैंड में भारत की उच्चायुक्त के पद पर थीं। इससे उनके रिश्तों की गहराई का अनुमान लगाया जा सकता है।

इससे पहले जब माउंटबेटन भारत से विदा होने लगे तो भारत सरकार की ओर से उन्हें विदाई रात्रि भोज दिया गया। इस अवसर पर दिए गए भाषण में उनका प्रेम साफ-साफ परिलक्षित होता है। हद तो तब हो गई, जब भाषण सुनकर एडविना रो पड़ी और नेहरू तो फूट-फूटकर रोने लगे थे।

यह रिश्ता इतना गहरा था कि लॉर्ड माउंटबेटन ने भी इसकी ओर उदासीनता दिखाना ही बेहतर समझा था। कुछ लोगों का मत है कि उन्होंने जानबूझकर ही इस नाजायज रिश्ते को बढ़ावा दिया था। वे एडविना के माध्यम से भारत की संपूर्ण सोच की गहराई तक पहुँचना ही नहीं चाहते थे, बल्कि उसे अपनी इच्छानुसार प्रभावित भी करना चाहते थे। यह वह समय था, जब पं. नेहरू भारत के दृष्टिकोण के एकमात्र प्रतिनिधि बन चुके थे।

अपने लंबे-लंबे पत्रों में नेहरू एडविना को भारतीय राजनीति की एक-एक जानकारी दिया करते थे और वे एडविना की कोई बात नहीं टालते थे। मार्च

1957 में जब भारत में चुनाव हो रहे थे, तब नेहरू ने एडविना को लिखा, "मुझे यह अनुभूति हुई है कि हमारे मध्य गहरा जुड़ाव है। कोई अदृश्य शक्ति है, जो हमें एक-दूसरे की तरफ खींचती है।" पत्रों में उसे बताते थे कि साम्यवादी क्या कर रहे हैं। आंबेडकर से अपने मतभेदों और संविधान पर हो रही बहस के विषय में लिखते थे। देश के प्रधानमंत्री अपने देश की राजनीति उनके साथ साझा करते थे, जिन्होंने हमारे ऊपर 190 वर्ष तक शासन किया था। नेहरू जहाँ भी जाते थे, एडविना के लिए उपहार अवश्य लाते थे। जैसे—इजिप्ट से सिगरेट, सिक्किम से फर्न और उड़ीसा के सूर्य मंदिर में उकेरी गई कमोत्तेजक तसवीरों की पुस्तक। इसके साथ ही उन्होंने लिखा, "इस किताब को पढ़कर और देखकर एक बार तो मेरी साँसें ही रुक गईं। इसे मुझे तुम्हें भेजते हुए किसी भी तरह की शर्म महसूस नहीं हुई, न ही मैं तुमसे कुछ छुपाना चाह रहा था।" इसके उत्तर में एडविना ने लिखा, "उन्हें ये मूर्तियाँ रिझा रही हैं। मैं संभोग को सिर्फ संभोग की तरह नहीं देखती। यह कुछ और भी है। यह आत्मा की खूबसूरती जैसा है। बुढ़ापे का प्रेम कितना गहरा हो सकता है, इससे अनुमान लगाया जा सकता है। परंतु इस सबमें पद की गरिमा कहीं दिखाई नहीं देती।"

लॉर्ड माउंटबेटन की दोनों बेटियों सहित अनेक विद्वान् यह मानते हैं कि उनके मध्य शारीरिक संबंधों की अपेक्षा आत्मिक संबंध अधिक थे। एक बेटी ने तो यहाँ तक लिखा है कि दोनों का सार्वजनिक जीवन इतना अधिक पारदर्शी और व्यस्त था कि उनके पास शारीरिक संबंध बनाने के लिए समय ही नहीं था। परंतु यह बात भी पामेला को लॉर्ड माउंटबेटन की ए.डी.सी. फ्रेडी बर्नबाई एत्किन्स ने बताई थी। शारीरिक संबंध बनाने के लिए कितना समय चाहिए होता है, इसका खुलासा पामेला अथवा फ्रेडी ने कहीं नहीं किया। उसी बेटी ने यह भी स्वीकार किया है कि मेरे पिता इस संबंध से बहुत खिन्न रहते थे और जब नेहरू उनकी माँ के साथ होते थे तो लॉर्ड जानबूझकर उन्हें अकेला छोड़कर घर से बाहर निकल जाते थे। वे ऐसा क्यों करते थे, इस विषय पर भी पामेला ने मौन रहना ही बेहतर समझा है। और कुछ हुआ हो अथवा न हुआ हो, अंग्रेजों को इस संबंध से वह वांछित परिणाम अवश्य मिल गया, जो वे चाहते थे।

जहाँ तक एडविना के निजी जीवन का संबंध है तो वह एक समृद्ध यहूदी परिवार की बिगड़ी हुई कन्या थी। इस परिवार के इंग्लैंड के राजघराने के साथ घनिष्ठ संबंध थे। एडविना इस समय बहुत सुंदर और अमीर युवती के रूप में

अपने सामाजिक क्षेत्र में ख्याति प्राप्त कर चुकी थी। सन् 1922 में उसका लुईस माउंटबेटन से विवाह हुआ था। लुईस इस समय 21 वर्ष के आकर्षक व्यक्तित्ववाले युवक थे। परिवार में उन्हें 'डिक्की' नाम से संबोधित किया जाता था। कहा जाता है कि डिक्की एडविना को पर्याप्त यौन सुख देने में असफल रहते थे। ऐसी अफवाहें भी सुनने में आती थीं कि डिक्की की रुचि महिलाओं की अपेक्षा पुरुषों में अधिक थी, अर्थात् वे समलैंगिक थे। बाहर से देखने पर वे बेजोड़ दंपती थे, परंतु उनके व्यवहार और स्वभाव परस्पर मेल नहीं खाते थे। हॉलीवुड में एक अनचाहे हनीमून के बाद डिक्की नौसेना के अधिकारी के रूप में नौसेना में वापस लौट गए। उनकी अनुपस्थिति में एडविना के पास देर रात तक नृत्य करने, दिन भर महँगी खरीदारी करने और रात्रि में किसी-न-किसी पुरुष मित्र के साथ रंगरलियाँ मनाने के अतिरिक्त कोई काम नहीं था। शनिवार और रविवार उसका घर अमीर मेहमानों से भरा रहता था। ये लोग महँगी-महँगी कारों और कभी-कभी वायुयानों में उससे मिलने के लिए आते थे।

सन् 1924 में माउंटबेटन दंपती के घर पहली बेटी पेटर्शिया ने जन्म लिया। इससे उनकी दूरियाँ और भी अधिक बढ़ गईं। डिक्की द्वारा अपनी बच्ची को प्यार करना एडविना के मन में जलन पैदा करने लगा। उसने अपनी बेटी को नर्सों के हवाले किया और अपनी रंगरलियों में डूब गई। उसे नित नए-नए पुरुषों की खोज रहती थी। 1929 में उसकी दूसरी बेटी पामेला ने जन्म लिया। इस बीच माउंटबेटन भी दूसरी महिलाओं अथवा पुरुषों के साथ यौन सुख की तलाश करने लगे थे। एडविना को उसके पति की प्रेमिकाओं से जलन होती थी, परंतु वह अपनी आदतें बदलने के लिए भी तैयार नहीं थी। एक स्थान पर लॉर्ड माउंटबेटन ने स्वयं लिखा है कि एडविना और मैंने अपना पूरा वैवाहिक जीवन दूसरों के बिस्तरों में सोते हुए व्यतीत किया है। ऊँचे समाज में एक तितली की तरह मँडरानेवाली एडविना के विषय में एक बात और भी कही जाती है कि वह कभी भी बिना किसी स्वार्थ के शारीरिक संबंध नहीं बनाती थी।

☐

इसी प्रकार स्वयं पं. जवाहरलाल नेहरू का व्यक्तिगत जीवन भी खुशियों से भरा हुआ नहीं था। एक समृद्ध परिवार में जनमे जवाहरलाल नेहरू ने अपनी पढ़ाई लंदन में रहकर पूरी की थी। उन्होंने एक युवक के रूप में विलासितापूर्ण जीवन व्यतीत किया था। सन् 1916 में 27 वर्षीय जवाहरलाल का विवाह राजसी ठाठ-

बाट के साथ दिल्ली के प्रमुख व्यवसायी पं. जवाहरलालमल और राजपति कौल की सुपुत्री कमला कौल नामक एक सुंदर कन्या से हुआ। वह अपने पति से आयु में दस वर्ष छोटी थी। धीरे-धीरे महात्मा गांधी के प्रभाव में आने के कारण जवाहरलाल नेहरू सार्वजनिक जीवन में रमने लगे और पारिवारिक जीवन से उदासीन होते चले गए। घर पर उनकी सुंदर युवा पत्नी कमला पर तरह-तरह के युवक भौंरे बनकर मँडराने लगे। इस संदर्भ में होनेवाली कानाफूसी में एक नाम फिरोज गांधी का भी सुनाई देता रहा था। कमला एवं फिरोज के परस्पर संबंध एक लंबे अरसे तक चलने की बात भी की जाती है। कमला नेहरू की लंबी बीमारी ने भी दोनों को एक-दूसरे से दूर रहने में भूमिका निभाई। 1936 में अल्पायु में ही क्षय रोग से ग्रसित कमला नेहरू का देहांत हो गया।

भले ही जवाहरलाल नेहरू के अन्य स्त्रियों से संबंध रहे होंगे, परंतु उन्होंने पुनर्विवाह नहीं किया। हालाँकि एक बार वे सरोजिनी नायडू की सुपुत्री पदमजा नायडू के प्यार में पड़कर उसके साथ विवाह करने को तत्पर हो गए थे, परंतु अपनी बेटी इंदिरा गांधी के कारण ऐसा नहीं कर पाए। जब तक वे अपनी आयु से 12 वर्ष छोटी एडविना माउंटबेटन से नहीं मिले, उन्होंने किसी स्त्री से अंतरंग संबंध भी स्थापित नहीं किए। जब नेहरू एडविना से मिले, उस समय उनकी आयु 58 वर्ष की थी। इतिहासकार मानते हैं कि इतना होने पर भी उनका पहला प्यार देश के प्रति ही रहा। एडविना और नेहरू ने देश के बँटवारे के समय भी कंधे-से-कंधा मिलाकर काम किया। एडविना भी कहीं-न-कहीं मुसलमानों के हितों के प्रति अधिक संवेदनशील थी। देश के विभाजन के समय चारों ओर खून-खराबा हो रहा था। एडविना उसे रोकने के लिए कटिबद्ध थी। एक बार मुसलमानों के एक शरणार्थी कैंप को हिंदू और सिख जलाने के लिए तत्पर थे तो एडविना उनके सामने डटकर खड़ी हो गई। अपने जीवन को जोखिम में डालते हुए उसने उस कैंप की रक्षा की थी। ऐसा कोई उदाहरण सामने नहीं आता, जब उसने कभी हिंदुओं अथवा सिखों के हित में कोई जोखिम भरा काम किया हो।

भारत की स्वतंत्रता के बाद भी लॉर्ड माउंटबेटन भारत से जाना नहीं चाहते थे। वे पाकिस्तान और भारत दोनों देशों के गवर्नर जनरल बनना चाहते थे। मोहम्मद अली जिन्ना ने इसके लिए साफ मना कर दिया और इस पद पर स्वयं आसीन हो गए, जबकि भारत ने उन्हें अपना गवर्नर जनरल बना लिया। इतना ही नहीं, नेहरू ने उनके साथ इतना पक्षपात किया कि सेना के कमांडिंग जनरल अंग्रेजी मूल के

सर फ्रांसिस रॉबर्ट बुचर को बनाया गया। भारत की सेना लॉर्ड माउंटबेटन को ही रिपोर्ट करती थी। पामेला ने यह भी लिखा है कि लॉर्ड दोनों के रिश्ते को अपने लिए उपयोगी मानते थे।

स्वतंत्रता–प्राप्ति के बाद भी माउंटबेटन दंपती ने कई बार भारत की यात्राएँ कीं। इन यात्राओं के दौरान एडविना का अधिकतर समय देश के नए प्रधानमंत्री पं. जवाहरलाल नेहरू के साथ ही व्यतीत होता था। एडविना को प्रधानमंत्री के निवास स्थान तीन मूर्ति में ही ठहराया जाता था। नेहरू भी निरंतर इंग्लैंड जाते थे, जहाँ पर उनकी बहन विजयलक्ष्मी पंडित भारत की उच्चायुक्त के रूप में रह रही थीं। वहाँ भी एडविना से मिलना वे कभी नहीं भूलते थे।

पामेला ने अपनी आत्मकथा में लिखा है कि उसकी माँ के कई प्रेमी थे, परंतु जवाहरलाल नेहरू की बात ही दूसरी थी। उसने लिखा है कि जब वे लोग अलग–अलग होते थे, तब भी उनके मध्य पत्रों का आदान–प्रदान होता था। एडविना इन पत्रों को सदैव अपने पति से छिपाकर रखती थी। अनेक पत्रों में पं. नेहरू ने स्वयं भी एडविना के प्रति अपने प्रेम को स्वीकार किया है। इस संदर्भ में नेहरू ने अपने अत्यंत विश्वस्त साथी वी.के. कृष्ण मेनन की किसी भी चेतावनी की परवाह नहीं की। मेनन बहुत अच्छी तरह से अंग्रेजों की इस चाल को समझते थे। अंग्रेजों द्वारा ही नेहरू के एडविना माउंटबेटन को लिखे गए प्रेम–पत्रों को जानबूझकर सार्वजनिक करवाया गया था। मरते समय उन प्रेम–पत्रों को एडविना के बिस्तर के नीचे रखवा दिया गया था। पामेला ने एक स्थान पर यह भी लिखा है कि भारत से विदा होते समय एडविना अपनी पन्ने की अँगूठी नेहरू को भेंट करना चाहती थीं, लेकिन उन्हें पता था कि वे उसे स्वीकार नहीं करेंगे। इसलिए उन्होंने वह अँगूठी उनकी बेटी इंदिरा को दे दी और कहा, "यदि वे कभी भी वित्तीय संकट में पड़ते हैं तो उनके लिए इसे बेच दें, क्योंकि वह अपना सारा धन बाँटने के लिए प्रसिद्ध हैं।" अवश्य ही वह अँगूठी बेशकीमती रही होगी, जो नेहरू परिवार को वित्तीय संकट से उबारने में सक्षम होती।

इस बात को भी झुठलाया नहीं जा सकता कि माउंटबेटन दंपती का भारत, नेहरू और गांधी के साथ बहुत ही भावनात्मक संबंध स्थापित हो गया था। जब 1948 में महात्मा गांधी की हत्या हुई, उस समय दोनों एक शोकसभा में भूमि पर बैठे हुए दिखाई दिए थे। एक समाचार–पत्र में प्रकाशित उनका ऐसा चित्र चर्चिल ने देखा तो उसे बहुत बुरा लगा था। उसने कहा था, लगता है कि ये लोग देसी हो

गए हैं, जिन्होंने इंग्लैंड के राजघराने की अवमानना की है। बाद में जब वे लोग इंग्लैंड लौटे तो विंस्टन चर्चिल ने उनके साथ हाथ तक मिलाने से इनकार कर दिया था। अभी यह खुलासा होना शेष है कि जब भारत स्वतंत्र हुआ, उस समय के सारे फैसले एडविना और लॉर्ड माउंटबेटन ही क्यों करते थे? क्या यह पहले से ही तय था कि भारत के प्रधानमंत्री नेहरू बनेंगे और लॉर्ड माउंटबेटन को गवर्नर जनरल बनाया जाएगा? शेष दस्तावेज सार्वजनिक होंगे तो शायद और राज खुलेंगे।

□

35

चंद्र नगर

अंग्रेजों के भारत से जाने के बाद भी दो विदेशी ताकतें अभी भी भारत में मौजूद थीं। फ्रांस और पुर्तगाल। फ्रांस ने 1951 में चंद्रनगर शांतिपूर्वक तरीके से भारत को सौंप दिया। 1956 में उसने अन्य फ्रेंच बस्तियाँ पांडिचेरी, कारीकल, माहे तथा यूनान भी भारत को हस्तांतरित कर दीं। सन् 1696 से फ्रांस का उपनिवेश बना चंद्र नगर और चंदन नगर इस समय पश्चिमी बंगाल के हुगली जिले में स्थित है। भारत की स्वतंत्रता के पश्चात् फ्रांस सरकार ने यहाँ जनमत संग्रह करवाया, तब 97 प्रतिशत लोगों ने इसके भारत में विलय के पक्ष में मतदान किया, फलतः इसे 2 फरवरी, 1951 को भारत को सौंप दिया गया। यहाँ के नागरिकों को यह अधिकार दिया गया कि वे चाहें तो फ्रांस की नागरिकता ग्रहण कर सकते हैं।

पांडिचेरी भी फ्रांस के अधीन उपनिवेश था। 1 नवंबर, 1954 में इसे भारत सरकार को सौंप दिया गया। इन दिनों यह केंद्रशासित प्रदेश है। इसका नाम बदलकर पुदुचेरी कर दिया गया है। तमिल भाषा में पुदुचेरी का अर्थ होता है—नया गाँव। यहाँ पर भी जनमत संग्रह करवाया गया था, जिसमें 97 प्रतिशत मत भारत में विलय के पक्ष में मिले थे।

□

36

गोवा

जब इंग्लैंड और फ्रांस अपने-अपने अधीन क्षेत्रों को भारत का भाग मान गए तो क्या कारण था कि पुर्तगाल ने अपनी हठधर्मिता छोड़ने से इनकार कर दिया? गोवा वह क्षेत्र है, जहाँ सदियों से भारतीय संस्कृति पल्लवित होती रही थी। महाभारत में गोवा का उल्लेख गोपराष्ट्र अर्थात् गाय चरानेवालों की भूमि के रूप में मिलता है। हमारे ग्रंथों में इसे गोपकपुरी और गोपकपट्टन कहा गया है। भारतीय संस्कृति से जुड़े इस भूप्रदेश का वर्णन 'हरिवंशम्' और 'स्कंद पुराण' में मिलता है। सन् 1498 में पुर्तगाली वास्को डी गामा यहाँ आनेवाला प्रथम यूरोपीय यात्री था। गोवा लगभग 450 वर्ष तक पुर्तगालियों के अधीन रहा। जब भारत स्वतंत्र हुआ तो पुर्तगाल ने गोवा को स्वाधीन करने से इनकार कर दिया। रक्षामंत्री वी.के. कृष्ण मेनन और जवाहरलाल नेहरू ने बार-बार पुर्तगाल से इस आशय का अनुरोध किया, परंतु उस पर कोई प्रभाव नहीं हुआ। तब संघ सामने आया।

वैसे संघ के स्वयंसेवक 1955 से ही गोवा मुक्ति के लिए संघर्षरत हो चुके थे। जब नेहरू ने गोवा में सशस्त्र हस्तक्षेप करने से इनकार कर दिया, तब 13 जून, 1955 को अखिल भारतीय जनसंघ के नेता और संघ के प्रचारक जगन्नाथ राव जोशी के नेतृत्व में संघ के कार्यकर्ताओं ने गोवा पहुँचकर मुक्ति संघर्ष प्रारंभ किया। इस दल में महिलाओं सहित 3,000 स्वयंसेवक थे। गोवा की सीमा पर सत्याग्रहियों पर लाठी एवं गोलीचार्ज हुआ। पहले ही दिन राजा भाऊ महाकाल की गोली लगने से मृत्यु हो गई। आंदोलनकारियों ने भारत सरकार से सहायता माँगी तो सरकार ने आंदोलनकारियों पर ही रोक लगा दी।

15 अगस्त, 1955 को 5,000 से अधिक सत्याग्राही पहुँचे। पुर्तगाली सेना की गोलीबारी से 51 स्वयंसेवक शहीद हो गए। इनमें चालीस वर्षीया सुभद्रा बाई ने भी अपनी छाती पर गोली खाई। इस गोलीबारी में 300 के लगभग लोग घायल भी हुए। ऐसे आंदोलन 1961 तक जारी रहे। आंदोलन करने के जुर्म में जगन्नाथ राव जोशी और संघ के अनेक कार्यकर्ताओं को दस वर्ष कारावास की सजा सुना दी गई। पुर्तगाली शासन के अत्याचार के कारण जगन्नाथ राव जोशी और महाराष्ट्र जनसंघ के उपाध्यक्ष अण्ण साहेब कवडडी की हालत चिंताजनक हो गई थी। जेल में पुर्तगालियों द्वारा दी गई यातनाओं के कारण दो सत्याग्रहियों की मौत भी हो गई। इन बलिदानियों में एक मथुरा निवासी अमीर चंद गुप्त भी थे।

संघ का आंदोलन निरंतर जारी रहा। दीनदयाल उपाध्याय और गुरुजी ने गृहमंत्री पं. गोविंद बल्लभ पंत और प्रधानमंत्री पं. जवाहरलाल नेहरू पर दबाव बनाया और अंततः सैनिक हस्तक्षेप के लिए भारत सरकार को भी सैन्य काररवाई के लिए बाध्य होना ही पड़ा। कांग्रेस पार्टी इस आंदोलन से पूरी तरह से अलग ही रही।

इस प्रकार दादरा, नगर हवेली और गोवा के भारत में विलय में राष्ट्रीय स्वयंसेवक संघ की निर्णायक भूमिका रही। 21 जुलाई, 1954 को दादरा को पुर्तगाल से मुक्त कराया गया। 28 जुलाई को नरोली और फिपारिया स्वतंत्र कराए गए। उसके बाद राजधानी सिलवासा मुक्त हुई और 2 अगस्त, 1954 की प्रातः पुर्तगाल का झंडा उतारकर तिरंगा फहराकर उसे भारत सरकार को सौंप दिया गया। पुर्तगाल ने इसकी शिकायत अंतरराष्ट्रीय न्यायालय हेग में की। 1960 में कोर्ट ने निर्णय दिया कि नियंत्रणवाले क्षेत्र पर पुर्तगाल का अधिकार है। परंतु भारत के पास अपने क्षेत्र में पुर्तगाली पहुँचवाले विदेशी अतः क्षेत्र पर उसके हस्तक्षेप को न मानने का पूरा अधिकार भी है। फलतः भारत ने गोवा में भारतीय कॉन्सुलेट को बंद कर दिया और गोवा, दमन दीव के मध्य संपर्कों को तोड़ दिया।

इसके लिए भारत सरकार ने पुर्तगाल शासित भूखंडों के लिए आर्थिक प्रतिबंध लगा दिए। तब पुर्तगाल ने अफ्रीकी देश अंगोला और मोजांबिक से सेना बुला ली। भारतीय सेना का सामना करने के लिए 8,000 यूरोपियन, अफ्रीकन और भारतीय सैनिक तैनात कर दिए। वास्तव में पुर्तगाल नाटो का सदस्य देश होने के नाते यह मान बैठा था कि भारत के साथ युद्ध होने की स्थिति में नाटो देशों को उसकी सहायता के लिए आना ही पड़ेगा। नाटो संधि के अंतर्गत यदि कोई सदस्य देश युद्धरत होगा तो शेष नाटो सदस्य उसकी सहायता के लिए बाध्य हो जाएँगे। परंतु

ऐसा कुछ हुआ नहीं। 18 दिसंबर, 1961 को भारत की सेना ने ऑपरेशन विजय लॉञ्च कर दिया। 36 घंटे की लड़ाई में जमीनी, समुद्री और हवाई सेनाओं का प्रयोग किया गया। भारतीय सेना ने 19 दिसंबर, 1961 को गोवा पुर्तगाल से मुक्त करवा लिया। भारतीय सेना के शौर्य और पराक्रम तथ संघ के स्वयंसेवकों की विचारधारा के समन्वय से यह कार्य संपन्न हुआ।

□

37

समापन

लाला खुशीराम गोवा मुक्ति आंदोलन में सत्याग्रह करने के लिए अखिल भारतीय जनसंघ का एक बड़ा जत्था दिल्ली से लेकर गोवा गए हुए थे। पंद्रह दिन तक पुर्तगालियों की लाठियों और गोलियों का सामना करते हुए संघ और जनसंघ के हजारों स्वयंसेवक वहाँ डटे रहे और अंत में पं. नेहरू को इस बात के लिए सहमत होना पड़ा कि लातों के भूत बातों से नहीं मानते। फलस्वरूप भारत सरकार ने वहाँ सेना भेजकर पुर्तगाल से गोवा को मुक्त करवाने में अपनी भूमिका का निर्वाह किया। जब वह जत्था विजयी होकर दिल्ली लौट रहा था, पूरी दिल्ली को भगवा और तिरंगे झंडों से सजाया गया था। चाँदनी चौक की सजावट विशेष रूप से की गई थी। पालम हवाई अड्डे से चाँदनी चौक तक लालाजी के जत्थे की शोभायात्रा निकालने का कार्यक्रम था। जनसंघ के राष्ट्रीय नेता और संघ के वरिष्ठ पदाधिकारी लालाजी का सम्मान करने के लिए उपस्थित रहनेवाले थे। रायजादा लक्ष्मीमल के नेतृत्व में यशपाल और उसके युवा साथी उत्साहपूर्वक पूरे प्रबंध की देखभाल कर रहे थे। बड़ी संख्या में समाचार-पत्रों के संवाददाता उपस्थित थे। शकुन ने दिवाकर को विशेष आग्रह करके बुलाया था। गत दिनों दिवाकर ने अपने समाचार-पत्र के लिए शकुन और उसके शिल्पकला प्रशिक्षण केंद्रों पर कुछ लेख लिखे थे कि किस प्रकार एक महिला अपने साधनों से महिला सशक्तीकरण के लिए कार्य कर रही है। उसने शकुन का एक लंबा साक्षात्कार भी प्रकाशित किया था।

गोष्ठी जमी हुई थी। सब शकुन की प्रशंसा कर रहे थे और शकुन महाशयजी के निरंतर फैल रहे कारोबार की। इस प्रकार राजनीति और व्यापार से चलते-चलते बात यश के विवाह तक पहुँच गई। सेठ छून्नामल ने कहा, "मेरे एक मित्र हैं दिल्ली में, उनका कंसट्रक्शन का बड़ा काम है। कह सकते हैं कि वे देश के बहुत बड़े बिल्डर्स में एक हैं। उन्होंने अपनी लड़की के लिए आप लोगों के साथ बात चलाने को कहा है। यदि आप उचित समझें तो मैं आप लोगों की भेंट करवा देता हूँ। वैसे भी दो-तीन दिन मैं दिल्ली में हूँ। रायजादा साहब, मेरे होते हुए यह शुभ काम हो जाए तो क्या बात है।" उन्होंने लक्ष्मीमल को संबोधित करते हुए कहा।

"आप शायद भूल रहे हैं, सेठजी! यश अब मेरा नहीं, लालाजी का बेटा है। वैसे तो अब उसने लालाजी का पूरा कारोबार सँभाल लिया है। अब उसको बहादुरगढ़ में बन रही कॉलोनी का काम भी पूरी तरह से अपने हाथ में लेना पड़ेगा। क्योंकि लगता है, अब लालाजी को राजनीति में कोई महत्त्वपूर्ण भूमिका मिलने ही वाली है। वैसे भी इन दिनों लालाजी का अधिक ध्यान सामाजिक कामों में लग रहा है। यश जवान हो ही गया है। सारा काम सँभाल भी रहा है। लड़कीवालों की नजरों से देखें तो अपने पैरों पर खड़ा है। हमारे दो प्रशिक्षण केंद्र और स्कूल पूरी तरह से चल रहे हैं तथा तीसरे की हम तैयारी कर रहे हैं। शकुन भी इतना बड़ा काम अकेले सँभालने में कठिनाई का अनुभव कर रही है। फिर तीन-तीन बच्चों की देखभाल भी वही करती है। जहाँ तक मेरी बात है, मैं तो स्पेयर स्टेपनी हूँ। जिसको जब जरूरत होती है, मुझे इस्तेमाल कर लेता है। पर यह नहीं भूलना चाहिए कि प्रशिक्षण केंद्रों और स्कूलों के साथ-साथ हम अनेक प्रकार के छोटे-छोटे कुटीर उद्योग बड़े पैमाने पर चला रहे हैं। अब हमारे शिल्प उत्पाद विदेशों में भी जाने लगे हैं। लालाजी राजनीति में जाएँगे तो वहाँ भी मेरी आवश्यकता पड़ने ही वाली है। राजनीति में नेता के बजाय उसके सहायक को अधिक काम करना पड़ता है। फिर राजनीति में हर किसी पर भरोसा भी तो नहीं किया जा सकता। इस प्रकार हमें अधिक लोगों की आवश्यकता तो पड़नेवाली है। कम-से-कम तब तक जब तक हमारे तीनों बच्चे बड़े नहीं हो जाते।" लक्ष्मीमल ने कहा।

"शकुन मेरे स्कूलों के प्रबंधन में भी पूरा-पूरा सहयोग देती है। इन दिनों मेरे पास भी समय का बहुत अभाव है। मसाले की एक और फैक्टरी जल्दी ही शुरू करनेवाला हूँ। मैं तो यह चाह रहा था कि यश मेरी कंपनी के बोर्ड में आ जाए तो मुझे भी लालाजी के साथ समाज-सेवा करने का अवसर मिल जाए।" महाशयजी

ने अपनी माँग प्रस्तुत कर दी।

"तो घूम-घामकर मुद्दे की बात यह है। घर में जल्दी ही बहू लाई जानी चाहिए। मैं तो कब से इसकी बाट जोह रही हूँ। मेरा भी तो कोई साथी हो।" लाजवंती ने कहा।

"इसके लिए क्या मेरी सहमति की कोई आवश्यकता नहीं है? मैं अभी से इतने सारे कामों में जुट जाऊँगा तो जिंदगी को एंजॉय कब करूँगा। ऊपर से विवाह का अतिरिक्त दायित्व। मेरे विचार में अभी कुछ वर्ष रुक जाना चाहिए।" यश ने औपचारिकतावश 'नहीं' कहने की रस्म निभाई हो जैसे।

"बेटा, तेरे लिए कोई अनपढ़ लड़की तो लानेवाले नहीं हैं। वह आएगी तो हाथ ही बँटाएगी।" शकुन ने लाड़ से कहा।

"तो मैं सरदारजी से मिलने का समय तय करूँ? ओह, मैं यह बताना तो भूल ही गया था कि मेरे मित्र सरदार खुशबीर सिंह हैं और उनकी लड़की कुलवंत कौर ने हिंदू कॉलेज से एम.ए. किया है। मेरे विचार में आप लोगों को पंजाबियों से तो कोई समस्या नहीं होगी।"

"खुशबीर सिंहजी को तो मैं भी बहुत अच्छी तरह से जानता हूँ। वे मुझसे कई बार मिल चुके हैं।" रायजादा ने कहा।

"तभी तो वे तुम्हारे बेटे से रिश्ते की बात करने मेरे पास आए थे। वे आपके परिवार को लाहौर से जानते हैं।" सेठजी ने बताया।

"हमें समस्या तो किसी से नहीं है। केवल लड़की स्वभाव की ठीक और सुंदर होनी चाहिए।" लाजवंती ने कहा।

"यदि मैं ठीक समझा हूँ तो लड़की सुंदर भी है और मुझे पसंद भी है। सरदारजी सुंदर नगर में ही रहते हैं न?" यश ने जानना चाहा।

"हाँ, वहीं रहते हैं। अच्छे पैसेवाले हैं। दान-दहेज की कोई कमी नहीं रहने देंगे।"

"दहेज का तो दूर-दूर तक नाम लेने की आवश्यकता नहीं।" लालाजी ने कहा, "पर तुम लड़की को कैसे जानते हो यश? कहीं तुम्हीं ने तो सेठजी···" लालाजी ने यश से पूछा।

"लालाजी, मैं भी हिंदू कॉलेज में पढ़ा हूँ। छात्र यूनियन का प्रधानमंत्री भी रहा हूँ। मेरे से एक वर्ष जूनियर थी कुलवंत कौर। फिर सिख लड़कियाँ थीं ही कितनी कॉलेज में। मेरा उसके पूरे ग्रुप से परिचय था।" यश ने उत्तर दिया।

"आधी बात तो बन गई।" सेठजी ने चारों ओर नजर घुमाई। कहीं कोई असहमति दिखाई नहीं दी तो बोले, "आधी उनकी ओर से भी बन जाए तो मैं रोका करवाकर ही जाऊँगा। बाकी बाद में आप लोग देखते रहना।" इतना कहकर सेठजी ने सरदारजी को फोन लगा दिया।

□□□